Pawel Florenski

Leben und Denken

Pawel Florenski mit seiner Frau Anna Michailowna und seinem Sohn Wassili, 1914/15

Pawel Florenski

Leben und Denken

Band I

Herausgegeben von
Fritz und Sieglinde Mierau

edition tertium

Inhalt

Zum Geleit

Seinen tiefsten Schmerz und seine höchste Freude sage er niemandem außer der »Mutter Erde«, die seine Wiege gewesen sei und sein Grab sein werde, sein »vertrautes dunkles Wiegen-Grab«. So steht es in einem Brief Pawel Florenskis vom Oktober 1915 an Wassili Rosanow, und die Endgültigkeit dieser Weigerung ist nicht zu bezweifeln. Keiner hat etwas erfahren von den »ungewöhnlichen Vorfällen«, von denen Florenski einige Jahre zuvor schrieb, Vorfällen, die »infolge ihrer Häufigkeit zu etwas Gewöhnlichem« für ihn geworden seien. Selbst seine autobiographischen Aufzeichnungen oder die hundert Lagerbriefe, die sich gelegentlich bis nahe an das Ungewöhnliche heranwagen, öffnen den Zugang nicht. Manchmal meint man, ein Echo jener Vorfälle zu vernehmen, wenn Florenski vom Laut, vom Geruch, vom Anblick des Meeres spricht, von seinem Entzücken am Primärstoff der Parfüms und Gewürze, von seiner Formempfindlichkeit, die ihn den Schachtelhalm, die Wasserlilie, die Antilope, die Muschel lieben hieß: »Wenn ich die Oberfläche, die einen Körper begrenzt, als die natürliche Oberfläche des Gleichgewichts der elastischen Kräfte des gesamten Organismus empfand, wenn ich mit meinem inneren Blick sah, wie diese elastische Oberfläche von den inneren Kräften herausgewölbt wird und sie ihre Aufgabe mit einem Minimum an Aufwand löst, dann schwoll dem in mir gleichsam eine Erwiderung entgegen, und ich empfand sie als meine Oberfläche und mich als ihren Inhalt: So erging es mir z.B. mit der Oberfläche einiger Muscheln. Mich bewegte die beherrschte Kraft der natürlichen Formen, wo man angesichts des Offenbaren die Vorfreude auf das unermeßlich viel größere Verborgene genießt.« Immer auch, wenn Florenski auf die Einheit seines Geschlechts zu sprechen kommt, das kein Nacheinander, sondern ein Ineinander und Miteinander von Generationen sei, erklingt etwas wie ein Echo auf die unsagbaren »ungewöhnlichen Vorfälle«. Als sein Enkel Pawel geboren war, schrieb er aus dem Lager auf den Solowki-Inseln: »Die Grenzen verschwinden, wo eigentlich mein Vater ist, wo ich selbst, wo Ihr alle und wo der Kleine. Nur in Büchern scheinen die Grenzen der Persönlichkeit deutlich gezogen, in Wirklichkeit ist alles und sind alle so eng verflochten, daß es nur eine annähernde Trennung gibt mit kontinuierlichen Übergängen von dem einen Teil des Ganzen zu einem anderen.«

Welcher Rede es bedürfe, um die innige Gemeinschaft des einzelnen mit dem Ganzen der Schöpfung zu fassen, ohne daß die Einzigkeit des einzelnen, sein Geheimnis, angetastet würde, das hat Florenski sein Leben lang beschäftigt: Alle seine mathematischen, theologischen, philosophiegeschichtlichen, kult-, kunst-, sprach- und namensphilosophischen, endlich genealogischen Überlegungen kreisten um diese eine Frage. Sein untrüglicher Blick für die Urbilder, die Ideen, die Noumena in den Erscheinungen verwehrte ihm den Weg der spekulativen wie der positivistischen Rede. Was ihn einzig zufriedenstellen konnte, war die symbolische Rede, die symbolische Beschreibung - die Rede von einem Sein, das mehr ist als es selbst. »Das Blütenblatt der Rose ist nicht die Rose in ihrem geistigen Wesen: Aber die Rose tritt in ihren Blütenblättern in Erscheinung, und wenn wir diese Blütenblätter verächtlich abreißen als Nicht-Rose, verlieren wir die Rose, daher sprechen wir von dem Blütenblatt als von der Rose.«

Die Widerstände und Mißverständnisse, auf die diese Wahrnehmung der Welt traf, kann man sich nicht heftig genug vorstellen. Erst haben die Eltern ihm sein Erschrecken vor dem noumenalen Feuer in den Funken eines Schleifsteins auszureden versucht, später bezweifelt er in der Autobiographie selbst, daß man ihn verstehen würde, wenn er von den Vibrationen, den Klangfiguren in seinem Innern als den Symbolen von Welterscheinungen, ja als von seinen Erkenntniskategorien spricht, und schließlich hielt er es sogar für nötig, seine Familie über seinen Gesundheitszustand zu beruhigen, als er 1936 aus dem Lager einen »Vorfall« im Jahr 1908 beschrieb: Damals war ihm, dem Studenten der Geistlichen Akademie, sein Vater, der in Tiflis im Sterben lag, an seinem Arbeitstisch in Sergijew Posad bei Moskau erschienen. »Ich sah ihn ganz deutlich. Er blickte mich an, er wartete offenbar, daß ich verstünde, daß er es sei und daß das erstaunlich sei, und als er sich davon überzeugt hatte, wurde sein Bild immer blasser, bleichte gewissermaßen aus und verschwand - ging nicht weg, zerfiel nicht, sondern verlor sehr schnell an Realität wie eine verblassende photographische Aufnahme.«

Es bedurfte einer besonderen Vertrautheit, wie es sie für Florenski außerhalb der Familie nur zu ganz wenigen Gleichgesinnten gegeben hat, um die Höhe und Fülle symbolischer Rede zu gewinnen, die ihm von Kind an vorgeschwebt haben mag. Einer Vertrautheit, die in der innigen Berührung ein Überpersönliches ahnen läßt. Das setzt in den Briefen an den frühen Freund Andrej Bely ein, den er als Mathematikstudent kennengelernt hatte, steigert sich in den Briefen an den Vertrauten an der Geistlichen Akademie, Sergej Troizki, die dann die zwölf Briefe seiner orthodoxen Theodizee »Der Pfeiler und die Grundfeste der Wahrheit« bilden würden, und gipfelt in seiner Autobiographie, die eine unmittelbare Anrede an seine Familie ist - «Meinen Kindern«: »Ich möchte gern, daß ihr, meine Kinder, dieses mein grundlegendes Weltgefühl versteht. Es ging mir darum, die Welt in ihrer Lebendigkeit zu erkennen, in ihren wirklich existierenden Beziehungen und Bewegungen. Daß es in der Welt *Unbekanntes* gab, war, wie ich erfuhr, nicht ein zufälliges Unvermögen meines bis dorthin noch nicht vorgedrungenen Verstandes, sondern eine wesentliche Eigenschaft der Welt. Unbekanntheit ist das Leben der Welt. Daher war es mein Wunsch, die Welt als eine *unbekannte* zu erkennen, ihr Geheimnis nicht anzutasten, aber doch dahinter zu schauen. Das Symbol war das Erschauen des Geheimnisses. Denn das Geheimnis der Welt wird durch Symbole nicht zugedeckt, sondern aufgedeckt, und zwar in seinem eigentlichen Wesen, d.h. *als Geheimnis.*«

Der Vertrautheit Dauer zu verleihen, mußte nach all dem Florenskis eigentliche Sorge sein. Und so treffen wir ihn immer wieder auf der Suche nach der Lebensform, auf die sich seine symbolische Rede gründen ließe. Mit Andrej Bely denkt er an ein Leben als Mönch, aber sein geistlicher Führer findet ihn zu sehr mit Zielen beschäftigt, als daß das Kloster so früh seine Heimat werden könnte. Ein christlicher Orden rückt in greifbare Nähe. Auf Priesterschaft in der Welt und Lehramt an der Geistlichen Akademie verwiesen, träumt Florenski 1910 von einer kleinen Gemeinde, in der das Leben nicht von der Wissenschaft getrennt ist und die Wissenschaft nicht von der Erziehung, einem Kreis, in dem sich nicht Spezialisten treffen, sondern in dem sich die einzelnen Temperamente, Interessen und Fähigkeiten begegnen. Die Gemeinde wäre von Presbytern geleitet, um sie herum die Glieder allen Alters, man arbeitet und denkt gemeinsam. »Mit einem Wort teils Kloster, das Familienleben nicht ausschließt, teils pythagoräischer Bund, teils mittelalterlicher Kreis von Schülern um einen Meister.« Die Geistliche Akademie, an der er ein Jahrzehnt unterrichtete, ist dieser Ort verständlicherweise nicht gewesen. Florenski unterrichtete gern, aber die ersehnte symbolische Rede war hier kaum zu pflegen. Die didaktischen Obliegenheiten dominierten, und er hat

sich bitter darüber beklagt, wieviel Kraft ihn das Niederringen der positivistischen Neigungen unter seinen Studenten kostete. Nur einmal ist es ihm gelungen, einen Kreis zu finden, der seinen geheimsten Wünschen entsprach und in dem er ganz bei sich war. Es war ein Kreis von Denkern, der sich nach der Revolution von 1905 in zwei Moskauer Gesellschaften zu versammeln pflegte: in dem »Kreis der nach christlicher Erleuchtung Suchenden« und in der »Religiös-Philosophischen Gesellschaft zum Gedenken an Wladimir Solowjow«. Hier erlebte Florenski die Gemeinsamkeit am Werk, die ihm lieb war und aus der er 1912, als er die Leitung des »Theologischen Boten«, der Zeitschrift der Geistlichen Akademie, übertragen bekam, sein Programm entwickelte: Asketismus gegen Eudämonismus. Hellenismus gegen Romanismus. Anschauendes Denken gegen Rationalismus. Das Licht des Hellenismus und die Orthodoxie. »Slawophilie« als Symbol. Mystische Nüchternheit gegen hysterischen Enthusiasmus. Sakrament. Namen. Geschmack am Konkreten, insbesondere an der Konkretheit der Antike. Persönlichkeit gegen Dinglichkeit. Freimaurerei. Besonnenheit gegen Getöse. Die einzelnen Texte der Autoren, die Florenski vor allem aus den beiden Moskauer Gesellschaften gewinnen wollte, sollten unbedingt aufeinander eingehen, ja Florenski hat 1913 dem Mann, dem er später seine Verschwiegenheit Menschen gegenüber gestehen würde, das Besondere der Moskauer Gemeinsamkeit als eine vollendete coincidentia oppositorum beschrieben. Alle sind frei und alle sind gebunden. Auch gäbe es viele, die nicht literarisch in Erscheinung treten, aber originelle Gedanken haben, mit ihrer Freundschaft und mit Büchern aus ihrer Bibliothek zu der gemeinsamen Arbeit beitragen. Auf die Unmittelbarkeit der persönlichen Beziehungen kommt es an. »Wir schreiben nicht, wir sprechen, ja wir sprechen nicht nur, wir verkehren miteinander. Wir schreiben einander Briefe, wir unterhalten uns, wir trinken Tee ... Sie wundern sich über den fehlenden Neid. Wir können gar nicht aufeinander neidisch sein, denn wir machen mehr oder weniger alles gemeinsam, nur daß der größte Arbeitsanteil jeweils auf einen fällt ... Im Grunde weisen die Namen ›Nowosjolow‹, ›Florenski‹, ›Bulgakow‹ über diesen Arbeiten nicht auf den *Eigentümer*, sondern den Stil, die Sorte, das Aroma der Arbeit hin.« Es sei ein so persönliches wie symbolisches Ich, ein typisches, ein gleichsam »methodologisches« Ich, das da rede - »so redet der Philosoph durch das von ihm gefundene Subjekt nicht etwa *von sich*, sondern bildet aus dem ihm zugänglichen Vorrat an Erleben ein Subjekt, das dem gegebenen Gegenstand freundschaftlichst verbunden ist.«

Unsere Sammlung folgt einem Prinzip, das Florenski im Vorwort zu seinem geplanten Werk »An den Wasserscheiden des Denkens« 1922 umrissen hat - sie zeigt »Wege und Mittelpunkte« seines Lebens und Denkens. Der Plural beschreibt das Vorgehen: »Blütenstände von Fragen« werde man finden, notierte Florenski damals, kaum Antworten, die Ansätze dazu höchstens in Echos, Harmonien, Wiederholungen. Keinesfalls jedoch in einem System. Die Struktur solch eines gedanklichen Gewebes könnte ein Netz sein mit vielen einzelnen Gedankennoten: »In diesem Netzwerk sind auch dem, der das Netz geknüpft hat, nicht sogleich alle Beziehungen seiner einzelnen Knotenpunkte untereinander deutlich und nicht alle möglichen wechselseitigen Verknüpfungen der gedanklichen Mittelpunkte: Auch ihm eröffnen sich unverhofft *neue* Wege von Mittelpunkt zu Mittelpunkt, die *ohne* die direkte Absicht des Autors durch das Netz schon angelegt sind.« So mögen Stil, Sorte, Aroma des Lebens und Denkens Pawel Florenskis am ehesten zu überliefern sein. Die vertraute Anrede, die aus Brief, Gedenkrede, Widmung, Vorlesung, Kindheitsbild und Testament zu vernehmen ist und noch in den Erinnerungen an ihn hörbar bleibt, hat nichts von ihrer schönen Unmittelbarkeit verloren.

Rat, praktische Hilfe und geistige Unterstützung dankt unsere Sammlung der Familie Florenski, insbesondere den Enkeln Abt Andronik (A.S. Trubatschow) und Pawel Wassiljewitsch Florenski, dem unermüdlichen Förderer der deutschen Bemühungen um das Werk des Priesters, Rainer Goldt, Michael Hagemeister, Wladislaw Hedeler, Monika Heinker, Dmitri Iwanow, Helena Kanyar, Wolfgang Kasack, Françoise Lhoest, Bernd E. Scholz, Waltraud Werner, der Bibliothek des Pontificio Istituto Orientale in Rom, dem Druckhaus Galrev Berlin sowie dem Literarischen Colloquium Berlin.

1.
Bildnis und Selbstbildnis

Ein bedeutendes Bildnis Pawel Florenskis verdanken wir dem Priester Sergi Bulgakow, der im Frühjahr 1943 in Paris eine *Gedenkrede* auf seinen Freund hielt. Das Jahr 1943 galt bis 1989 als Florenskis Todesjahr. Erst auf eine neuerliche Anfrage seiner Familie stellte das zuständige Moskauer Standesamt am 24. November 1989 eine gültige Todesurkunde aus: »Der Bürger Florenski, Pawel Alexandrowitsch, verstarb am 8. Dezember 1937 im Alter von 55 Jahren. Todesursache: Erschießung. Sterbeort: Leningrader Gebiet.«[1*]

Sergej Bulgakow (1871-1944) war nach einem Jurastudium an der Moskauer Universität Professor für politische Ökonomie am Polytechnischen Institut in Kiew und ab 1906 an der Universität in Moskau. Ursprünglich Marxist wie auch Pjotr Struwe, Nikolai Berdjajew und Semjon Frank, wandte er sich unter dem Einfluß Kants und Solowjows dem Idealismus zu. 1906 gründete er in Moskau die »Religiös-Philosophische Gesellschaft zum Gedenken an Wladimir Solowjow«, über die er mit Pawel Florenski bekannt wurde. Beide gehörten - zusammen mit Feodor Samarin (1858-1916), Fürst Jewgeni Trubezkoj (1863-1920), Bischof Feodor (Posdejewski) und Wladimir Koshewnikow (1852-1917) - dem 1907 von Michail Nowosjolow (1864-1938) begründeten »Kreis der nach christlicher Erleuchtung Suchenden« an.

1917 widmete Florenski Sergej Bulgakow die Erste Lieferung seines Buches »Die ersten Schritte der Philosophie« mit den Vorlesungen »Vorlesung und Lektüre«, »Die Urväter der Weisheitsliebe«, »Schichten der ägäischen Kultur«:

Teurer, hochverehrter Freund!
Vor genau sieben Jahren begann ich, dieses Buch zum Druck vorzubereiten. Das Manuskript und die Klischees der Zeichnungen waren bereits fertiggestellt. Eine Vielzahl von Interessen und aufwendigen Verpflichtungen lenkten jedoch Zeit und Kräfte hartnäckig auf andere Arbeiten, so daß bisher nur drei Vorlesungen der ganzen Vorlesungsreihe zum Druck kommen und ich nicht weiß, wann es mir gelingen wird, mich auf den Druck weiterer zu konzentrieren. Dennoch sind

* Die hochgestellten Ziffern verweisen auf die Zitatquellen auf S. 299 f.

Michail Nesterow, Philosophen (Pawel Florenski und Sergej Bulgakow), 1917

diese sieben Jahre nicht ohne Nutzen für das Buch gewesen: Vieles konnte überprüft werden, die vertretenen Positionen jedoch wurden nicht aufgegeben. Der ursprüngliche Gedanke, das Buch Ihnen zu widmen, hat sich noch gefestigt. Sieben Jahre Erprobung unserer Freundschaft haben meine Verehrung und meine Liebe zu Ihrem geistigen Antlitz vertieft. Daher fiele es mir jetzt schwer, angesichts der Unmöglichkeit, in absehbarer Zeit das ganze Buch zu drucken, es ohne die Widmung zu lassen, mit der es in meiner Seele zusammengewachsen ist. Nehmen Sie bitte meine mehr als bescheidene Gabe nicht als eine Ihres Namens würdige Arbeit, sondern einzig als Zeugnis der Unwandelbarkeit meiner Gefühle für Sie.

1917. 4. V. Sergijew Posad　　　　Der Verfasser[2]

Der russische Maler Michail Nesterow (1862-1942), der den Sommer 1917 in Abramzewo verbrachte, malte in dieser Zeit in Florenskis Garten in Sergijew Posad sein Bild *Philosophen*, das Bulgakow und Florenski zeigt.

Im Juni 1918 wurde Sergej Bulgakow von Bischof Feodor (Posdejewski) zum Priester geweiht. Florenski unterstützte den Freund, nun Vater Sergi, bei seinen ersten Schritten in der neuen Gemeinde und half ihm bei den Messen.

Eines seiner Selbstbildnisse entwarf Florenski in seinem Autorreferat von 1925/26 für die Enzyklopädie des Russischen Bibliographischen Instituts »Granat«, in der es stark gekürzt und verändert 1927 in Band 44 erschien.

Sergi Bulgakow
Priester Vater Pawel Florenski

In diesen Tagen erhielten wir eine Nachricht, die den Tod des großen russischen Theologen und Denkers, des Priesters Vater Pawel Florenski, glaubhaft bestätigt. Er starb in Solowki nach zehnjähriger Verbannung in weit entfernte Gebiet, nach Ostsibirien und an das Weiße Meer.

Er ist der größte unter all den Zeitgenossen, denen zu begegnen mir in meinem langen Leben beschieden war, und es ist das größte Verbrechen, daß man die Hand gegen ihn erhob und ihn zu Schlimmerem als Hinrichtung verurteilte, zu langjähriger qualvoller Verbannung und einem langsamen Tod. Er ging von uns, umstrahlt von der Aureole eines Märtyrers, mehr noch, von der Aureole eines Bekenners des Namens Christi in einer Zeit der Verfolgung durch den Antichrist. Daher erfüllt dieser Tod die Seele nicht nur mit Erschütterung und Trauer als einer der düstersten Akte der russischen Tragödie, sondern er ist auch ein geistiger Triumph, einer, von denen der Seher sagt: »Selig sind die Todten, die in dem Herrn sterben von nun an. Ja, der Geist spricht, daß sie ruhen von ihrer Arbeit; denn ihre Werke folgen ihnen nach.« (Offenb. 14, 13)

Es ist mir aufgegeben, hier auf fremder Erde Zeugnis abzulegen vor denen, die von der Größe und Schönheit seines geistigen Antlitzes nichts wissen. Nie habe ich die Ohnmacht meines Wortes in solchem Maße empfunden wie angesichts dieser Pflicht. Vater Pawel war für mich nicht einfach eine Erscheinung der Genialität, sondern ein Kunstwerk: so harmonisch und schön war seine Gestalt. Es bedarf des Wortes oder des Pinsels oder des Meißels eines großen Meisters, um der Welt von ihm zu erzählen. Was er war, war er nicht allein von Geburt, er war auch das Werk seines eigenen geistigen Künstlertums, für das ihm alle Feinheit geistigen und künstlerischen Geschmacks zur Verfügung stand. Die Züge seines äußeren Antlitzes sind auf dem berühmten Porträt von Nesterow festgehalten - in seiner beseligenden Stille und seinem Leuchten gleichsam das Bild eines Himmelsbewohners, der aber doch auch ein Sohn der Erde ist, ihre Schwere erfuhr und sie überwand. Idyllische Naivität und Simplizität gab es bei ihm nicht, von ihm hätte genauso gesagt sein können: »Oh fordre nicht den Sturm heraus, Das Chaos zu den Füßen!«* Aber er liebte diese vertraute Erde als eine allmenschliche Mutter, die antike Demeter, er kannte und ehrte sie aber zugleich als die heilige, Allreine und Allgesegnete GOTTESERDE , vor der er sich verneigte. (Siehe seine Widmung im »Pfeiler«: »Dem Allduftenden und Allreinen Namen der Jungfrau und Mutter.«)

Er war eher von zarter und zerbrechlicher Statur, besaß aber große Ausdauer und ein großes Arbeitsvermögen, was er zum Teil durch intensives asketisches Training erworben hatte. Ich war Zeuge dieser asketischen Selbstdisziplin ebenso wie seines heroischen wissenschaftlichen Wirkens: Er arbeitete gewöhnlich nachts, gegen 3 oder 4 Uhr morgens ging er zu Bett, trotzdem bewahrte er den ganzen Tag über seine volle Geistesfrische; in bezug auf sein Ernährungsregime verfuhr er mit gleicher Strenge. Damit folgte er nicht nur der geistlichen Stimme in ihm, es war auch eine Sache seines eisernen Willens und seiner Selbstbeherrschung. Von Natur aus schwach, war er in den Jahren, da ich ihn kannte (unsere Trennung liegt nun schon ein Vierteljahrhundert zurück), soweit ich mich erinnere, nie krank, und dies bei einem von asketischen Entbehrungen erfüllten Leben.

Wenn Vater Pawel irgendwo erschien, zog er unweigerlich die Aufmerksamkeit auf sich, zumindest derer, die Augen hatten zu sehen, sowohl bevor er Priester war als insbesondere auch danach. In seinem Gesicht hatte er etwas Orientalisches und Nichtrussisches (seine Mutter war Armenierin). Geistig sah ich in ihm vor allem einen alten Griechen, zugleich aber auch einen Ägypter; er vereinte diese beiden geistigen Elemente in sich, er war gewissermaßen ihre lebendige Offenbarung. In seinem Antlitz, in seinem Profil, im Spie-

* Fjodor Tjutschew: »Was heulst du so, du Wind der Nacht«, nachgedichtet von Siegfried von Nostitz.

gel seines Gesichts, in den Lippen und in der Nase lag etwas von den Bildnissen Leonardo da Vincis, was immer wieder verblüffte, zugleich aber auch von den Bildnissen … Gogols. Ich weiß noch, wie wir, die wir ihn kannten, als wir an der Einweihung des Gogol-Denkmals in Moskau teilnahmen (Ern, Andrej Bely u.a.), nach der Enthüllung überrascht ausriefen: »Pawluscha!« (So nannten ihn die Freunde und Altersgenossen, seine Schulkameraden aus dem Tifliser Gymnasium, die heute beide schon von uns gegangen sind: Wladimir Ern und Vater Alexander Jeltschaninow.) Aber in diesem Äußeren, dem man nicht begegnen konnte, ohne es gewahr zu werden, lag nichts Herausforderndes, Arrogantes.

22 Genauso war es mit seiner Stimme und seiner Rede. Man wurde immer an Shakespeares Worte erinnert (Hamlet über Ophelia): Er hatte eine feine, leise Stimme von großem Liebreiz (was es nicht nur bei der Frau gibt, sondern, wie in diesem Falle, auch beim Mann). Doch in dieser Stimme war, wenn nötig, auch etwas von der Härte des Metalls, überhaupt war der entscheidende Eindruck von Vater Pawel der einer *Kraft*, einer Kraft, die sich kennt und sich in der Gewalt hat. Und diese Kraft lag in der Ursprünglichkeit der genialen Persönlichkeit, der Originalität und Selbstgenügen gegeben sind und die dabei ganz einfach und natürlich ist, ohne die geringste innere und äußere Pose, die immer innerer Ohnmacht entspringt. Auch in seiner geistigen Entwicklung und Selbstbestimmung beobachten wir bei Vater Pawel diese Züge. In gewissem Sinne läßt sich sagen, seinen Weg gehend hat sich Vater Pawel selbst geschaffen.

Er ist in einer kulturvollen Familie geboren und aufgewachsen (sein Vater war Ingenieur, ein gebildeter Mann), die Atmosphäre war von Beethoven und Goethe bestimmt, die Religion blieb außerhalb. Seiner Erziehung nach geistiger Aristokrat, war er bis zu einem gewissen Grade auch Ästhet. Nach Abschluß des Gymnasiums, an dem er die Lehrer durch seine mathematischen, damals schon auf die Forschung gerichteten Fähigkeiten in Erstaunen gesetzt hatte, studierte er an der Mathematischen Fakultät der Moskauer Universität; nach Abschluß des Studiums erhielt er von mehreren mathematischen Lehrstühlen Angebote (und noch lange danach erinnerten sich die Moskauer Physiker und Mathematiker ihres begabten Studenten). Vater Pawel jedoch, seinen Lebensweg jäh ändernd, beginnt ein Studium an der Moskauer Geistlichen Akademie (im Dreifaltigkeits-Sergi-Kloster) und unterwirft sich dem Gehorsam einer neuen wissenschaftlichen Arbeit, der Theologie, und zugleich der religiösen Tat. Wann und wie es zu der religiösen Wende bei ihm kam, weiß ich nicht zu sagen. Ich habe ihn erst danach kennengelernt.

Vater Pawel bot das Bild eines Wissenschaftlers, bei dem die umfassende Beherrschung des Gegenstands beeindruckte, die bar jedes Dilettantismus war; was die Breite seiner wissenschaftlichen Interessen angeht, so ist er ein seltener, ein außerordentlicher Polyhistor, dessen volle Größe aus Mangel an ausreichenden Daten unmöglich zu bestimmen ist.

Er erinnert hier am meisten an die titanischen Gestalten der Renaissance, an Leonardo da Vinci etwa, vielleicht noch an Pascal, und unter den Russen am meisten an Wassili W. Bolotow. Ich kannte ihn als Mathematiker und Physiker, als Theologen und Philologen, als Religionshistoriker, als Dichter, als Kenner und Verehrer der Kunst und als tiefen Mystiker.

Die letzten Jahre vor der Verbannung hielt Vater Pawel in Moskau Vorlesungen über Elektrizität und die Theorie der Perspektive. Man sagt, in seinem unstillbaren Forscherdrang habe er sich sogar in der Verbannung auf den Solowki-Inseln dem Studium der Meeresalgen gewidmet. Da wir das nicht nachprüfen können, mag es als Mythos stehenbleiben, der sich naturgemäß um eine so mythische Persönlichkeit rankt. Und all diese reichen Gaben und offenbar auch Resultate sind verschüttet und vielleicht für immer ins Grab gesunken infolge der Barbarei, des geistigen Überfalls der Hunnen auf die russische Erde; zusammen mit Millionen von Menschenleben hat sie die eiserne Presse der »Sowjetmacht« zermalmt.

Ich weiß nicht, was von seinem wissenschaftlichen und literarischen Erbe erhalten ist, weiß aber, daß er schon damals, in den Jahren unseres gemeinsamen Lebens, das heißt vor einem Vierteljahrhundert, in seinem Schreibtisch mehrere abgeschlossene Untersuchungen liegen hatte (etwas über Namen und Umbenennungen, verschiedene philosophische und theologische Vorlesungen, mathematische und andere Arbeiten). Er interessierte sich im allgemeinen wenig für ihre Veröffentlichung. Ich persönlich meine, daß das Buch »Der Pfeiler und die Grundfeste der Wahrheit«, das seinen Namen in der Theologie verdientermaßen berühmt gemacht hat und das noch ein Jugendwerk darstellt, durchaus nicht das letzte Wort ist und das einzige, was er mit in sein fernes Grab genommen hat. Doch in der Welt des Schöpferischen geht nichts verloren von den wahren geistigen Werten, selbst wenn sie hier auf der Erde zunichte werden - »denn ihre Werke folgen ihnen nach« - ihr Same geht in jener anderen Welt auf ...

Alles jedoch, was über die ungewöhnliche wissenschaftliche Begabung von Vater Pawel wie auch über seine Originalität, kraft derer er eine eigene Sprache für alle Dinge hatte, die wie eine Offenbarung war, gesagt werden kann, bleibt dennoch zweitrangig und unwesentlich, wenn man von dem Allerwichtigsten an ihm nichts weiß. Das geistige Zentrum seiner Persönlichkeit, die Sonne, die alle seine Gaben zum Leuchten brachte, war sein Priestertum.

Wassili Rosanow, der sich, nachdem er Vater Pawel einmal kennengelernt hatte, von ihm wie von einem Lebensquell nicht mehr trennen konnte (ich weiß, daß Vater Pawel einen seinem Umfang und Inhalt nach bedeutenden Briefwechsel mit ihm aufbewahrte, in welchem sie sich gemeinsam in die mystischen Tiefen der jüdischen Frage versenkt hatten), schrieb mir einmal einen in seiner Kraft und Prägnanz gleichfalls genialen Brief (ob er in Moskau erhalten ist, weiß ich nicht). Ich erinnere mich nur an ein Wort daraus. Das Allerwichtigste an ihm bestimmend, sagte Wassili Rosanow: Ein hiereus (er wählte das griechische Wort), ein *Priester*. Und so war es. Das Priestertum von Vater Pawel war wie alles in seinem Leben (außer dem, was satanisches, antichristliches Wüten ihm antat) ebenfalls ein Akt der Selbstbestimmung, obwohl es äußerlich seiner gesamten Lebenssituation zu widersprechen schien. Ein Gottesnarrentum, wie es der Priesterrock war - das hatten weder sein Vater, der Ingenieur, noch seine Gymnasial- und Universitätslehrer sich träumen lassen. Es ergab sich noch nicht einmal mit Notwendigkeit aus der Tatsache seines Studiums an der Geistlichen Akademie; dies sagte ihm seine innere Stimme, es war Erwählung und Berufung.

Sein Weg war ohne Beispiel in der Geschichte der russischen intellektuellen Öffentlichkeit. Sie kannte wohl Einzelfälle einer Hinwendung zum Priestertum, den Übertritt zum Katholizismus in Gestalt einer aristokratischen, weltlichen Konversion, nicht aber zur volkhaften bäuerlichen Orthodoxie. Man kann sagen, daß Vater Pawel in unseren Tagen der russischen Intelligenz, zu der er historisch doch gehörte, wenn er auch stets von »Intelligenzlertum« frei war und es bekämpfte, diesen Weg gebahnt hat.

Ohne das freilich beabsichtigt zu haben, hat er sie mit der Handauflegung praktisch herausgefordert. Diesen Weg gingen dann, nun schon nach Vater Pawel, Menschen eines ganz bestimmten geistigen und kulturellen Zuschnitts. Sie gehen mit ihm, ihm folgend, manche wissentlich, manche unwissentlich. Bis dahin war das Priestertum erblich bei uns, »levitischem« Blut vorbehalten und mit einer bestimmten Psychologie und Lebensweise verbunden; in Vater Pawel jedoch trafen und verbanden sich Kultur und Kirchlichkeit, Athen und Jerusalem, und diese organische Verbindung allein ist ein Faktum von kirchengeschichtlicher Bedeutung.

Was suchte Vater Pawel im Priestertum? Nicht die Berufung zum Hirten und Lehrer, wenn er das für sich auch nicht ausschloß, es war vor allem und am stärksten das Verlangen, am Altar des Herrn zu stehen und liturgisch-eucharistischen Dienst zu tun. Anfangs bemühte sich Vater Pawel - und das vielleicht etwas abstrakt und ideologisch - um eine Dorfgemeinde in der Nähe von Sergijew Posad, und zwar so, daß er gleichzeitig Dorfgeistlicher und Professor an der Geistlichen Akademie sein konnte, wo er den Lehrstuhl für geistliche Philosophie innehatte (auch hier siegte die Routine über das Wesen der Sache, Vater Pawel wurde von den rein theologischen Lehrstühlen ferngehalten), schließlich erhielt er die kleine Hauskirche der Gemeinde des Roten Kreuzes in Sergijew Posad, natürlich nur bis zum Jahr 1918, mit dem seine Unbehaustheit als Priester begann. Es war offenbar unvermeidlich, daß früher oder später sein Priesterdienst abbrach. Doch auch das bolschewistische Moskau erinnert sich, wie er im Priesterkleid und mit dem Kreuz auf der Brust wissenschaftliche Vorlesungen hielt. Genau weiß ich das Datum seiner Priesterweihe nicht, ich glaube, es war um 1910.

Kurz vor der Handauflegung trat er in den Stand der Ehe, was für alle, die ihm nahestanden, auf seine Weise unerwartet kam. Sein asketischer Weg sollte ihn ursprünglich zum Mönchtum führen, aber dann wurde aus der Askese im Kloster die Askese in der Familie. Er wurde zum Haupt einer Familie, ein sorgender und zärtlicher Vater mehrerer Kinder. Die Trennung von ihnen und die Sorge um sie war in der Verbannung sicher ein besonderes Kreuz. Mit seiner Weihe zum Priester überwand Vater Pawel jenes Hindernis, das für uns, die sozusagen in die Kirche zurückgekehrten »Intellektuellen«, die Abhängigkeit der Kirche vom Staat, der Caesaro-Papismus, darstellte. In seiner außerordentlich nationalen Bewußtheit - trotz und sogar wegen seines halbrussischen Blutes - war Vater Pawel politisch eher konservativ, genauer, wollte es sein, wenn sich das bei ihm auch mit einem apokalyptischen und eschatologischen Lebensgefühl verband, gerichtet auf ein Leben, »das hier keine bleibende Statt hat, sondern die künftige sucht«.

Als das ganze Land vom Revolutionsfieber ergriffen war, entstanden auch in der Kirche mehrere, wenn auch kurzlebige kirchenpolitische Organisationen; Vater Pawel blieben sie fremd, sei es, weil er den irdischen Einrichtungen ohnehin gleichgültig gegenüberstand, oder sei es, weil er die Stimme der Ewigkeit stärker vernahm als den Ruf der Zeit. Die Erneuerungsbewegung in Kreisen der russischen Geistlichkeit, die später zur Lebendigen Kirche entartete, hat bei Vater Pawel nie ein Echo gefunden, so sehr er auch unter der Stagnation unseres Kirchenlebens litt. Sein Christentum war auch nicht »sozial«, obwohl sich in seiner Umgebung damals schon verschiedentlich solche Bestrebungen bemerkbar machten. Das hing aber bei ihm weniger damit zusammen, daß er nur ein Bewahrer war; in dieser äußeren Hülle brannte die Flamme eines feurigen Geistes, wenn sie auch nur mit stillem Schein aus ihm hervorleuchtete. Deshalb erschütterte ihn auch die Veränderung des Verhältnisses von Kirche und Staat nach der Revolution nicht.

Er blieb innerlich frei vom Staat, von dem er weder vor noch nach der Revolution etwas erwartete; jede Unterwürfigkeit war ihm fremd, ob es sich dabei um die Obrigkeit von oben oder von unten handelte. Man kann, ohne fürchten zu müssen paradox zu sein, sagen, Vater Pawel durchschritt unsere katastrophische Epoche gewissermaßen ohne sie geistig wahrzunehmen, ohne sich um das äußerlich Revolutionäre an ihr zu bekümmern. Diese Gelassenheit kam genauso in seiner Loyalität, seinem Gehorsam gegenüber jeder Macht, in seiner paradoxen Anerkennung der »heiligen Knute« zum Ausdruck. Bei all dem muß man aber das wahre Maß seiner Freiheitsliebe kennen, die es ihm erlaubte, nicht nur zu gehorchen, sondern auch sich nicht zu unterwerfen, selbstverständlich in dem, was für ihn wesentlich und bestimmend war.

Nachdem er Priester geworden war und sich die ganze Fülle der Verantwortung einer kanonischen und hierarchischen Disziplin auferlegt hatte, blieb Vater Pawel dennoch frei, der blinde Gehorsam aus Angst, nicht aus Gewissen, die Anerkennung ihrer »infallibilitas« war ihm wesensfremd. Er blieb auch in seinem Theologisieren frei, das freilich organisch gespeist wurde von seiner Kirchlichkeit und inspiriert von seinem Dienst am Altar. Die unmittelbare Verfolgung der Sophiologie, die erst später einsetzte, hat er nicht mehr erlebt, aber er wäre selbstverständlich bereit gewesen, sie mit all ihren Folgen anzunehmen.

Als man die Verehrer des Namens Gottes (»Namensverehrung«) zu verfolgen begann, unterstützte Vater Pawel mit der ganzen Kraft seiner Theologie die theologisch hilflose, aber mystisch wahre Bewegung der Namensverehrer. Seine geistige Furchtlosigkeit könnte ich auch mit einigen biographischen Tatsachen belegen. Überhaupt paßt auf ihn die deutsche Wendung: Nur für Schwindelfreie möglich;* er ist auch in seinem Priestertum schwindelfrei geblieben. Bezeichnend, daß man ihn nicht nur in der Zelle von Vater Isidor, bei den Starzen der Sosima-Einsiedelei, beim Bischof Antoni, der im Donskoi-Kloster im Ruhestand lebte, antreffen konnte, sondern auch in verschiedenen Häusern unseres damaligen Moskauer »Florenz«, bei Schriftstellern und Dichtern, wo er manchmal auch bei solchen, von denen man das kaum gedacht hätte, ein willkommener Gast und nächtlicher Gesprächspartner war. Bei aller Kirchlichkeit und liturgischen Strenge blieb er vollkommen frei von Frömmelei und stilisier-

* Im Original deutsch.

tem »Popentum«, weil ihn das Wesen der Dinge interessierte. Das war auch der Grund, warum er im akademischen Milieu mit seiner speziellen Atmosphäre für sich nicht den rechten Platz fand.

Dem theologischen Modernismus, das heißt Rationalismus völlig fernstehend, war ihm dieser im besten, wahrsten Sinne natürlich nicht fremd: Er leugnete nicht, daß jede Epoche der Geschichte ein Recht auf Existenz besitzt, ja ihr eigenes Lebensgesetz und einen jeweils besonderen schöpferischen Umgang mit ihr verlangt, so daß die Treue zur Überlieferung nicht in ein beschränktes Bewahren ausarten muß.

Als die theologischen Akademien durch die Sowjetregierung geschlossen wurden, erörterten Vater Pawel und ich detailliert ein Projekt zur Einrichtung einer »religiös-philosophischen« Akademie mit verändertem und erweitertem Programm und suchten nach Mitteln und Wegen zu seiner Verwirklichung. Doch das Leben hielt eine grausame Antwort auf diese Pläne bereit: für Vater Pawel die Einkerkerung, die mit dem Märtyrertod endete, für mich die lebenslange Verbannung in die Fremde. Das waren Wege und Weisungen der göttlichen Vorsehung. Und doch möchten wir in unserem jetzigen Pariser Beginnen, das sich über den kulturellen Ruinen des russischen Lebens erhebt, wenn auch nicht die Fülle, so doch einen schwachen Abglanz unserer Moskauer Pläne sehen und in dem, was bedingt »Pariser Theologie« genannt wird, Grundsätze finden, die mit den Intuitionen Vater Pawels verwandt sind und gewissermaßen seine geistige Teilhabe ausdrücken.

Zur vollen Blüte und zur Frucht jedoch kann es nur auf dem Boden der Heimat kommen und unter ihrer Sonne; in der Orangerie, herausgerissen aus ihrem Boden, wächst die Pflanze, wenn sie wächst, nur kümmerlich. Das Heimatgefühl bei Vater Pawel hatte etwas Organisches. Im Kaukasus geboren, hatte er bei der Dreifaltigkeit Sergis das Gelobte Land gefunden, er liebte dort jeden Winkel und jede Pflanze, den Sommer und den Winter, den Frühling und den Herbst. Ich kann das Gefühl für die Heimat, für Rußland, das mit all seinen Sünden und Zusammenbrüchen, aber auch mit den Versuchungen seiner Erwähltheit, das in seinen Schicksalen große und mächtige Rußland, wie es in Vater Pawel lebte, mit Worten nicht wiedergeben. Und es ist selbstverständlich kein Zufall, daß er nicht ins Ausland gegangen ist, wo ihn sicher eine glänzende wissenschaftliche Zukunft und vermutlich Weltruhm erwartet hätte, aber das gab es wohl für ihn gar nicht. Natürlich wußte er, was ihn erwartete, er mußte es wissen, die Schicksale der Heimat sprachen davon, unerbittlich, oben wie unten, von der bestialischen Ermordung der Zarenfamilie bis zu den unzähligen Opfern der Gewaltherrschaft. Man kann sagen, das Leben habe ihn vor die Wahl gestellt zwischen Solowki und Paris, er wählte ... die Heimat, und sei das Solowki, er wollte das Schicksal seines Volkes teilen, bis zum Ende. Vater Pawel war es organisch nicht möglich, Emigrant zu werden, er wollte nicht Emigrant sein im Sinne einer freiwilligen oder unfreiwilligen Trennung von seiner Heimat, und er und sein Schicksal sind der Ruhm und die Größe Rußlands, zugleich aber auch Rußlands größtes Verbrechen.

Ein Vierteljahrhundert ist vergangen, seit wir uns nach unserem letzten gemeinsamen Gottesdienst beim Verlassen der Kathedrale in Moskau trennten. Alles, was hier über ihn gesagt wurde, beruht auf Eindrücken der ersten Jahrzehnte dieses Jahrhunderts, einer schon fernen Vergangenheit. Dennoch habe ich nicht das Gefühl, über ihn nichts zu wissen, denn die vergangenen, gemeinsam verbrachten Jahre bewahren dieses wie ein in Bronze gegossenes, einem Denkmal gleiche Bild in meiner Seele. Aber es übersteigt einfach die Kräfte, von ihm zu sprechen, ohne ihn zu sehen und unmittelbar zu fühlen.

Um von einem Genie zu berichten, das doch ein *Wunder* der Natur ist, muß man selber ein Genie sein oder zumindest die Fähigkeit besitzen, sich in das Phänomen einzufühlen. Wir wollen hoffen, daß sich Menschen finden, die die kostbaren Bröckchen der Erinnerung an ihn aus dem vergangenen Vierteljahrhundert sammeln, wenn auch alle vor der gleichen unüberwindlichen Schwierigkeit stehen werden: Vater Pawels wahre Schöpfung sind eigentlich nicht die von ihm geschriebenen Bücher oder seine Gedanken und Worte, sondern das ist er selbst, sein ganzes Leben, das nun ohne Wiederkehr aus dieser Zeit in eine künftige übergegangen ist. Und nur wer glaubt und weiß, daß das schöpferische Leben jenseits des Grabes fortdauert, daß auch von dort eine Teilnahme am hiesigen Leben möglich ist, hat die christliche Hoffung, ihm in der ewigen Heimat zu begegnen, in einem geistigen Rußland, in einer künftigen Zeit, denn nichts wahrhaft Wertvolles vergeht, sondern es vermehrt sich - und die Werke des Gerechten folgen ihm nach ...

Eine Erinnerung verläßt mich nicht, sie ist zugleich ein Vorzeichen künftiger Ereignisse und Erfüllungen. Es ist das Porträt, das unser gemeinsamer Freund M. W. Nesterow (der ebenfalls dieses Jahr aus dem Leben gegangen ist) an einem Maiabend des Jahres 1917 in dem Gärtchen am Hause Vater Pawels von uns gemalt hat. In der Vorstellung des Malers war es nicht nur das Porträt zweier Freunde, gemalt von einem dritten Freund, sondern darüber hinaus die geistige Vision einer Epoche. Die beiden Gesichter waren für den Künstler der unterschiedliche Ausdruck ein und derselben Erkenntnis: das eine - Vision des Schreckens, das andere - Vision des Friedens und der Freude, der sieghaften Überwindung. Der Künstler hatte anfangs so starke Zweifel an der Statthaftigkeit der ersten Gestalt, daß er den Versuch unternahm, das Bild zu verändern, den Schrecken durch die Idylle zu ersetzen, die Tragödie durch Wohlwollen. Das Falsche und Unerträgliche dieser Veränderung stellte sich unmittelbar heraus, und der Künstler mußte die ursprüngliche Vision wiederherstellen. Die Gestalt Vater Pawels dagegen hatte er sofort gefunden, sie war von künstlerischer und geistiger Evidenz und mußte nicht verändert werden. Es war die künstlerische Schau zweier Gestalten der russischen Apokalypse, diesseits und jenseits des irdischen Seins - die eine in Kampf und Unruhe (es war die Unruhe meiner Seele, die sich ausgesprochen auf das Schicksal meines Freundes bezog), die andere auf dem Weg zum Sieg, zur Erfüllung, was heute sichtbar geworden ist ... Er hat den Ort des Friedens gefunden.

Dies ist christlicher Glaube und christliche Hoffnung. Aber für die, die ihn kannten und liebten, ist die Welt ohne ihn verwaist, öd und leer, und der aus der Welt Gegangene ruft sie zu sich.

»Darnach sahe ich, und siehe, eine große Schaar, welche Niemand zählen konnte, aus allen Heiden, und Völkern, und Sprachen, vor dem Stuhl stehend, und vor dem Lamm, angethan mit weißen Kleidern, und Palmen in ihren Händen ... Diese sind es, die gekommen sind aus großer Trübsal ... Darum sind sie vor dem Stuhl Gottes, und dienen ihm Tag und Nacht in seinem Tempel ..., und Gott wird abwischen alle Thränen von ihren Augen.« (Offenb. 7; 9, 14, 15, 17)

Und wir glauben, unter ihnen wird auch der Priester Gottes, Pawel, erschaut, der Märtyrer und Bekenner des Namens Christi.

[März / April 1943]

Biographische Auskünfte

Geboren am 9. Januar 1882 in dem kl. Ort Jewlach, Gouv. Jelisawetpol, wo sein Vater damals am Bau der Transkaukasischen Eisenb. beteiligt war. Die Kindheit verbrachte er in Tiflis und vor allem in Batum. Bis 1900 besuchte er das 2. Klassische Gymnasium in Tiflis. Seine weitere Ausbildung erhielt er an der Physikalisch-Mathematischen Fakultät der Moskauer Universität in der mathematischen Klasse. Hier beendete er sein Studium, in dem er sich auf die reine Mathematik spezialisiert hatte, im Jahr 1904 und erhielt das Angebot, am Lehrstuhl zu bleiben. Die Kandidatenarbeit schrieb er über das selbstgewählte Thema »Über die Besonderheiten flacher Kurven als Orte der Durchbrechung ihrer Kontinuität«; diese Arbeit sollte Teil eines Werkes allgemein philosophischen Charakters sein - »Diskontinuität als Element der Weltanschauung«. An der Universität abeitete F. vornehmlich unter N.W. Bugajew sowie unter der freundschaftlichen Obhut N.J. Shukowskis in einer geistigen Atmosphäre, die geprägt war von der Theorie der Funktionen freier Variablen. Parallel zu seiner Beschäftigung mit Mathematik und Physik studierte er Philosophie an der Historisch-Philologischen Fakultät bei S.N. Trubezkoi und L.M. Lopatin. 1904 wurde F. Student der Moskauer Geistlichen Akademie, von der Zeit an wohnte er in Sergijew Posad. In der Akademie studierte er Disziplinen, die er zur Ausarbeitung einer allgemeinen Weltanschauung brauchte - Philosophie, Philologie, Archäologie, Religionsgeschichte -, und setzte nebenbei seine mathematischen Arbeiten fort. Im IV. Studienjahr wurde er für den Lehrstuhl der Geschichte der Philosophie ausersehen, den er ab Herbst 1908 in der Eigenschaft als amt. Dozent und ab 1911 nach der Verteidigung seiner Magisterdissertation »Über die geistliche Wahrheit« als ao. Prof. innehatte.

Seine Vorlesungen und Seminare waren vornehmlich Fragen der Geschichte der Weltanschauung gewidmet. Parallel zu seiner philosophischen Lehrtätigkeit arbeitete und unterrichtete F. auf dem Gebiet der Mathematik und Physik. 1911 empfing er die Priesterweihe, war aber nicht in einer Gemeinde tätig. Von 1911 bis 1917 redigierte F. das Akademieorgan »Theologischer Bote«, dem er einen geschichtlichen Charakter zu geben versuchte und in dem er eine Reihe von Dokumenten veröffentlichte, welche die Geschichte der Weltanschauung und die Schulen im 18. und 19. Jahrhundert beleuchtete. Seit 1917 hielt F. Vorlesungen über Physik und Mathematik am Pädagogischen Institut von Sergijew Posad und erarbeitete Vorlesungskurse zur Methodik der Geometrie, zu einer Enzyklopädie der Mathematik u.a. Als Mitarbeiter der Museumsabteilung erarbeitete er eine Methodik der ästhetischen Analyse und Beschreibung von Gegenständen alter Kunst, wofür er Daten aus der Technologie und Geometrie heranzog. Das Ergebnis dieser Beschäftigungen war eine Reihe von Vorträgen und Beschreibungen, welche nur zum Teil publiziert sind.

Weltanschauung

Seine Lebensaufgabe sieht F. darin, einer künftigen ganzheitlichen Weltanschauung den Weg zu bahnen. In diesem Sinne kann er Philosoph genannt werden. Doch im Gegensatz zu den in der Neuzeit üblichen Verfahren und den Aufgaben philosophischen Denkens strebt er von den abstrakten Konstruktionen und einer sich in Schemata erschöpfenden Problemfülle weg. So gesehen ist er eher als Forscher zu betrachten. Weite Perspektiven sind bei ihm stets mit konkreten und lebensnahen Untersuchungen einzelner, gelegentlich sehr spezieller Fragen verbunden. Infolgedessen ist die von ihm entwickelte Weltanschauung kontrapunktisch aus einer Anzahl dialektisch auf besondere Weise verknüpfter Fragen der Welterkenntnis gebaut; dies entzieht sich jedoch einer kurzen systematischen Darlegung. Sein Gebäude ist organischen, nicht logischen Charakters, und die einzelnen Formulierungen sind von dem konkreten Material nicht zu trennen. Das Leitthema der kulturhistorischen Anschauungen F.s ist die Leugnung der Kultur als eines in Zeit und Raum einheitlichen Prozesses mit der daraus folgenden

Leugnung der Evolution und des Fortschritts der Kultur. Was das Leben der einzelnen Kulturen angeht, so vertritt F. den Gedanken, daß sie dem Rhythmus einander ablösender Typen von Kultur unterliegen, der mittelalterlichen Kultur und der Renaissance-Kultur. Der erste Typ ist gekennzeichnet durch Organik, Objektivität, Konkretheit, innere Sammlung, der zweite durch Zersplitterung, Subjektivität, Abstraktheit und Oberflächenorientierung. Die Existenz der europäischen Renaissancekultur hat sich nach F.s Überzeugung mit Beginn des 20. Jahrhunderts vollendet, von den ersten Jahren des neuen Jahrhunderts an sind auf allen Gebieten die ersten Keime der Kultur eines anderen Typs zu beobachten.

34 In der Struktur seiner Weltanschauung erblickt F. eine Entsprechung zum russischen mittelalterlichen Stil des 14. bis 15. Jahrhunderts, er sieht aber - und das kommt seinen Wünschen entgegen - andere Denkgebäude entstehen, die einer Wiederkehr des Mittelalters auf tiefere Weise entsprechen. Für das Grundgesetz der Welt hält F. den zweiten Hauptsatz der Thermodynamik, das Gesetz der Entropie, weiter gefaßt das Gesetz des Chaos - in allen Bereichen des Weltgebäudes. Der Welt entgegen steht der Logos, das Prinzip der Ektropie. Kultur ist der bewußte Kampf mit der universalen Nivellierung: Kultur bedeutet Isolieren als ein Bremsen des Nivellierungsprozesses im Universum, bedeutet die Erhöhung der Spannung in allen Bereichen als Bedingung des Lebens im Gegensatz zur Gleichheit, dem Tod.

Jede Kultur stellt ein zielgerichtetes und fest verknüpftes System von Mitteln zur Verwirklichung und Offenbarung eines Wertes dar, der als grundlegend und unbedingt angenommen wird, d.h. sie hat einen Glauben zum Gegenstand, dem sie dient. Die ersten Brechungen dieses Glaubens in den unabdingbaren Funktionen des Menschen bestimmen die Gesichtspunkte der mit diesen Funktionen verbundenen Bereiche, d.h. des gesamten Seins, soweit es mit dem Menschen in Beziehung steht. Diese Gesichtspunkte sind die Kategorien, aber nicht abstrakte, sondern konkrete Kategorien (vgl. die Kabbala); ihr handelndes Inerscheinungtreten ist der Kult. Kultur, wie auch die Etymologie bezeugt, leitet sich her von Kult, ist also Ordnung der gesamten Welt aufgrund der Kategorien des Kults.

Der Glaube bestimmt den Kult, der Kult das Weltverständnis, aus dem sich weiter die Kultur ergibt.

Einem naturalistischen, ethischen Monismus bei metaphysischem Dualismus setzt F. ethischen Dualismus bei metaphysischem Monismus entgegen; daher der Kampf mit den Dunstschwaden des Manichäertums, des Gnostizismus, des Bogumilentums u.ä., die die ganze Gesellschaft durchziehen.

Die gleiche Position nimmt F. in der Theorie des Wissens ein. Dem Illusionismus, Subjektivismus und Psychologismus stellt er den Realismus als die Überzeugung von der transsubjektiven Wirklichkeit des Seins gegenüber: Das Sein offenbart sich dem Wissen unmittelbar. Die Wahrnehmungen sind nicht subjektiv, sondern subjektgebunden, d.h. sie gehören dem Subjekt an, liegen aber außerhalb von ihm. Anders gesagt, im Wissen kommt die wahre Erweiterung des Subjekts und die wahre Vereinigung seiner Energie (im Sinne der Terminologie des 14. Jahrhunderts) mit der Energie der zu erkennenden Wirklichkeit zum Ausdruck. Andererseits hält F. im Gegensatz zu einem allgemein anerkannten oder erwünschten einheitlichen, in sich geschlossenen System des Wissens (im Stil des französischen und insbesondere germanischen Denkens), anschließend an den anglo-amerikanischen und insbesondere den östlichen Denkstil, jedes System nicht für logisch, sondern allein teleologisch verbunden und sieht in der logischen Unterbrochenheit (Fragmentarität) und Widersprüchlichkeit eine unvermeidliche Folge des Erkenntnisprozesses als solchem, der auf den unteren Ebenen Modelle und Schemata schafft und auf den oberen - Symbole. Die Sprache der Symbolik gehört zu den wesentlichen Fragen der Theorie des Wissens.

Die Struktur der erkennenden Vernunft steht über der Logik und umfaßt daher zwei im Widerspruch zueinander stehende konstitutive Tendenzen; es ist annähernd das gleiche, ob man das Sein und Sinn, Aufenthalt und Bewegung, Endlichkeit und Unendlichkeit nennt oder vom Gesetz der Identität (verstanden als das Gesetz der Identität, des Widerspruchs und des ausgeschlossenen Dritten) und dem Gesetz des zureichenden Grundes spricht. Da die Vernunft ohne die gleichzeitige Anwesenheit beider Tendenzen nicht agieren kann, so ist jede Tätigkeit der Vernunft wesentlich antinomisch, und alle ihre Konstruktionen stützen sich ausgesprochen auf die einander bekämpfenden und einander ausschließenden Prinzipien. Eine unumstößliche Wahrheit ist das, was stärkstmögliche Bejahung und stärkstmögliche Verneinung in sich vereint, d.h. einen extremen Widerspruch: Der Widerspruch ist unwiderlegbar, denn er schließt seine äußerste Negation schon ein. Daher wird alles, was man gegen die unumstößliche Wahrheit sagen könnte, schwächer sein als die in ihr enthaltene Negation. Der Gegenstand, der dieser Antinomie entspricht, ist offenkundig die wahre Wirklichkeit und die wirkliche Wahrheit. Dieser Gegenstand, die Quelle des Seins und des Sinns, wird von der Erfahrung wahrgenommen.

36 F.s Weltanschauung bildete sich hauptsächlich auf dem Boden der Mathematik heraus und ist von ihren Prinzipien durchwoben, wenn sich diese Weltanschauung auch nicht der Sprache der Mathematik bedient. Bei der Erkenntnis der Welt ist das wichtigste für F. daher die allgemeine Gesetzmäßigkeit als funktionaler Zusammenhang, aufgefaßt jedoch im Sinne der Theorie der Funktionen und der Arithmologie. In der Welt herrscht Diskontinuität hinsichtlich der Verbindungen und Diskretheit hinsichtlich der Wirklichkeit. Für den Positivismus und Kantianismus, weil sie die Kontinuität stört, unannehmbar, ist die Diskontinuität dennoch nicht weniger gesetzmäßig und entspricht den diskreten, mehrdeutigen Verteilungsfunktionen ohne Ableitung usw. Auf der anderen Seite führt die Diskretheit der Wirklichkeit zur Behauptung der Form oder der Idee (im Sinne von Plato und Aristoteles) als eines einheitlichen Ganzen, welches »vor seinen Teilen« ist, die Teile bestimmt, nicht aber sich aus ihnen zusammensetzt. Daher das Interesse für Integralgleichungen und die Funktionen von Linien, Flächen usw.; daher auf der anderen Seite auch die pythagoräische Neigung, das Bestreben, die Zahl als Form zu verstehen. Im Zusammenhang mit der Vorstellung von der Vielschichtigkeit der Wirklichkeit und der Unzugänglichkeit der einen Schichten für die anderen (bedingte Transzendenz) das Bestreben, zu einem anschaulichen Modell imaginärer Größen zu gelangen.

Hinsichtlich von Raum und Zeit vertritt F. einen spezifischen Atomismus. Der Kampf mit dem kantischen Begriff des Raums und das Bewußtsein der Bedingtheit und ungenügenden Elastizität der nichteuklidischen projektiven Räume lenkte F.s Interesse auf die nicht-projektiven Räume und die Topologie. Wesentlich auf diesem Boden bildeten sich seine ästhetischen Ansichten heraus (Vorlesungskurse zur »Analyse des Raums in der bildenden Kunst« an den höheren Kunstwerkstätten).

F. sieht in der Mathematik die notwendige und erste Voraussetzung der Weltanschauung, findet aber in dem Selbstgenügen der Mathematik die Ursache ihrer kulturellen Unfruchtbarkeit: Die Mathematik muß ihre lenkenden Impulse einerseits von einem allgemeinen Weltverständnis, andererseits von dem experimentellen Studium der Welt und von der Technik empfangen. F.s eigene Beschäftigungen gehen in diese beiden Richtungen, wobei sein Gegenstand in der Technik die Elektrotechnik ist, vornehmlich die elektrischen Felder und ihre materiellen Medien. Die Lehre von den Feldern wird erweitert und mit der Geometrie, Naturphilosophie und Ästhetik verknüpft, die Materialkunde wird verknüpft mit der Histologie der Materialien als einem Anwendungsbereich der Mengenlehre und der Theorie der Funktionen.

Schließlich ist die Beschäftigung mit der Sprache zu erwähnen: Das Abstrakt-Logische des Denkens ablehnend, sieht F. den Wert des Denkens in seiner konkreten Erscheinung als Offenbarung der Persönlichkeit. Von daher das Interesse an der stilistischen Erforschung der Erzeugnisse des Denkens. Da F. Denken ohne Sprache nicht annimmt, sieht er im Studium des Wortes das Hauptwerkzeug, um in ein fremdes Denken einzudringen und seinem eigenen Denken Form zu geben. Daher seine Beschäftigung mit Etymologie und Semasiologie.

Werke

Äußeren und zum Teil inneren Umständen zufolge hat F. den größeren Teil seiner Arbeiten nicht gedruckt, und bei dem Gedruckten handelt es sich meist um zufällige Bemerkungen oder Exkurse aus dem Umkreis größerer Arbeiten. Von dem Nichtgedruckten nennen wir: »An den Wasserscheiden des Denkens«, »Philosophie des Kults«, »Analyse des Raums in der bildenden Kunst«, »Die Zahl als Form«, »Autobiographie«, »Über die Besonderheiten flacher Kurven als Orte der Durchbrechung der Kontinuität«, »Materialien zum Studium der Sprache und des Alltags im Gouvernement Kostroma«, »Leben und Persönlichkeit A.M. Bucharjows«, »Leben und Persönlichkeit des Archimandriten Serapion Maschkin«, »Vorlesungen zu einer Enzyklopädie der Mathematik« (dabei speziell ein neues Herangehen an die Fragen der Topologie), »Die ersten Schritte der Philosophie«, »Wörterbuch der graphischen Symbole« (eine umfangreiche Arbeit zusammen mit A.I. Larionow), »Technologie der Halbleiter«, »Porosität von Isolationsporzellan und eine Methode zur Messung und Berechnung der Oberfläche unregelmäßiger Körper«, »Ein Elektrointegrator«, »Ein hydrostatisches und ein elektrostatisches Gerät zur Lösung algebraischer und transzendenter Gleichungen«, »Die altrussischen Namen der Edelsteine«, »Zur Qualitätskontrolle der Erzeugnisse«, »Gußelemente für Kabelkupplungen« u. a. Außerdem hielt er Vorlesungen zu Fragen des Schöpfertums.

Seit 1919 engere Beziehungen zur Technik, F. hält eine Reihe von Vorträgen in der Allrussischen Assoziation der Ingenieure, in der Russischen Gesellschaft der Elektrotechniker und in anderen Gesellschaften, er veröffentlicht mehrere Aufsätze in der Zeitschrift »Elektrizität« und anderen technischen Journalen. Seit dieser Zeit ist er im Obersten Volkswirtschaftsrat angestellt, anfangs arbeitet er in der Fabrik »Karbolit«, später in der Hauptverwaltung der Elektroindustrie. Hier wie dort befaßt er sich vorwiegend mit Problemen der elektrischen Felder und der Halbleiter. Vom Jahr 1921 an hält F. Vorlesungen an den Höheren Künstlerischen Werkstätten und arbeitet einen Vorlesungskurs zur Raumanalyse aus. Zur gleichen Zeit führt er Untersuchungen am Staatlichen Institut für experimentelle Elektrotechnik durch, und von 1924 an leitet er das dort neu eingerichtete Laboratorium für Materialforschung. 1924 wird er zum Mitglied des Zentralen Rates für Elektrotechnik gewählt und arbeitet auf dem Gebiet der Normung im Vereinigten Moskauer Komitee für elektrotechnische Normen und Regeln. Parallel laufen experimentelle und publizistische Arbeiten im Zusammenhang mit seiner Tätigkeit in der Sonderkommission für die Verbesserung der Qualität der Erzeugnisse. [1924/25]

2.

Die Entscheidung

Pawel Alexandrowitsch Florenski wurde am 9. Januar (21. nach neuem Stil) 1882 in Jewlach in Transkaukasien als ältester Sohn des Verkehrsbauingenieurs Alexander Iwanowitsch Florenski (1850-1908) und seiner Frau Olga Pawlowna (1859-1951) geboren.

In einem autobiographischen Text von 1927 schrieb Florenski über seine Familie, über seine Kindheit und Jugend: »Mein Vater hatte seine Eltern in früher Kindheit verloren und mußte sich schon als Knabe seinen Lebensunterhalt selbst verdienen. Auch die Eltern meiner Mutter sind vor meiner Geburt gestorben. Von den Verwandten väterlicherseits wohnte die Schwester meines Vaters [Julia] ständig bei uns, und auch die Schwestern meiner Mutter [Repsimija, Jelisaweta, Sofija, Warwara] lebten zum Teil in unserem Haushalt. Wir waren eine große Familie (7 Kinder und die Tanten), alle lebten ausschließlich von dem Einkommen meines Vaters. Die materielle Lage der Familie besserte sich erst in den letzten Lebensjahren meines Vaters, er starb 1908.

Teils wegen mangelnder Versorgtheit, teils aufgrund der Überzeugung meiner Eltern führte unsere Familie ein sehr abgeschlossenes und ernstes Leben: Zerstreuungen und Gäste waren eine seltene Ausnahme bei uns, dafür gab es im Haus zahlreiche Bücher und Zeitschriften, für die von dem Lebensnotwendigsten immer noch etwas abgeknapst wurde. Das Bildungsniveau der Familie war hoch. Man war vielseitig interessiert, Gegenstand des Interesses waren Technik (beim Vater), Naturwissenschaften (bei den Kindern) und Geschichte (beim Vater, bei der Mutter, gelegentlich bei allen). Die Menschen, mit denen wir in Berührung kamen, waren vor allem Kollegen meines Vaters oder seine Kameraden vom Gymnasium.

Die Kindheit verbrachte ich erst in Tiflis und in Batum, wo mein Vater die Batum-Achalzichsche Heerstraße baute, und dann wieder in Tiflis.

Was meine intellektuelle Entwicklung angeht, so wäre ihr Wesen mit einer nur formal richtigen Antwort nicht genau bestimmt. Beinahe alles in intellektueller Hinsicht erwarb ich nicht dank, sondern trotz der Schule. Vieles gab mir mein Vater persönlich. Hauptsächlich aber lernte ich bei der Natur, in die ich nach rasch erledigten Schularbeiten so schnell wie möglich zu gelangen suchte. Hier habe ich

Batum-Achalzichsche Heerstraße

gezeichnet, photographiert, gelernt. Ich stellte geologische, meteorologische usw. Beobachtungen an, und zwar ganz auf dem Boden der Physik. Nicht selten las und schrieb ich auch in der Natur. Meine Wißbegier beanspruchte all meine Aufmerksamkeit und Zeit. [...]

Schon als Knabe arbeitete ich selbständig auf dem Gebiet der Physik, und ein Teil meiner Ergebnisse hat, wie mir scheint, auch heute noch eine gewisse Bedeutung. Das Gymnasium gab mir sehr wenig, höchstens die Kenntnis der klassischen Sprachen, eine Kenntnis, die ich zu schätzen weiß, die aber bei so großem Zeitaufwand weit gründlicher hätte sein können.

Meine Lektüre hatte zweifellos System, kein abstraktes System, sondern eines, das aus dem Leben erwachsen war. Mit sicherem Gefühl erriet ich, was ich brauchte und was ich nicht brauchte, und ich habe keine Ursache, meine Wahl zu bereuen. Vieles jedoch von dem, was ich dringend gebraucht hätte und wonach ich suchte, blieb mir unerreichbar, weil wir in der Provinz lebten.«[3]

1897 begleitete der 15jährige Gymnasiast seine Tanten Repsimija Pawlowna Saparowa, Tante Remso (1865-vor 1930), und Jelisaweta Pawlowna Melik-Begljarowa, Tante Lisa (1854-1919), sowie seine Cousine Margarita Sergejewna, Margot (1872-1905?), die Tochter von Tante Lisa, auf ihrer Deutschlandreise.

»Ich besuchte das 2. Klassische Gymnasium in Tiflis. Unsere Klasse galt als hervorragend, aus ihr sind einige namhafte Leute hervorgegangen [David Burljuk, Alexander Jeltschaninow, Wladimir Ern]. Wenn ich mich recht erinnere, bekam unsere Klasse beim Abitur sechs oder sieben Goldmedaillen und zwei Silbermedaillen. Ich schloß die Schule als Bester ab, aber ich denke, das beruhte auf einem Mißverständnis, denn bis Mitternacht mit eigenen Dingen beschäftigt, erledigte ich meine Schulaufgaben ziemlich flüchtig, größtenteils in den Pausen; während des Unterrichts dachte ich über Problemstellungen für physikalische Experimente nach und skizzierte sie unter der Bank.

Gegen Ende der Gymnasialzeit durchlebte ich eine geistige Krise, das war, als mir die Begrenztheit des physikalischen Wissens aufging. In dieser Verfassung geriet ich unter den Einfluß Lew Tolstois (den ich früher ignoriert hatte). Das zeigte sich dann in dem Bestreben, das allgemeinmenschliche Weltempfinden und die allgemeinmenschliche Weltanschauung als unbedingte Wahrheit zu verstehen, im Gegensatz zu den bedingten, vornehmlich technisch bedeutsamen Wahrheiten der Wissenschaft. Meine Neigung zur technischen Anwendung des physikalischen Wissens war mir von meinem Vater eingepflanzt worden, doch sie trat erst in dem Moment hervor, als die Wissenschaft aufgehört hatte, ein Gegenstand des Glaubens zu sein. Aus dieser Krise ergab sich endlich das Interesse an der Religion.«[4]

Im September 1900 nahm Florenski an der Physikalisch-Mathematischen Fakultät der Moskauer Universität das Studium der reinen Mathematik auf. »In meinen Jugendjahren«, sagte er in einem Rückblick vom 1. Januar 1921, »bildete und befestigte sich bei mir die Grundüberzeugung, daß alle denkbaren Gesetzmäßigkeiten des Seins schon in der reinen Mathematik als einem primär Konkreten enthalten und von daher offen für die praktische Anwendung und die Selbstoffenbarung der Denkprinzipien sind - also das, was man mathematischen Idealismus nennen könnte; aus dieser Überzeugung erwuchs das Bedürfnis, sich ein philosophisches Weltverständnis aufzubauen, das auf tieferen Grundlagen mathematischer Erkenntnis basierte.«[5]

Seine Lehrer in Mathematik und Mechanik waren Nikolai Bugajew (1837-1903), Boleslaw Mlodziejowski (1858-1923), Leonid Lachtin (1853-1927) und Nikolai Shukowski (1847-1921). Parallel besuchte Florenski Philosophievorlesungen und -seminare (Antike Philosophie, vor allem Plato) an der Historisch-Philologischen Fakultät bei dem Solowjow-Schüler Sergej Trubezkoi (1862-1905) und Lew Lopatin (1855-1920), einem Freund Solowjows. Auf Anregung Florenskis entstand bei der Moskauer Mathematischen Gesellschaft ein mathematischer Studentenzirkel, dessen Vorsitzender Professor Shukowski wurde, er selbst war sein Stellvertreter. Bei der Historisch-Philologischen Studentengesellschaft begründete Florenski 1904 zusammen mit Wladimir Ern (1882-1917) und Valentin Swenzizki (1879-1931) die Sektion für Philosophie und Geschichte der Religion, ihr Leiter wurde

Pawel Florenski als Gymnasiast, um 1898

Tiflis, um 1900

Professor Sergej Trubezkoi. Sein Mathematikstudium schloß Florenski ab mit der Arbeit »Über die Besonderheiten flacher Kurven als Orte der Durchbrechung ihrer Kontinuität«, in der Kontinuität in der Nachfolge seines Lehrers Bugajew als Grenzfall der Diskontinuität verstanden wird. Die Arbeit war als erster Teil eines Buches »Die Lehre von der Diskontinuität als Element der Weltanschauung« gedacht.

Im Herbst 1903 lernte Florenski den Sohn seines Mathematikprofessors Bugajew, Boris Bugajew, kennen, der an der Moskauer Universität Naturwissenschaften studierte und unter seinem Dichternamen Andrej Bely eben seine erste Prosadichtung »Die Zweite Symphonie« veröffentlicht hatte.* Über ihn wurde er mit den Symbolisten bekannt, u.a. mit Dmitri Mereshkowski (1865-1941), Sinaida Hippius (1869-1945), Wjatscheslaw Iwanow (1866-1949), Valeri Brjussow (1873-1924). Eingeladen, in ihren Zeitschriften mitzuarbeiten, veröffentlichte er in der von Mereshkowski geleiteten Zeitschrift »Der Neue Weg« u.a. seine Georg Cantor-Studie »Über Symbole der Unendlichkeit« (Nr. 9/1904) und in Brjussows Zeitschrift »Die Waage« den Aufsatz »Über eine Voraussetzung der Weltanschauung« (Nr. 9/1904).** Sein für »Die Waage« geschriebener Hamlet-Aufsatz blieb ungedruckt. Mit Andrej Bely verband ihn bald eine enge Freundschaft, ihr Briefwechsel der Jahre 1904 bis 1914 zeigt sie in gemeinsamem Nachdenken über das Verhältnis von Poesie und Religion, Wissenschaft und Religion.***

Andrej Bely hat seine Begegnung mit Florenski in seinem Erinnerungsbuch »Jahrhundertbeginn« in dem Kapitel »Die Ajaxe« [das sind Wladimir Ern, Valentin Swenzizki und Pawel Florenski] geschildert: »Mit seinem braungrünen, äußerst häßlichen, ältlichen Gesicht und der mächtigen eckigen Nase darin setzte er sich in den Sessel, den scharfen Blick wie festgeschmiedet auf seine Stiefelspitzen geheftet. Stammelnd, irgendwie durch die Nase sprach er mit verführerischer Zuspitzung von den Ideen meines Vaters, die ihm nahe waren. Ver-

* Deutsch: Andrej Belyj, *Die Zweite Symphonie, die Dramatische -Die Argonauten*, Ostfildern 1995.

** Deutsch in: Andrej Bely - Pawel Florenski, *»... nicht anders als über die Seele des anderen«, Der Briefwechsel. Texte*, Ostfildern 1994.

*** Ebd.

mutlich war es sein Vorschlag gewesen, daß die drei Freunde zu mir kamen; nur er interessierte sich damals für die neue Kunst; nur er verstand etwas davon. Ern war in diesen Jahren für ein Schönheitsverständnis zu versperrt; Swenzizki hatte keinen Geschmack; Florenski war wohl auch an mir als dem Sohn meines Vaters interessiert, er schätzte die Ideen meines Vaters. Je länger ich ihm zuhörte, desto mehr ergriff er von mir Besitz mit seiner ersterbenden Stimme; er stammelte etwas von n-dimensionalen Modellen bei Karl Weierstrass, einer schlechten Unendlichkeit bei Hegel, einer endlichen Unendlichkeit bei dem Mathematiker Georg Cantor; dabei tauchte Vertrautes in mir auf: vertraut aus meinen Kinderbüchern; eine brüchige Stimme, ein traurig-erschrockenes Lächeln; ein feiner, irgendwie brüchiger, kranker Intellekt, nicht auffliegend, sondern leise kriechend, mit einem hinter dem Horizont der Geschichte verschwindenden Schwanz; in ägyptischer Kontur sollte man Florenski zeichnen; zu seinen Füßen - ein Krokodil! [...] Seit dieser Zeit besuchte er mich, mied aber meine Sonntagsgesellschaften, er schlich sich gleichsam zu mir; in geheimem Schrecken, ohne einem in die Augen zu sehen, stammelte er Erstaunliches: Seine originellen Ideen begannen in mir zu leben; gern sprach er von der Erkenntnistheorie, und in mir befestigte sich der Gedanke des kritischen Werts des Symbolismus; was für meine allernächsten Kameraden Blok, Iwanow, Brjussow und Mereshkowski etwas weit Entferntes war, war für ihn das ABC; sein Gedanke von einem körnigen arithmologischen Sinn, der wächst, schwillt und wie ein Korn quillt, war für mich eine nahrhafte Speise; er versöhnte die Ideen meines Vaters mit der Idee des Symbolismus.«[6]

Im Unterschied zu Bely, der schließlich den Weg zur Anthroposophie Rudolf Steiners einschlug, wandte Florenski sich der orthodoxen Kirche zu. Durch Andrej Belys Mutter lernte Florenski Bischof Antoni (Florensow, 1847-1918) in Moskau kennen, der zu seinem geistlichen Führer wurde. Seinem Rat folgend, nahm er ein Studium an der Geistlichen Akademie in Sergijew Posad bei Moskau auf. Shukowskis und Lachtins Angebot, am Lehrstuhl für Mathematik zu bleiben, schlug er aus: »Meine Beschäftigung mit Mathematik und Physik zeigte mir die formale Möglichkeit einer theoretischen Grundlegung der allgemeinmenschlichen religiösen Weltanschauung (Idee der Diskontinuität, Theorie der Funktionen, Zahlentheorie). Philosophisch und historisch überzeugte ich mich davon, daß es möglich ist, nicht von Religionen, sondern von Religion zu sprechen, daß nämlich die Religion von der Menschheit nicht zu trennen ist, wenn sie sich auch in unzähligen Formen darstellt. Seit meiner Kindheit an ein abgeschiedenes Leben in der Natur und in meinem Arbeitszimmer gewöhnt, fand ich in Sergijew Posad vertraute Bedingungen für meine wissenschaftliche Arbeit vor, mit einer Ausnahme, es gab kein Laboratorium, das versuchte ich auf verschiedenste Weise wenigstens zu einem Teil wettzumachen.«[7]

Das Studium an der Geistlichen Akademie begann im September 1904. Florenski widmete sich der Symbolischen Logik, der Erkenntnistheorie, der Geschichte der Philosophie und religiösen Weltanschauung, der Archäologie und dem Hebräischen. Er gründete einen Philosophiezirkel, in dem er mehrere Vorträge hielt, z.B. »Über Ziel und Sinn des Fortschritts« (Überlegungen zu Anarchismus und Theokratie) und »Dogmatismus und Dogmatik« (Überlegungen zur Erfahrbarkeit des Dogmas). Der Vortrag über das Dogma war dem »einzigen Freund Sergej Semjonowitsch Troizki gewidmet«.

In Sergijew Posad lernte er im Gethsemane Skit den Priestermönch Isidor (1814 oder 1833-1908) kennen, der neben Bischof Antoni zu seinem geistlichen Führer wurde. Am 8. November 1904 schrieb Florenski an seine Mutter: »Ich habe meinen Starez besucht, Starez Isidor. Als ich hinging, hatte ich gewisse Bedenken, aber dann kehrte ich leicht und freudig und mit neuen Kräften von ihm zurück. Er ist ganz einfach, ein ehemaliger Leibeigener des Grafen Tolstoi (nicht des Schriftstellers), er versteht vieles weit besser als die gelehrten Theologen, so daß ich die mir teuersten Gedanken zu meiner Freude bei ihm wiederfand, Gedanken, die viele gar nicht fassen. [...] Vater Isidor ist so licht, so voll Liebe und Freude, es ist, als leuchte er.«[8]

Nach seinem Tode veröffentlichte Florenski eine Biographie des Starez, »Das Salz der Erde« (Sergijew Posad 1909).*

* Deutsch: Pavel A. Florenskij, *Das Salz der Erde*, München 1989.

Pawel Florenski (rechts) als Student der Geistlichen Akademie

Im Herbst 1905 reiste Florenski in die Optina-Einsiedelei südlich von Moskau. Er begegnete dort dem Archimandriten Serapion (Maschkin), mit dessen Manuskripten er sich intensiv beschäftigte. Serapions »System der christlichen Weltanschauung« wurde entscheidend für Florenskis Buch »Der Pfeiler und die Grundfeste der Wahrheit«. Serapions Anschauungen prägten ihn so stark, daß man ihm später den Vorwurf des Plagiats machte. Nach dem Tode des Archimandriten 1906 schrieb Florenski seinen Nachruf »Um die Ehre der himmlischen Berufung« und gab Serapions Briefe und Skizzen mit einer Biographie heraus.

1905 stand er in Kontakt mit der »Christlichen Kampfbruderschaft«, die getragen wurde von Wladimir Ern, Valentin Swenzizki, Andrej Bely u.a. und, ausgehend von christlichen Prinzipien, politische, soziale und kirchliche Reformen anstrebte. Im März 1906 hielt er in der Kirche der Geistlichen Akademie seine Predigt gegen die Hinrichtung des Revolutionärs Leutnant Pjotr Schmidt »Schrei des Blutes«, die zu seiner Inhaftierung führte. Im November 1905 hatte sich Leutnant Schmidt während der russischen Revolution an die Spitze des Aufstands der Schwarzmeerflotte gesetzt und war vom Kriegsgericht zum Tode verurteilt und am 6. März 1906 erschossen worden. Im Herbst 1906 schloß sich Florenski der »Religiös-Philosophischen Gesellschaft zum Gedenken an Wladimir Solowjow« an, zu der auch Andrej Bely, Wjatscheslaw Iwanow, Nikolai Berdjajew (1874-1948), Wladimir Ern, Valentin Swenzizki und Fürst Jewgeni Trubezkoi gehörten. Im dritten Studienjahr, 1906, verfaßte Florenski eine 391 Manuskriptseiten starke Abhandlung über den »Begriff der Kirche in der Heiligen Schrift«.

Florenski schloß sein Studium mit der Kandidatenarbeit »Über die religiöse Wahrheit« ab, die er seiner späteren Magisterdissertation und dem darauf fußenden Buch »Der Pfeiler und die Grundfeste der Wahrheit« zugrundelegte.

Nikolai Lusin (1883-1950), Mathematikstudent an der Moskauer Universität und wie Florenski aktiv im Mathematischen Studentenzirkel, später dann Professor für Mathematik an der Moskauer Universität, mit dem Florenski von 1904 bis 1922 in Briefwechsel stand, hat in seinem Tagebuch mehrfach über Florenski berichtet, u.a. daß Florenski 1910 davon träumte, Priester zu werden und eine Gemeinde auf dem Dorfe zu betreuen. 1908 schilderte Lusin in einem Brief an seine Frau seine Eindrücke beim Lesen von Florenskis Arbeit »Über die religiöse Wahrheit«: »Während ich las, war ich betäubt wie von Stößen eines schweren Mauerbrechers gegen eine Festung, die Festung, gegen die die Menschen Jahrhundert für Jahrhundert angerannt sind. Der Staub der Jahrhunderte, der Staub der Heuchelei, der Geheimnistuerei rieselte auf mich herab, und ich stand da und schaute zu, was von der Festung übrigblieb. Das ist nicht meine subjektive Empfindung, noch weniger ein ästhetisches Spiel mit Reizen - nein, worauf der schreckliche Mauerbrecher gerichtet ist, darin liegt die Welttragödie des Lebens und der Vernunft. Ich fürchte mich nicht, diese Worte zu gebrauchen - sie sind hier durchaus angebracht. Jawohl, ein Weltdrama. In Gestalt solcher Festungen lebt und bewegt sich und ›ist‹ unsere Intelligenz. In Kategorien solcher Festungen *denkt* und *lebt* sie. Und nicht unsere Intelligenz allein - hier geht es, ich wiederhole - um die menschliche Vernunft überhaupt, ihr Leben und ihr Drama. Etwas ähnliches haben vermutlich die Zeitgenossen Kants empfunden, als sie die ›Kritik der reinen Vernunft‹ lasen. Wenn man auch das ›Dort‹ und das ›Hier‹ nicht vergleichen kann. Von dieser Arbeit Kants wußte damals niemand etwas, hier ist der Mauerbrecher längst geschaffen und mit Stahl beschlagen; Florenski hat das Werkzeug in Aktion gesetzt. [...] Die Schläge haben mich betäubt, das ist um so gesetzmäßiger, als diese Zerstörung nicht Florenskis Werk allein ist - er sagt, daß sich hier die ›segensreiche Energie‹ von Jahrhunderten konzentriere und daß er das Werk vieler der Welt unbekannter Philosophen ans Licht gezogen und vorgewiesen habe, indem er ihm eine unversehrbare Hülle verschaffte gegen die Giftpfeile von Menschen, die das Denken zur Profession gemacht haben.«[9]

Im gleichen Jahr, im Sommer 1908, versuchte Nikolai Lusin, sich ein klares Bild von Florenski zu machen, er schrieb an seine Frau: »Nach unserer Rückkehr begann ich, seine Arbeiten zur Physik, die noch aus seiner Gymnasialzeit und aus den ersten Semestern an der Universität stammen, durchzusehen. Was für eine Masse von Heften, was für eine Ausdauer, was für eine Arbeit. ... Natürlich nicht nur das. Überall spürt man seinen Scharfsinn, seine Befähigung. Er zeigte mir seine Entdeckungen zur drahtlosen Telegraphie vor Popow. Mit lebhaftem Interesse betrachtete ich das alles und dachte an die gewaltige Arbeit, die er schon als Jüngling geleistet hat. Sobald er mir aber seine Arbeiten zur Mathematik zeigte, meldete sich bei mir wieder die alte Auffassung: Alle seine Arbeiten sind mathematisch wertlos, Andeutungen, schöne Vergleiche, berauschend und vielversprechend, aufreizend, verlockend, aber ergebnislos. Am Ende wußte ich nicht mehr, was es mit diesem Florenski auf sich hat. Entweder ist er der Vorbote von etwas Neuem, ein Sturmvogel, oder er ist ein begabter Mensch mit einer unterbewußten höllischen Selbstliebe, der sich in dem Wunsch, der Beste zu sein, von hier entfernt hat. ... Wie schon Cäsar sagte: Besser der Erste auf dem Dorf als der Zweite in der Stadt. Entschuldige bitte, daß ich so scharf bin. Ich liebe ihn und sage nur Dir, was ich im tiefsten Herzen denke. Ich bin es gewöhnt, Dir alles anzuvertrauen. Auf seinem Tisch prangt eine riesige Photographie seines Vaters im Sarg in einem großen Rahmen. Mir wurde unheimlich beim Anblick dieser ständigen Erinnerung an den Tod. Was bedeutet das für ihn, seinen Vater immer im Sarg liegen zu sehen? Mich zermürbte dieses Memento mori. Oder vielleicht gewöhnte ich mich, von der heilenden Kraft des Lebens mitgerissen, auch daran. Dann holte Florenski seine ›intime Photographie‹ hervor, für seine Freunde, wie er sagte. Ich beschreibe sie Dir. Ein greller Magnesiumblitz wirft einen breiten Streifen Licht in eine Ecke, und hellerleuchtet hebt sich das Bild des Erlösers heraus, groß, nicht von Menschenhand geschaffen (ich weiß nicht, von wem gemalt, aber mit doppelten Augen, mußt Du wissen - geschlossen-offen), überall Blumensträuße. Direkt unter der Ikone, die Augen gesenkt und von den Lidern ganz bedeckt, den Kopf leicht geneigt, in etwas Weißes (offenbar ein Totenhemd) gehüllt, steht Florenski, ein großes, aus einer jungen Birke gefertigtes Kreuz fest in den Händen haltend. Die Gestalt ganz Hingabe an den Willen des VATERS.

Die Photographie ist größer als Deine Photographie auf meinem Tisch. Darauf trug er bis 12 Uhr nachts seine Gedichte vor. Ich sage jetzt nichts darüber, ich schreibe eins ab und schicke es Dir im nächsten Brief mit. Lange konnte ich mich nicht an den Stil und die Diktion seines Vortrags gewöhnen. Es klang so ganz anders als in einem gewöhnlichen Gespräch. Zum Schrecken meiner Mutter kehrte ich erst spät in der Nacht nach Hause zurück, in meiner Seele die ganze Zeit die Frage: Was bedeutet Florenski? Ist er ein Märtyrer von sich aus, oder ist er es tatsächlich, durch den Willen Gottes, der in ihm spricht?«[10]

1907 war in Sergijew Posad Florenskis Gedichtband »Im ewigen Azur« in einer Auflage von 50 Exemplaren erschienen. Der 1905 in Tiflis von ihm zusammengestellte Band »Stufen. 1900-1905« mit den Abteilungen »I. Ohne Gott. II. Idealismus. III. Apokalyptik. IV. Orthodoxie« war nicht zum Druck gekommen. Unter den unveröffentlichten Gedichten im Archiv der Familie befindet sich auch ein Zyklus von bacchantischen Gedichten, die auf die Jahre 1909/10 datiert werden.

Nach zwei Probevorlesungen, »Die kosmologischen Antinomien Kants« und »Die allgemeinmenschlichen Wurzeln des Idealismus«, begann am 23. September 1908 Florenskis Tätigkeit als Dozent der Geistlichen Akademie am Lehrstuhl für Geschichte der Philosophie, den er als späterer Leiter in Lehrstuhl für Geschichte der Weltanschauungen umbenannte.

Nach einer geistigen Krise heiratete Florenski am 25. August 1910 die Schwester eines seiner Schüler, eine Rjasaner Bauerntochter, die Lehrerin Anna Michailowna Giazintowa, mit der er im Lauf der Jahre fünf Kinder hatte.

Am 23. April 1911 wurde Florenski vom Rektor der Akademie, Bischof Feodor (Posdejewski), zum Diakon und am folgenden Tag zum Priester geweiht. Als Priester hätte er gern Gemeindearbeit geleistet, aber sein Beichtvater Bischof Antoni sah Florenskis Aufgabe in der Lehrtätigkeit. Daneben hielt er von 1912 bis 1921 regelmäßig Gottesdienst in der Maria Magdalena geweihten Hauskapelle der Barmherzigen Schwestern des Roten Kreuzes in Sergijew Posad. Später schrieb Florenski in seinem Tagebuch: »23. April 1916. Nacht. Heute ist es genau fünf Jahre her, seit ich zum Diakon geweiht wurde, und morgen, am Sonntag der Myronträgerinnen, dem 24. April, ist der fünfte Jahrestag meiner Priesterweihe. Ich blicke zurück und danke meinem Gott, daß er mir so große Gnade zuteil werden ließ. Ich will nicht über die Größe der Gabe als solcher sprechen, vielleicht bin ich gar nicht fähig, auch nur den geringsten Teil recht zu empfinden. Aber von ihrem Bezug auf mein Leben kann ich sprechen. Was hätte ich getan, wie hätte ich ohne diesen Stand gelebt? Wie unstet wäre mein Leben gewesen, wie jammervoll ... Wie schwer hätten es Anna und die Kinder mit mir gehabt. Auch jetzt ist es nicht leicht, aber anders wären wir alle zugrundegegangen. Sicher, mit meinem Stand sind viele Leiden, viele Unannehmlichkeiten verbunden, aber was sind sie im Vergleich mit dieser Gnadengabe! Was immer man dazu sagen kann, mein Priestersein verdanke ich Bischof Feodor. Ihm bin ich wahrhaft dankbar für diese Gabe, die ich von ihm nicht formal, sondern wesenhaft empfangen habe.«[11]

Die Vorlesungen Florenskis umfaßten Geschichte der antiken Philosophie, Philosophie des Kults und die Philosophie Kants. Sein Schüler S.A. Wolkow erinnert sich an Florenskis Vorlesungen: »Wenn er Vorlesungen hielt, waren die Hörsäle überfüllt. Was er sagte, kam gleichsam von innen, es war ihm nicht um Schönheit des Stils zu tun, das Gesagte war seiner organischen Einheit wegen schön, Inhalt und Form bildeten ein geschlossenes Ganzes. In seiner Rede lag ein magischer Zauber. Man konnte ihm stundenlang zuhören, ohne zu ermüden. Erst wenn er geendet hatte und gegangen war, wenn die Studenten aufstanden und wie ein Bienenschwarm summend dem Ausgang zustrebten, fühlte man, wie der Leib nach zwei Stunden Sitzen und aufmerksamem Zuhören ganz erstarrt war. Ich erinnere mich noch jetzt, was für ein beseligendes Gefühl es war, sich dem Strom seiner Gedanken hinzugeben.«[12]

Von 1912 bis 1917 war Florenski Redakteur des »Theologischen Boten« an der Geistlichen Akademie. Zum Konzept der Zeitschrift schrieb er an seinen Freund Wladimir Ern, den er wie Nowosjolow, Bulgakow, Koshewnikow, Jeltschaninow, Wjatscheslaw Iwanow, Lusin, Wetuchow u.a. zur Mitarbeit gewinnen wollte, im Oktober 1912: »1) Asketismus gegen Eudämonismus; 2) Hellenismus gegen ›Romanismus‹; 3) Anschauendes Denken gegen Rationalismus; 4) das Licht des Hellenismus und die Orthodoxie; 5) ›Slawophilie‹ (als Symbol); 6) mystische Nüchternheit gegen hysterischen Enthusiasmus und Reiz; 7) Sakrament; 8) Namen; 9) Geschmack am Konkreten, insbesondere an der Konkretheit der Antike; 10) Persönlichkeit gegen Dinglichkeit usw. usw.; 11) antichristliche Mystik; 12) Freimaurerei usw. - Besonnenheit gegen Gedröhn. Die Aufsätze müssen unbedingt aufeinander eingehen.«[13]

Im »Theologischen Boten« veröffentlichte Florenski einen großen Teil seiner Arbeiten, z.B. »Über Wachstumstypen« (1906),* seine beiden Probevorlesungen (1909), »Schichten der ägäischen Kultur« und »Grenzen der Gnoseologie« (1913), »Vernunft und Dialektik« (1914, Bischof Antoni gewidmet), »Daten zur Lebensbeschreibung des Archimandriten Maschkin« (1917).

1912 reichte Florenski bei der Akademie seine Magisterdissertation »Über die geistliche Wahrheit« ein, die er, auf Anraten von Bischof Feodor um die Kapitel »Sophia«, »Die Freundschaft« und »Eifersucht« gekürzt, am 19. Mai 1914 erfolgreich verteidigte.

In den 30er Jahren führten der Philosoph Alexej Lossew und Bischof Feodor, die sich in der Haft begegneten, ein Gespräch, in dem auch von Florenski die Rede war. Lossew gab das Gespräch später wieder: »›Wie konnten Sie eigentlich solch einen Decadent und Symbolisten wie Florenski zum Redakteur des Theologischen Boten machen und ihm den Lehrstuhl für Philosophie anvertrauen?‹ fragte ich. - ›Ich weiß. Symbolist, Beziehungen zu Wjatscheslaw Iwanow, zu Andrej Bely ... Aber er ist fast der einzige gläubige Mensch an der ganzen Akademie gewesen!‹ - ›Wie?‹ - ›Urteilen Sie selbst. Theologie liest Professor Sokolow, Patrologie Iwan Wassiljewitsch Petrow, Psychologie Iwanzow. Alle sind von der Wissenschaft so besessen, von der deutschen, der Tübingischen, daß sie anfangen, den Text der Heiligen Schrift zu kommentieren und ihn ganz und gar aufzulösen. Im Evangelium gibt es zum Beispiel den Satz ... *und taufet sie im Namen des Vaters, und des Sohnes*. Die Tübingische Schule sagt: eine spätere Hinzufügung, Ergebnis einer Redaktion des 4. Jahrhunderts auf dem zweiten Ökumenischen Konzil usw. Schließlich kommt heraus, daß der Evangelist aus lauter Hinzufügungen besteht: Das ist von da, das

---

* Deutsch in: Andrej Bely - Pawel Florenski, *»... nicht anders als über die Seele des anderen«, Der Briefwechsel. Texte*, Ostfildern 1994.

ist von dort, das ist aus Indien, das ist aus Ägypten. Eine Schande! Was soll ich Ihnen sagen, vor kurzem wurde eine armenische Handschrift aus dem 2. Jahrhundert gefunden, dort sind alle diese Worte enthalten. Florenski ist der einzige Gläubige unter ihnen.‹ - ›Aber er ist ein Decadent und ein weltlicher Mensch!‹ - ›Ja! Trotzdem habe ich persönlich Pfeiler und Grundfeste der Wahrheit zur Verteidigung als Magisterdissertation zugelassen. Ich konnte das nur mit Mühe durchsetzen, ich fuhr extra nach Kiew und erfocht die Annahme. Ich habe ihn dann bewußt an den Lehrstuhl berufen, weil er der einzige gläubige Mensch an der Akademie war. Überhaupt waren die Jahre 1905 bis 1911 eine wahre Strafe Gottes. Als ich Rektor der Akademie wurde und mich mit dem Unterricht vertraut machte, wurde mir übel. Ein unglaublicher protestantischer Idealismus, schlimmer als alle Tübingerei. Tarejew zum Beispiel schreibt über das *Selbstbewußtsein Christi*. Das Selbstbewußtsein! Und Seine Persönlichkeit? Darüber kein Wort.‹« [14]

Die vollständige Fassung der Magisterdissertation erschien 1914 unter dem Titel »Der Pfeiler und die Grundfeste der Wahrheit. Versuch einer orthodoxen Theodizee in zwölf Briefen« im Verlag Der Weg in Moskau. Die ersten Briefe des Buches waren an seinen Freund an der Geistlichen Akademie, Sergej Troizki (1881-1910), der seit 1909 mit seiner Schwester Olga verheiratet war und 1910 ermordet wurde, gerichtet. Das Buch erregte über die Kirchenkreise hinaus Aufsehen. Die Tochter des Symbolisten Wjatscheslaw Iwanow, Lydia Iwanowa, schrieb darüber in ihren Erinnerungen: »Ein großes Ereignis dieser Zeit war das Erscheinen des monumentalen Werks Florenskis ›Der Pfeiler und die Grundfeste der Wahrheit‹. Im gebildeten Moskau war es in aller Munde. Wjatscheslaw und Florenski verband eine alte Freundschaft. Noch aus der Zeit, da der junge Mathematikstudent Florenski in den Turm* kam. In Moskau sahen sie sich durchaus auch, doch nicht so häufig, weil Florenski in Troize-Sergijewsk wohnte. Florenskis Buch machte auf mich einen gewaltigen Eindruck und hat sogar mein inneres Leben beeinflußt. Es fiel mir gar

* Die Petersburger Wohnung der Iwanows, ein Treffpunkt der russischen Künstler.

nicht leicht es zu verstehen, aber ich habe das Buch bewältigt. Gesehen habe ich Florenski, als Vera und ich in der Weihnachtszeit zum Fasten nach Posad fuhren und dort einige Tage in einem Skit wohnten. Auf dem Rückweg am 23. Dezember gingen wir bei Florenski vorbei. Es war neblig und feuchtwarm. Sein kleines Häuschen sah wie eine Bauernkate aus, ringsherum ein Gärtchen mit dichtem Gebüsch.

Florenski trug sein Priesterkleid, er war klein, sehr hager, hatte ein Bärtchen und langes Haar, wie es sich gehörte, er wirkte würdig, still, gesammelt, freundlich. Das Haus innen war ärmlich und sehr rein, darum sorgte sich seine bescheidene, zurückhaltende junge Frau. Sie war umringt von ihren kleinen Kindern. Auf dem Tisch stand ein Gericht aus großen weißen Körnern (Gerste?), zubereitet mit Honig. Florenski bewirtete uns und erklärte, daß man dies nach altem Brauch am Vorabend des Weihnachtstages esse. Wir saßen lange, Vera sprach allein, ich war zu schüchtern, lauschte aber gierig auf jedes Wort. Florenski erzählte uns, wie er Mönch werden wollte, wie ihm das aber sein Starez, sein geistlicher Führer, nicht erlaubt und ihm geboten habe, ›weißer Priester‹ zu werden und zu heiraten; und wie er auf einer Brücke seiner Braut begegnet war, genauso wie ihm das sein geistlicher Führer vorausgesagt hatte. Als wir gingen, fiel sein Blick, ich weiß nicht wie, auf die Skizzen, die ich auf den Rand eines Blatts Papier gezeichnet hatte. Er betrachtete sie kurz und bat, sie ihm zu geben: Irgend etwas interessierte ihn daran.

Er begleitete uns. Wir gingen schmale nasse Wege entlang. Als wir ein Flüßchen oder einen Graben auf einer kleinen Holzbrücke überschritten, entdeckte ich auf dem Boden eine Nadel und bückte mich danach. ›Nicht aufheben‹, sagte Florenski, ›spitze Dinge sind gefährlich, vielleicht ist sie verzaubert‹.«[15]

1915 widmete Pawel Florenski Wjatscheslaw Iwanow seine Überlegungen zur Mystik »Hielt er es nicht für Raub« (nach Phil. 2, 6-8), worauf sich ein kleiner Briefwechsel zu diesem Gegenstand entwickelte.

Pawel Florenski an seinen Vater

13. Juni [1897]

Lieber Papa!

Morgen abend oder übermorgen fahre ich mit Tante Remso nach Bonn, Tante Lisa bleibt wahrscheinlich solange auf dem Weißen Hirsch.

Die letzten 3 - 4 Tage sind wir von morgens bis abends unterwegs gewesen und haben uns die Stadt angesehen, aber nur von außen, weil die Tanten Einkäufe machen mußten. Aus irgendwelchen Gründen habe ich noch keinen einzigen Brief von Euch bekommen, und Tante Lisa macht sich schon Sorgen, ob nicht etwas passiert ist.

Gestern war ich in einem der besten Geschäfte für physikalische Geräte in Dresden und habe mir dort Spiralen angesehen. Die Preise sind sehr niedrig. Der Ladeninhaber rät mir aber, ein besonders konstruiertes elektrisches Gerät zu kaufen, das Röntgenphotographien innerhalb von 5 Minuten liefert. Ich glaube auch, daß das besser wäre, weil man es bei einer Spirale mit einzelnen Elementen zu tun hat, während das Gerät sehr leicht zu bedienen ist, außerdem sind die Preise für solche Geräte sehr viel niedriger als die für Spiralen. Es gibt Geräte für 35, 50, 75, 95, 125, 150, 225 Mark, die ersten drei sind aber sehr klein. Gerade habe ich einen Brief von Jeltschaninow bekommen, er schreibt, daß es bei Euch sehr heiß ist; bei uns hat es nach großer Hitze geregnet und war sehr kalt, jetzt ist es wieder furchtbar heiß.

Küsse Mama und die Kinder für mich, lieber Papa.

Ich küsse Dich.

Dein Pawlja.

Pawel Florenski im Kreis
der elterlichen Familie, um 1899
Von links:
Vater Alexander Florenski,
die Schwestern Raissa (Gossja) und
Jelisaweta (Lilja), Pawel Florenski,
Tante Lisa, Schwester Olga (Walja),
Mutter Olga Florenskaja,
Schwester Julia, Bruder Alexander

Repsimija Saparowa an Pawel Florenskis Mutter Olga Pawlowna

1897. 13. Juni. Weißer Hirsch

Liebe Olja,
gestern konnten wir Pawlja endlich zufriedenstellen - ihm Spiralen zeigen usw. Für mich war es schwierig, ich hatte das gar nicht vor - von Dresden bis zum Weißen Hirsch ist es etwa eine Stunde Fahrt - keine direkte Verbindung - Zahnradbahn und Elektrische oder Zahnradbahn und Dampfer - nachdem wir ausgestiegen waren, liefen wir durch die Straßen und sahen uns das eine und andere an; ich widmete ihm gestern den ganzen Vormittag; ich fand einen Verkäufer, der Französisch konnte und sehr beflissen war und uns über eine Stunde Spiralen und andere elektr. Geräte zeigte. Für Pawlja war das sicher der interessanteste Tag.

Ich wollte eigentlich mit Pawlja eine Woche nach Dresden ziehen, aber jetzt habe ich beschlossen, in den nächsten Tagen direkt nach Bonn zu fahren. Dieser Tage war es ziemlich kühl, heute ist es wieder heiß.

Lisa hat sich noch nicht zu einer Kur entschlossen, vielleicht fahren wir allein, und sie bleibt hier und überlegt, was sie macht. (Einstweilen bleibt sie bei Margot.)

Warum schreibt Ihr nicht. Ich will natürlich nicht drängen, ich kenne Dich ja, aber Lisa wundert sich schon. Wann fahrt Ihr, und was habt Ihr wegen Ljusja beschlossen? Wird sie im Sommer üben?

Pawlja hat es bisher abgelehnt, Bilder zu betrachten, er sagt, er sieht schlecht; als das einmal in Gegenwart der Ärztin geschah, die bei Lahmann für Augenkrankheiten zuständig ist, schlug diese ihm vor, seine Augen zu untersuchen; heute sah sie sich seine Augen an und fand bei ihm eine ganz unerhebliche Kurzsichtigkeit; die Sehschwäche rührt von seinem allgemeinen Befinden her, er soll viel essen, reiten, faulenzen - mit einem Wort, den Organismus kräftigen, dann wird er auch wieder gut sehen können. Vor einigen Tagen hat er versucht, Fahrrad zu fahren - im ersten Moment hatte er Schwierigkeiten, das Gleichgewicht zu halten, aber dann saß er schon sicherer; ich glaube, er ist nicht abgeneigt es zu lernen. Ich

Pawel Florenski mit der Schwester der Mutter, Tante Lisa, und ihrem Mann, Sergej-Bek Tejmurasowitsch Melik-Begljarow, Bonn 1897

denke, in Bonn kann er damit fortfahren. Hier fahren alle Damen und Mädchen Fahrrad, und sogar Margot nimmt Unterricht. Schreib, was zu Hause los ist. Wie geht es Alexander Iwan[owitsch]. Ich küsse die Kinder -

Grüße an Euch alle.

Deine Remso

Heute hat Pawlja einen Brief von Jeltschaninow erhalten.

Repsimija Saparowa an Pawel Florenskis Mutter Olga Pawlowna

1897. 19. Juni. Bonn

Liebe Olja,
heute ist der dritte Tag, daß wir in Bonn sind, und es hat die ganze Zeit geregnet; aber wir lassen uns nicht unterkriegen - sobald es aufhört, machen wir uns auf in die Stadt (Gott sei Dank ist hier nicht solcher Schmutz wie bei uns). Datiko ist so munter und vergnügt, daß es eine Freude ist. Dreimal am Tag geht er zur Vorlesung, zwischendurch kommt er jedesmal nach Haus - wir wohnen ganz in der Nähe der Akademie. Von Dresden bin ich nicht direkt hierher gefahren, aus Furcht, daß es Pawlja zu sehr ermüdet - überhaupt strengt ihn das Reisen an -, wir übernachteten daher in Leipzig und fuhren am anderen Morgen um 6 Uhr 13 weiter, um 9 Uhr 17 trafen wir hier ein und wurden von Datiko empfangen.

Bisher, in Dresden und auf dem Weißen Hirsch, überhaupt wenn man viel zusammen macht, war alles sehr teuer, dafür ist es hier sagenhaft billig: Datiko zahlt für 2 Zimmer (freilich kleine, Schlafzimmer und Arbeitszimmer, jetzt zugleich Wohnzimmer) 30 Mark, also weniger als 15 Rub., und für 11 Mittagessen 10 Mark; das gleiche Essen, für das wir in Dresden 21 Mark bezahlt haben; eben hat man mir wunderbare, große Erdbeeren angeboten, das Pfund für 15 Kopeken, und ich habe sie genommen. Pawlja genießt sie gerade und betrachtet dabei seine geliebten Kataloge, Datiko ist zur Vorlesung. Ich habe in dem gleichen Haus wie Datiko Zimmer gemietet, sie sind winzig und ganz einfach möbliert, es ist ein Neubau, die Zimmer sind noch billiger als Datikos; wir werden einen Monat hier wohnen, um die Dresdner Ausgaben wieder wettzumachen, gelingt das nicht, so ziehe ich um. - Bonn ist eine kleine Stadt, aber mit viel Grün, das macht einen sehr sehr guten Eindruck; es wird viel Obst geben; gestern schlug Datiko Pawlja vor, nach der Vorlesung in den Akademiegarten zu kommen und selber mit zu ernten (sie verkaufen dort Früchte), weil dann alles frischer ist. Aber das Wetter ist scheußlich heute, Regen, Wind, Kälte, trotzdem bin ich froh, hier zu sein, hier ist es sehr viel ruhiger. Datiko fragte schon einen Studenten, ob er sich von der nächsten Woche an ein wenig mit Pawlja beschäftigen würde. Kurz nachdem wir angekommen waren, schickte Pawlja eine Postkarte an Jeltschaninow, überhaupt schreibt er ihm öfter als Gorodenski (ihm hat er einen Brief geschrieben). Nach meiner Ankunft gab mir Datiko den Brief seines Vaters zu lesen, den er am Abend vor unserem Eintreffen erhalten hatte, in dem dieser Datiko bittet, Pawlja seine Aufmerksamkeit zu schenken; seltsam, nicht wahr? - Bemerkenswert hier überall die Schönheit und Sanftheit der Natur, sehr sehr viel Grün, die Deutschen verstehen sich einzurichten. Datiko träumt ständig davon, das Gut in Ordnung zu bringen, aber er sagt, solange er nicht freie Hand hat, kann er nichts unternehmen. Er liebt seine Sache und nimmt sie ernst - davon habe ich mich wirklich überzeugen können. Bei Margot beispielsw. habe ich nicht das Empfinden, sie tut alles aus Pflichtgefühl, ob sie ihren Beruf liebt, weiß ich nicht - Datiko ist sehr betrübt dewegen, besonders seit in seiner Gegenwart jemand gesagt hat, sie werde die Stelle, die sie in Bulgarien angenommen hat, nach zwei Wochen sowieso wieder aufgeben.

Zu uns war sie die ganze Zeit sehr lieb. Trotzdem ist es mit Datiko allein ruhiger.

Ich glaube, sie wird bald mit Lisa kommen. - Aber jetzt habe ich genug geschrieben, sonst falle ich Euch mit meinen Erzählungen noch auf die Nerven. Sag bitte, ob bei Euch alle gesund sind. Den Brief von Dir und Ljusja haben wir bekommen. Auf Wiedersehen, liebe Olja - ich küsse Euch innig.

Deine Remso

Gestern habe ich geträumt, Alex. Iwanowitsch sei krank, mit diesem Gefühl bin ich aufgewacht; schreib mir bitte, wie es mit seiner Gesundheit steht und wo er jetzt ist.

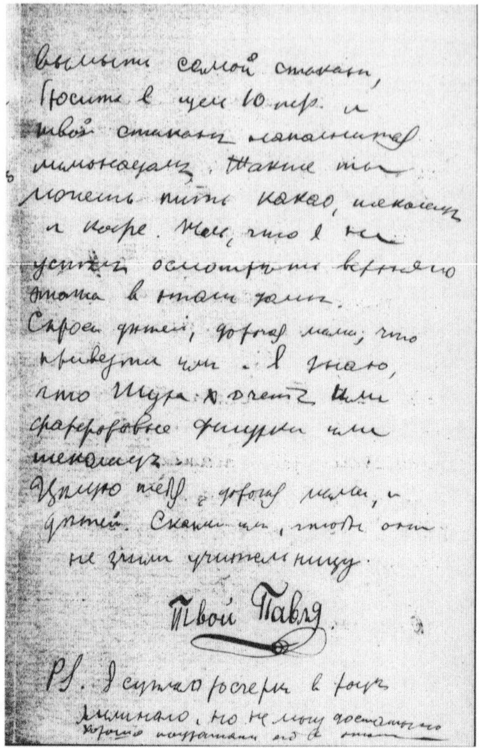

выпить самой стакан,
Носить в щек 10 пер. и
твой стакан [illegible]
лимонадом. Также ты
можешь пить какао, шоколад
и кофе. Жаль, что я не
успел осмотреть верхнюю
этажа в этом доме.
Спроси детей, дорогая мама, что
привезти им. Я знаю,
что Шура хочет или
фарфоровые фигурки или
шоколад.
Целую тебя, дорогая мама, и
детей. Скажи им, чтобы они
не злили учительницу.

Твой Павля

PS. Я [illegible]
[illegible]

Aus dem Brief Pawel Florenskis an seine Mutter vom 15. Juli 1897

Pawel Florenski an seine Mutter

Bonn, 15. Juli 97

Liebe Mama!

Ich habe Dir lange nicht geschrieben, es schrieb sich irgendwie nicht. Nun habe ich mich endlich hingesetzt. Gestern haben wir erst einen Brief von Euch erhalten. Warum habt Ihr nicht früher geschrieben? Von Papa habe ich auch drei Briefe. Kürzlich waren wir einen Tag in Köln: morgens hin, abends halb elf zurück. Das Interessanteste dort ist natürlich der Dom, ich habe Dir eine Photographie gekauft. Die 3 - 4stöckigen Häuser daneben, von denen es in Tiflis nur ganz wenige gibt, wirken wie Spielzeug gegen ihn; zugleich aber ist der Dom leicht und schlank und wie von einem Spitzenschleier bedeckt. Im Innern sind farbige Glasfenster, sie sind so teuer, daß der jetzige deutsche Kaiser dem Dom nur eins zum Geschenk gemacht hat, von dem Ereignis berichtet eine Inschrift auf einer Marmortafel. Dem Dom gegenüber befindet sich das Geschäft von Maria Farina, in dem es das Eau de Cologne gibt, wofür Köln berühmt ist; übrigens hatte ich erwartet, daß das Eau de Cologne dort viel billiger ist, als es sich nun herausstellt.

Interessant in der Stadt ist auch das Museum (oder, wenn man so will, das Geschäft) für Automaten. Direkt vor dem Eingang spielt ein elektrisch angetriebenes mechanisches Pianino, auf dem man aber auch mit den Händen spielen kann. Es sieht merkwürdig aus, wenn die Tasten von allein heruntergehen. An der Wand gegenüber hängen Automaten mit Eau de Cologne, Schokolade, Konfekt usw., die ihre Ware auswerfen, wenn man 10 Pfennig hineinsteckt; Störche, Gänse, Hühner und Enten legen bei der gleichen Operation kleine Metalleier mit Konfekt, ein Briefträger in natürlicher Größe gibt einem für 10 Pf. einen Brief, ich nehme an, aus Schokolade. Außerdem gibt es verschiedene Phonographen, die angehen, wenn man ein 10 Pf.-Stück einwirft, und Kinematoskope und dann auch noch eine Kombination von Kinematoskop und Phonograph. Wenn man in diesen Apparat 20 Pf. einwirft, dann beginnen Ballerinen zu tanzen (den Tanz der Trilby), und dazu spielt Musik. A propos

Trilby. Du kannst Dir nicht vorstellen, was sie hier für Furore gemacht hat. Es gibt eine Oper, ein Drama »Trilby«, Bilder und sogar Gegenstände mit ihr darauf. Dann kann man eine ganze Reihe von Panoramen sehen, wenn man 10 Pf. in den Spalt steckt. In einem anderen Raum stehen mehrere mechanische Orgeln, Leierkästen usw., die elektrisch funktionieren. Drei holzgeschnitzte lebensgroße Musikanten wackeln mit den Köpfen und spielen auf der Geige; sogar ein ganzes elektrisch angetriebenes Puppentheater gibt es. Die Sonne scheint, ein Engel schwebt herab und was nicht alles. Da waren noch viele andere Apparate, die ich nicht alle ansehen konnte und die auch nicht vorgeführt wurden. Wenn du eine Limonade trinken möchtest (davon gibt es drei Sorten), so kannst du dir mechanisch ein Glas ausspülen, 10 Pf. einwerfen, und dein Glas füllt sich mit Limonade. Du kannst auch Kakao, Schokolade und Kaffee trinken. Schade, daß ich es nicht geschafft habe, die obere Etage des Hauses zu besichtigen.

Frag bitte die Kinder, liebe Mama, was ich ihnen mitbringen soll. Schura wünscht sich Porzellanfiguren oder Schokolade, das weiß ich.

Ich küsse Dich, liebe Mama, und die Kinder. Sag ihnen, sie sollen ihre Lehrerin nicht ärgern.

Dein Pawlja

PS. Ich habe die Unterschrift von Papa nachgemacht, die Endung ist mir nicht so recht gelungen.

Pawel Florenski an seine Schwester Julia

Liebe Ljusja!

Ich habe immer auf einen Brief von Dir gewartet, nun schreibe ich eben von mir aus. Tante Remso, Datiko und ich wohnen jetzt in Bonn, ein besonderes Vergnügen ist das aber nicht.

Vor ein paar Tagen fuhren wir nach Köln und haben uns die Stadt ein wenig angesehen. Vielleicht fahren wir noch einmal hin. Möglich, daß wir nach Brüssel fahren; schreib mir bitte, ob Du Dir etwas wünschst, und frag auch die Kinder.

Deutsch habe ich bisher noch gar nicht gelernt.

Ich küsse Dich.

Pawlja

16. Juli

Pawel Florenski an Lew Tolstoi

Tiflis, 22. Oktober 1899

Lew Nikolajewitsch!

Ich habe Ihre Werke gelesen und bin zu dem Schluß gekommen, daß ich nicht so weiterleben darf, wie ich jetzt lebe. Ich beende das Gymnasium, und was vor mir liegt, ist eine Fortsetzung meines Lebens zu Lasten anderer; ich glaube, dem ist nur zu entgehen, wenn ich Ihre Ratschläge befolge; um sie aber in der Praxis anzuwenden, bedarf es noch der Antwort auf einige Fragen: Darf Geld verwendet werden? Wie ist Land zu erlangen? Ist es von der Regierung zu bekommen und wie? Auf welche Weise sind die geistigen Bedürfnisse zu befriedigen? Woher Bücher, Zeitschriften nehmen, wenn kein Geld verwendet bzw. mit körperlicher Arbeit nur für die Ernährung gesorgt werden soll? Kann Zeit für geistige Arbeit (die eigene Bildung) bleiben?

P.A. Florenski

Pawel Florenski, Tiflis um 1899

Malaja Dmitrowka-Straße, Moskau
1900

Pawel Florenski an seine Mutter

Moskau, 7. April 1902

Liebe Mama!
Gestern war ich bei den Semennikows, und man sagte mir dort, daß Du beunruhigt bist, weil Du lange von mir keinen Brief bekommen hast. In Kürze, so um den 16. oder 17. herum, reist Ern hier ab, von ihm kannst Du dann erfahren, was bei uns los ist.

Nach einer der Prüfungen gingen Kolja, Ern und ich in das Simonow-Kloster, das sich etwas außerhalb von Moskau befindet. Von da, von dem riesigen Glockenturm, der unter Alexej Michailowitsch erbaut wurde, eröffnete sich eine herrliche weite Perspektive. Eine sehr interessante Beschäftigung in Moskau ist, sich die Kirchen von außen anzusehen. Es gibt ziemlich viele Kirchen, und es ist auffallend, wie so ganz individuell jede ist, nicht wie bei uns, wo sich gewöhnlich eine Kirche von der anderen höchstens durch die Größe unterscheidet. Besonders charakteristisch die kleinen Kirchen - die eine geheimnisvoll-dunkel, als seien dort wer weiß was für Morde und Verbrechen begangen worden, verwahrlost, gelblich grau, die andere borstig, stachlig wie ein Drachen, die dritte von phänomenaler Geschmacklosigkeit mit Übelkeit erregenden mattblauen, geradezu waschblauen Kuppeln; diese Kuppeln, die ziemlich viele Kirchen tragen, sind einfach unausstehlich; bei ihrem Anblick schrumpft das Sehen, sie verschlucken auf eine merkwürdige Weise das Licht; diese kostümierten Radieschen, diese blaubestrumpften Fersen grinsen so unverschämt in ihrem Triumph über alle Gesetze des Schönen. Die Übergänge sind so schroff, daß du nicht weißt, ob du noch in der gleichen Stadt bist.

Von dem uralten farblosen Kirchlein, das mit ungeschickt eingesetzten blinden Fensterchen dreinblickt, gelangt man zu der wüsten, wahnsinnigen Großartigkeit der Kathedrale des hl. Basilius, dem Alptraum eines großen Architekten, einem genialen Wahn, und von da weiter zu der einfachen Heiligkeit und Reinheit der Erlöser-Kathedrale, die schlank und licht und ernst ist wie ein stilles kleines Mädchen; dann plötzlich wieder die seltsame Verbindung von Grün und Blau, dann eine Reihe eleganter Nichtigkeiten, dann Kirchlein aus Schokolade und Zuckerguß und endlich aus so etwas Ähnlichem wie Mayonnaise oder wie Makkaroni. Ich küsse Dich, meine liebe Mama, und Euch alle.

Dein P.

Pawel Florenski an seine Mutter

Moskau, 28. - 29. September 1902

Liebe Mama!

Ich wäre schrecklich gern bei Euch, besonders an einem Tag wie heute, an dem nicht so viel auf einen einstürmt und man sich nicht überhastet auf die Vorlesungen vorbereiten muß, so daß es möglich ist, weniger zeitgenössisch zu sein und sich mehr Betrachtungen hinzugeben. An solchen Tagen wie heute, d. h. vor Feiertagen, arbeite ich, wenn ich nicht irgendwo zu Besuch bin, mit Muße, mache jeden Augenblick Pause, denke nach und überlasse mich bis zu einem gewissen Grade meinen Erinnerungen und dem Spiel der Assoziationen. Irgendwo auf dem Korridor spielt jemand Geige, sehr schlecht - diese Art Musik höre ich hier bestimmt schon das dritte Jahr tagtäglich. Von unten dringen ganz schwach das Schlagen der Eingangstür zu mir herauf und hin und wieder kaum verständliche Wortfetzen. Ich bin allein im Zimmer, und es kommt mir so vor, als säße ich schon tausend Jahre hier. Denken isoliert, und manchmal kommen mir alle so fremd und fern vor, als wäre ich in die Pyramide irgendeines Menkeri eingemauert und hörte von draußen die Geräusche des eitlen Treibens. Wenn man über etwas nachgedacht hat, kommt man sich selbst fremd vor, und dann erscheint einem die eigene Bekundung irgendeines Interesses außerhalb der Abstraktion (außerhalb des Gefühls in der Abstraktion, außerhalb des Lebens in der Abstraktion usw.), wie einem Neuseeländer der Kannibalismus erscheinen müßte, wenn er plötzlich über ihn aufgeklärt würde. Ich glaube, solch ein Zustand war psychologisch der Anstoß für Fichtes Lehre vom transzendentalen Subjekt - dem allgemeinen »Ich« der Welt. Man verwandelt sich gewissermaßen in ein von jeder Persönlichkeit geschiedenes Bewußtsein. Wie geht es Euch, meine liebe Mama?

Ich wollte den Feiertag heute nutzen und in das Rumjanzew-Museum gehen; aber es war zu voll, man ließ mich nicht hinein, da bin ich in den Kreml gegangen. Wirklich, je häufiger man die Dinge dort betrachtet, desto mehr lernt man sie schätzen. Die Moskwa

Maria Himmelfahrts-Kathedrale im Moskauer Kreml, 1883

liegt regungslos da wie dunkles Glas. Wohin man blickt, überall stößt man auf etwas Neues. Diese Vielfalt in der Einheit, die Vielseitigkeit der Anblicke macht Moskau anziehend. Bauwerke verschiedenster Stile, Ideen und Bestimmungen aus 700 Jahren drängen sich auf kleinem Raum. Im einzelnen ist aber vieles, besonders späterer Herkunft, äußerst unsympathisch. Der Palast Alexej Michailowitschs ist etwas zu familiär schlafmützig, er steht eigentlich gar nicht richtig, sondern sitzt da wie zusammengesunken in einem weichen Sessel. Die Bauten aus der Zeit Katharinas II. wirken kalt wie Schuppen im Winter; in ihrem ausgestellten Rationalismus, mit dem sie auf ihre Umgebung herabsehen, rufen sie ein gewaltiges Gähnen hervor. Die Kathedralen dagegen, besonders die ältesten - welch ein Zauber. Fast anderthalb Stunden besichtigte ich heute die Maria Himmelfahrts-Kathedrale, und ich weiß nicht, was ich höher stellen soll, die edlen Proportionen des Ganzen oder die Details, in der Ausführung teils bemerkenswert kraftvoll und von feinstem Geschmack (z. B. die Ornamente an den Eingängen), teils, wie einige Fresken, genial naiv. Da gibt es für einen, der mit der Herausarbeitung seiner Weltanschauung beschäftigt ist, viel zu lernen! …

Ich küsse Dich, meine liebe Mama.

Dein P.

Nikolskaja-Straße in der Moskauer Innenstadt, um 1888

Pawel Florenski an seine Mutter

[Moskau, 3. März 1904]

[...] An der Universität zu bleiben habe ich nicht vor, selbst wenn man mich behalten wollte. Die Universität hat mir in wissenschaftlicher und wohl auch in sittlicher Hinsicht sehr viel gegeben, ich begegnete dort Menschen, mit denen ich in einigen meiner Überzeugungen übereinstimme, zumindest was das positive Verhältnis zur Kirche betrifft. Man kann vielleicht sogar noch weiter gehen. Als wir uns näher kennenlernten, stellte sich heraus, daß wir unabhängig voneinander zu einem bestimmten Aktionsprogramm gekommen waren. Das hat uns, ungeachtet bedeutender Unterschiede in vielen theoretischen Fragen, auch persönlich nähergebracht. Ob wir wollten oder nicht, wir bildeten eine verschworene Gemeinschaft: Wie könnte man sich jetzt streiten, da wir so wenige sind (verhältnismäßig) und die einen bedauernd den Kopf schütteln und uns für krank halten, die anderen in edler Empörung über unseren »Obskurantismus« aufbrausen und Gerüchte über uns verbreiten. Trotzdem werden wir etwas erreichen, die Bewegung wächst zweifellos. Die Synthese von Kirchlichkeit und weltlicher Kultur zu vollziehen, sich ganz mit der Kirche zu verbinden, ehrlich, ohne jeden Kompromiß, die gesamte positive Lehre der Kirche anzunehmen zusammen mit der wissenschaftlich-philosophischen Weltanschauung und der Kunst u. ä. - das ist für mich eines der nächsten praktischen Ziele. Daß Kirchlichkeit notwendig ist, davon bin ich persönlich und viele mit mir mehr als von irgend etwas anderem überzeugt, und es scheint mir nicht nur töricht, sondern in vielerlei Beziehung inkonsequent, diese Notwendigkeit zu leugnen, wie das getan wurde und getan wird. Vom Inhalt der kirchlichen Lehre muß ich hier nicht sprechen. Die Notwendigkeit von Kirchlichkeit müßte Euch übrigens verständlich sein, Papa zumindest wird es verstehen; was die Dogmen und die Sakramente angeht, so wäre da viel zu sagen. Von Kindheit an bin ich auf dem Weg dahin gewesen. Es gab eine Zeit, in der das Verlangen besonders stark war, aber Ihr hieltet es nicht für tunlich, dem Eure Aufmerksamkeit zu widmen; dann nahm es einen sehr theoretischen Charakter an und ließ nach, schließlich führte die Beschäftigung mit Mathematik und Philosophie dazu, daß sich diese Interessen rechtmäßig und erlaubtermaßen völlig frei entfalteten. Vielleicht war das gut so. Ich habe lange gehungert. Das war wirklich sehr quälend, dafür schätzt man jetzt um so mehr, was man mit solcher Anstrengung erworben hat. Es könnte wie eine Ironie des Schicksals erscheinen, daß alles unseren Absichten und Plänen zuwider läuft, aber man muß annehmen, daß in dieser Ironie ein tiefer Sinn liegt.

Kürzlich lernte ich einen bemerkenswerten, wenn auch wenig bekannten Menschen kennen.

Es ist Bischof Antoni, der aber nicht mehr im Amt ist, eine sehr interessante und bedeutende Persönlichkeit. Auf mich persönlich hat er einen doppelt starken Eindruck gemacht, weil er in seiner Art, in seinem Aussehen und sogar in seiner Stimme Tante Julia sehr ähnlich ist. Dazu kommt, daß sein Familienname »Florensow« ist, und ich denke, daß die Ähnlichkeit vielleicht auf Verwandtschaft beruht. [...]

Andrej Bely an Pawel Florenski

27. Mai 1904, Serebrjany Kolodes

Sehr verehrter, teurer Pawel Alexandrowitsch,
ich habe viel über das Ordensprojekt nachgedacht, von dem Sie mir im Frühjahr erzählt haben. Ich bin zu folgendem Ergebnis gekommen: Ein solcher Orden ist ein außerordentlich glücklicher Gedanke, und ich kann seine Gründung nur begrüßen. Die ernsten, schwierigen Aufgaben eines derartigen Unternehmens erfordern eine *ernste, sehr ernste Einstellung*. Es wäre daher sehr leichtsinnig von meiner Seite laut zu verkünden, daß ich mich ihm anschließe: Nennst du dich einen Pfefferling, so spring auch in den Korb.

1) Noch kann ich auf meine schwachen Kräfte nicht bauen. 2) Noch kenne ich die Teilnehmer zu wenig (ausgenommen Sie): Man muß sich erst kennenlernen. Ihnen schließe ich mich von Herzen an, das verpflichtet Sie nicht, mich in die Esoterik der Organisation einzuweihen. *Nehmen Sie mich als einen aufrichtigen und der Sache ergebenen Wohlwollenden*. Die Zeit wird zeigen, inwieweit ich die Aufmerksamkeit rechtfertige, die Sie mir schenken, und dann schließe ich mich selbstverständlich Ihrer Organisation an. Was die *Zeitschrift* angeht, so halte ich den Gedanken einer vorbereitenden Planung der N*o* N*o* für sehr glücklich, und ich würde mich freuen, zu den Mitarbeitern der Zeitschrift zu gehören. Sollte zum Beispiel eine N*o* im Januar 1906 herauskommen, dann verspreche ich Ihnen bis zu diesem Termin alle Gedichte *ausgesprochen religiösen* Charakters, die ich in der Zeit schreiben werde. Weiter. Ich könnte eine Reihe von Aufsätzen vorbereiten, die sich um einen Gegenstand gruppieren, aber darüber zu sprechen, ist es noch zu früh. Besser, wir vereinbaren das, wenn wir uns sehen. Außerdem habe ich noch eine Symphonie (die 4te), an der ich im Sommer noch arbeiten werde. Wenn daraus etwas wird, kann ich sie Ihnen zeigen, bevor ich sie an »Skorpion« oder »Greif« gebe.* Das Sujet wird

* *Skorpion* und *Greif*, Moskauer symbolistische Verlage. Skorpion (1899-1916), begründet von S.A. Poljakow (1874-1943), einem der Mäzene des russischen Symbo-

eine deutlich apokalyptische Nuance haben. Ich schrieb sie schon vor 11/2 Jahren, jetzt werde ich sie völlig umarbeiten und ergänzen müssen.

Mit Gewißheit kann ich Ihnen nur die Gedichte mit religiösem Einschlag versprechen. Vermutlich geht jetzt Ihr Examen zu Ende, und wenn Sie meinen Brief erhalten, werden Sie es schon geschafft haben. Meinen Glückwunsch im voraus. Ich habe meine gewohnte Norm noch nicht wieder erreicht und bin etwas nervös. Es ist bedrückend, sich bewußt zu werden, welch große Last auf den Schultern unserer Generation ruht und wie wenig wir darauf vorbereitet sind, diese Last mit Würde zu tragen. Und wenn am Ende die Kraft nicht ausreicht, bleibt nur eins: auf Hilfe von oben zu warten. Was Wronski anbelangt, so habe ich drei Riesenbände seiner Werkausgabe mit aufs Land genommen: »Réformé absolue du savoir humain«. Die übrigen Bücher hat sich S. A. Poljakow von mir geholt. Es fällt mir aber sehr schwer, dieses Werk zu lesen, weil es voller mathematischer Exempel steckt und voller Verweise auf die vorangegangenen Bände, was eine Lektüre fast unmöglich macht.

Lieber Pawel Alexandrowitsch, ich war sehr froh, von Ihnen einen Brief zu erhalten. In gemeinsamer Erwartung vereint, befinden wir uns wahrhaft auf einer kleinen Insel inmitten des tobenden Gelächters fremder Elemente. Daher ist jedes Zeichen, das aus der Ferne von einem Mitfühlenden und Wissenden kommt, etwas Freudiges und Beflügelndes.

Ich warte auf einen Brief. Christus beschütze Sie.

Immer zu Ihren Diensten,

Boris Bugajew

lismus. Im Verlag Skorpion erschien 1902 auf Empfehlung von Michail Solowjow, des Bruders von Wladimir Solowjow, und Waleri Brjussow Andrej Belys »Symphonie (die 2te dramatische)«, sein erstes literarisches Prosawerk, sowie 1904 sein erster Gedichtband »Gold im Azur«.

14. Juni 1904, Tiflis

Vor einer Woche etwa bin ich in Tiflis angekommen, lieber Boris Nikolajewitsch, und habe Ihren Brief vorgefunden. Ich war sehr froh darüber, und das aus drei Gründen. Erstens ist er von Ihnen. Zweitens bin ich in einer so schwierigen Lage (das Wort vom »Schwert« [Matth. 10, 34-35] ist nicht veraltet, Boris Nikolajewitsch, das Schwert ist nicht verrostet, sondern noch schärfer geworden), daß du jeden kleinsten Lufthauch aus heimatlichen Gefilden zu schätzen weißt. Drittens schließlich habe ich mich über den Inhalt des Briefes gefreut: Sie sprechen aus, was zwischen uns längst klar war, was ich jedoch wegen des Zusammentreffens verschiedener Umstände Ihnen gegenüber nicht ausdrücken konnte. Es stimmt, keiner von uns (zumindest ich nicht) hält sich in irgendeinem Sinne für fertig - weder im mystischen (keine besondere Gnade) noch im empirischen Sinne (keine Kenntnisse, keine Erfahrungen usw.). Wir können uns nur vorbereiten und warten; man darf nicht von selbst aus den Kulissen herausspringen, wenn die Zeit noch nicht gekommen ist. Etwas laut zu sagen, ist also jetzt vollkommen unangebracht. Versprechungen zu machen ebenfalls: Sind wir es denn, die sich diesen oder jenen Auftrag erteilen? Mir scheint, wir brauchen so wenig wie möglich Ausgedachtes, Formales. Zusammen zu sein in ♀ und gemeinsam oder einzeln - wie es sich ergibt - das in ♀ zu tun, was von uns verlangt wird - und solche »Gelegenheiten« gibt es auf Schritt und Tritt, angefangen von einem Gespräch beim Tee, das sich manchmal in die Verkündigung einer philosophischen Reinigung verwandelt und den Kopf von dem Kehricht befreit, der ihn verstopft, bis hin zu einer aktiven ethischen oder mystischen Hilfe -, das muß *einstweilen* unsere Arbeit sein, wie mir scheint; dies ist die Vorbereitung für uns. Wenn es zu der Einheit gekommen sein wird, von der ich sprach, dann wird das Theurgische von selbst strömen, unaufhaltsam - »weß das Herz voll ist, deß gehet der Mund über« [Matth. 12, 34; Luk. 6, 45]. Es gibt Stimmungen, die sich unwillkürlich in die Form Symbolischen Tuns kleiden, in die Form des Schaffens von Symbolen und Mythen. Manchmal kannst du gar nicht anders als symbolisch sprechen. Ich bereite mich allmählich auf die Niederschrift eines großen mystischen und erkenntnistheoretischen Werks vor, eines Werks über Erkenntnistheorie, das auf dem Begriff des *Symbols* aufbaut.* Ich habe mich da unter anderem auch mit Archäologie zu befassen, dabei versenke ich mich in die christlichen Altertümer und bin ergriffen von diesem Strom, von der Frische und Klarheit der Erlebnisse der Christen der ersten Jahrhunderte. Bisher hatte ich immer Befürchtungen und Zweifel. Wir sprechen von Christus, wir kennen Ihn, aber ist das auch Jener , den die alten Christen kannten? Sind wir wirklich Christen im Sinne des Wortes? Ich sagte mir, wir nehmen in X^{O} vor allem das apokalyptische Moment wahr, wir wählen den Aspekt des Ölbergs (die Himmelfahrt), während jene, die alten Christen, das geschichtliche Moment in X^{O} wahrnahmen und auf Golgatha sahen und der arme Rosanow sich quält und quält und nicht das zu sagen und sich selbst zu verdeutlichen vermag, was er ausdrücken möchte, gewissermaßen das dritte Moment - das »leibliche« - und den Aspekt von Bethlehem nicht klar und rein genug sieht. Theoretisch war ich mit dieser Konstruktion zufrieden, was mir fehlte, war aber die dauernde Festigkeit (für Augenblicke hatte ich sie), das sichere Bewußtsein, daß wir tatsächlich von ein und demselben sprechen, daß wir, Omega zustrebend, uns nicht von Alpha losreißen. Doch jetzt ist mir das Bewußtsein gegeben, jetzt bin ich zu der Überzeugung gelangt - »fest wie das Himmelsgewölbe« -, daß wir tatsächlich eins sind. Das überflutete mich wie eine warme, durchsichtige Welle, Freude und Frohlocken schwemmten alle Zweifel und Bedenken hinweg. Was immer man sagen mag, vielleicht werde ich etwas Dummes zur Antwort geben und mich in meinen Antworten verheddern, aber des einen werde ich stets gewiß und eingedenk sein: Jene Kleinen und Großen der ersten Jahrhunderte, pisciculi adque pisces, sind tatsächlich meine Brüder, nicht weil sie es sein sollen, sondern weil sie es sind. Wir

* Mit dem *großen mystischen und erkenntnistheoretischen Werk* ist vermutlich die Abhandlung »Empyrie und Empirie« gemeint.

können jedem von ihnen gerade ins Gesicht sehen und mit gutem Gewissen sagen, wir sind zu *der gleichen* Unendlichkeit gekommen, nur von einer anderen Seite, und wir vergessen die erste Seite nicht, wir kennen und lieben sie und sehen sie sogar; das Dunkel der Jahrhunderte läßt uns in unserer Schwäche das Antlitz des geschichtlichen Christus blasser erscheinen - dieses Antlitz sahen sie, die ersten Christen, klarer, farbiger; dafür erscheint uns jetzt das Antlitz des Kommenden Christus klar und nah, das früher, in den ersten Jahrhunderten, hinter einem Dunstschleier lag, der die geschichtlichen Perspektiven verdeckte (all die Leistungen der Kultur, der Wissenschaft und der Kunst usw. - alles Christushafte im Empirischen, seinen äußeren Ausdruck). Jetzt ist besser zu sehen, wie sich das Christushafte im Empirischen offenbaren sollte. Im Nebel, im Staub scheinen entfernte Gegenstände ganz nah zu sein. Gab es nicht solch eine Sinnestäuschung auch bei den ersten Christen? Der Nebel des Bewußtseins verdeckte die geschichtlichen Tiefen des Weltprozesses, der Kommende Christus schien ihnen nahe - gleich ist es soweit. Vielleicht befinden auch wir uns noch in diesem Nebel, vielleicht betrügen wir uns durch unseren eigenen Staub und ziehen in Gedanken Omega verfrüht an uns heran? Vielleicht, ja. Aber der strahlende Glanz der Farben, die wie Edelsteine klaren Töne zeigen an, um wieviel sich die Nebelschicht, die zwischen dem Bewußtsein und dem Antlitz liegt, vermindert hat, einen wie geringen Teil der Strahlen sie noch verschluckt. Wir wissen nicht, bei welchem Buchstaben zwischen Alpha und Omega wir angelangt sind, ich persönlich denke irgendwo zwischen Tau, Ypsilon, Phi, Chi, Psi - dem Ende näher als dem Anfang: Mir scheint jedenfalls, daß wir das Maximum der Nicht-Kenntnis Christi schon überschritten haben.

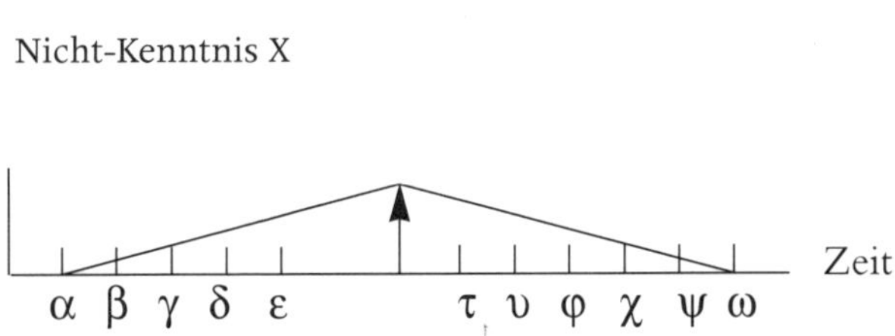

Vor meiner Abreise aus Moskau sah ich Swenzizki, er bat mich, Sie zu grüßen.

Auch sah ich den ehrwürd. *Antoni*. Er war sehr ernst diesmal, sprach unmittelbar mit eigener Stimme und machte dadurch einen besonders starken Eindruck auf mich. Ist Ihnen einmal folgendes aufgefallen? Zu unpassender Zeit sagt er manchmal: »Christus ist auferstanden.« Das ist sehr wichtig, wenn man ihn verstehen will, nicht wahr?

Christus ist auferstanden, lieber Boris Nikolajewitsch! Also, jagen Sie alles Unreine von sich weg - ich vermute, daß Sie sich ziemlich geplagt haben - sagen Sie erneut:

Ich bin entzückt - ich bin jung*

und dann gießen Sie Wein über wen Sie wollen, meinetwegen über mich. Wahrscheinlich werden Sie mich in der 4. Symphonie übergießen,** ich sage Ihnen im voraus, daß ich es Ihnen nicht übelnehmen werde, und wenn Sie mich von oben bis unten begießen.

Vor langem hatte ich einen Traum. Sie, Alexej Sergejewitsch*** und ich sitzen zu dritt beieinander und denken über die Bedeutung der Worte nach »und haben ihre Kleider helle gemacht im Blut des Lammes« [Off. Joh. 7, 13-14]: Wie kann man mit *Blut* etwas *hell machen?* Da erhebe ich mich und rühre in einem einfachen, geschliffenen Teeglas mit einem ausgefransten, abgenutzten Weihwasserwedel eine rote Flüssigkeit um, die wie Blut aussieht, das stark mit Wasser verdünnt ist; ich erhebe mich und breite Kleider aus - drei Kinderkleidchen, weiß mit kleinen grauen Blümchen -, breite sie aus unter Gebeten; dann besprenge ich sie mit der roten Flüssigkeit. Sie beide

---

* Aus dem Gedicht von Andrej Bely »Auf den Höhen« in: »Gold im Azur«.

** Andrej Belys *4. Symphonie* »Kelch der Stürme« erschien 1908 im Verlag Skorpion. Hier geht es um die frühe Fassung.

*** *Alexej Sergejewitsch* Petrowski (1881-1959), Philologe und Übersetzer. 1906 erschien in Moskau Florenskis und Petrowskis Übersetzung des »Kirchenrechts«, Bd. 1 von Rudolph Sohm. Mit Andrej Bely, Sergej Solowjow, Ellis u.a. gehörte Petrowski zu dem Moskauer Symbolistenkreis »Argonauten«.

lachen listig. Die roten Tropfen ergeben große Flecken auf den Leinenkleidern. Ich sage zu ihnen beiden: »Sehen Sie, sehen Sie - meine Kleider sind vom Blut des Lamms hell geworden; sie sind weiß geworden wie Schnee.« Sie blicken verwundert und zeigen mit den Fingern auf die Flecken: »Das soll weiß sein?« Aber ich lasse mich nicht beirren. »Ja«, antworte ich, »für die Sinnesorgane sind dies rote Flecken, aber im Innern, im geheimen sind die Kleider weißer als Schnee. Ihr Lachen ist fehl am Platz ...« Das war das neue Ritual - das Ritual des apokalyptischen Christentums - das Ritual des Weißmachens der Kleider. Lachen Sie nicht, Boris Nikolajewitsch. Es war nur ein Traum, den ich für Sie protokolliert habe. Wenn das Ritual abwegig ist, ist es nicht meine Schuld, es sei denn, Sie geben mir die Schuld an meinen Träumen.

Christus ist auferstanden!

Ihr P. Florenski

Meine Adresse: Tiflis, Nikolajewskaja 67

Vater Pawel Florenski, 1912

Andrej Bely, Brüssel 1912

15. Juli 1905, Tiflis

Teurer, sehr verehrter Boris Nikolajewitsch!

Wenn Sie mir auch wohl wegen der Meinungsverschiedenheiten dieses Winters zürnen und wenn auch in unseren *Resultaten* tatsächlich Meinungsunterschiede zutagetreten, empfinde ich Sie, was das Ziel und selbst die Wege angeht, mir doch als so nahe, daß ich an Sie schreibe. Als mir nahe empfinde ich Sie, weil ich um die Gleichheit unserer Grundstimmungen (das Märchenhafte) und die Ausgangspunkte unserer Entwicklung weiß. Daher glaube ich jede Ihrer Bewegungen zu verstehen, und ich könnte sie vielleicht jede Minute selbst ausführen, wenn ich nicht von Anfang an meine Erlebnisse anders verarbeitet hätte, als Sie das tun. In vielen Fällen streite ich mit *Ihnen* und streite hart, aber das ist nur Schein; in Wirklichkeit spreche ich mit mir *selbst,* deshalb die Härte der Verfahrensweise. Vor meiner Abreise aus Posad las ich Ihren Aufsatz.*

Ein interessantes Schema, scheint mir, besonders was das Verständnis Waleri Jakowlewitschs** angeht. Aber eben ein Schema. Zufriedenstellen kann mich *solch eine* Entwicklung des Themas nicht, weil die Beweiskraft hier ganz von der lebendigen Fülle und Konkretheit der Erlebnisse abhängt. Wenn Ihr Aufsatz auf das 20-30fache anwüchse, wäre er *unvergleichlich* wertvoller.

In der letzten Zeit habe ich weiter Material für die »Sophia« gesammelt. Das ist ziemlich schwierig, weil man eine Menge Rohstoff sichten, bergeweise Ikonen, Zeichnungen u. ä. prüfen muß, um einige Perlen herauszufischen. Ich habe aber in meinen Unterlagen (und das ist eine meiner Perlen) eine ganz apokalyptische Ikone, auf der das »Weib mit der Sonne bekleidet«, die Gottesgebärerin, das Tier aus dem Abgrund usw. zu sehen sind. Die Arbeit wird nicht so bald abgeschlossen sein, es ist eine im höchsten Grade undankbare

* Andrej Bely: »Die Apokalypse in der russischen Poesie«. Deutsch in : Andrej Bely - Pawel Florenski, *»...nicht anders als über die Seele des anderen«, Der Briefwechsel. Texte,* Ostfildern 1994.

** Brjussow

Arbeit, weil man eine Menge Energie verbraucht und nichts zuwege bringt. Doch darf ich bei der Sophia »meine Hände in den Schoß legen«? Mag alles andere nicht richtig gehen: Das zu erhellen, was jetzt alle brauchen, Zustimmung erzwingen - das ist so wichtig, daß man alles andere vergessen muß. Im Augenblick schreibe ich kleinere Sachen. Vor kurzem schloß ich die »Wachstumstypen« ab.*

Die Vorbereitung (mathematisch-psychologisch) der Frage nach den »Personen unter der speziellen Obhut der Sophia«, zu denen z. B. Ihre DAME gehört genauso wie die andere DAME,** die mir und Alexej Sergejewitsch*** bekannt ist, und noch jemand von den »besonders« Begnadeten. Auch hier im philosophischen Bereich (in der Symbol-Theorie zum Beispiel) muß man ständig den Boden bereiten, Grundlagen schaffen und dann plötzlich und unerwartet ein Resumé ziehen, das selbst unsere Feinde anerkennen müssen. Dann werden sie erklären müssen, daß sie alles, was wir sagen, nicht leugnen, aber es nicht *wollen,* daß sie sich *willentlich* dem widersetzen. Solange der »Streit« nicht auf dem Boden einer bewußten, gewollten Bestätigung bzw. Leugnung stattfindet, solange alles bloß Diskussionsbeiträge sind, kann das Apokalyptische nicht einsetzen. Das katechou, das »Hemmende«, d.h. das Empirische, Bedingte ist, wenn Streit noch möglich ist, noch nicht durchbrochen. Das Ende ist nahe vor der Tür [Matth. 24, 33], aber noch nicht in der Tür, und ich glaube nicht, daß das Ende kommen kann, ehe nicht jedem alles »Wichtige« so vorgekaut worden ist, daß er mit vollem Bewußtsein und aus freiem Willen sagen kann: »Ich will das« oder »Ich will das nicht.« Wenn rationale Erwägungen und empirische Einwände

* Deutsch in : Andrej Bely - Pawel Florenski, *»...nicht anders als über die Seele des anderen«, Der Briefwechsel. Texte,* Ostfildern 1994.

***Ihre Dame,* das ist vermutlich Alexander Bloks Frau Ljubow Dmitriewna (1881-1939), in der Andrej Bely, Blok und Sergej Solowjow eine irdische Verkörperung der ewigen Weiblichkeit sahen. Die *andere Dame* ist vermutlich Solowjows Briefpartnerin Anna Nikolajewna Schmidt (1851-1905), die sich selbst für eine irdische Verkörperung der Sophia hielt. Florenski und Sergej Bulgakow waren an der Herausgabe der Schriften von Anna Schmidt beteiligt.

***Petrowski

möglich sind, dann ist das noch nicht das Ende. Selbst Waleri Jakowlewitsch ist noch nicht reif für das Ende: Er begibt sich auf das Gebiet der »historischen Kritik« »als Historiker«. Das Ende, die Auflösung aller Widersprüche, das höchste Glück, bedeutete für mich eine unerträgliche Vergewaltigung der Welt, wenn es über eine Welt käme, die noch nicht zum vollen Bewußtsein ihres Endes gelangt wäre. Denken Sie an die »reifen Feigen« [Matth. 24, 32]. Denken Sie an den »Weizen« und das »Unkraut« [Matth. 13, 24-30], welche bis zur vollen Reife wachsen. Erinnern Sie sich an den »Wein« [Off. Joh. 19, 15], aus dem der Saft gepreßt wird, d. h. den reifen Wein (in der Apokalypse)?

Wie geht es mit Ihren Arbeiten - vor allen Dingen mit der 4. Symphonie und den Gedichten? Ihre Symphonien wird kaum jemand verstehen, aber das liegt nicht an Ihnen. Die 3. (»Rückkehr«) scheint mir, abgesehen von den rein literarischen Mißgriffen, über die wir schon sprachen (z.B. das Konspekthafte und das unproportional Kurze des letzten Teils), durchaus vollendet und bei einem gewissen Bildungsstand auch leicht zu verstehen; fehlt dieser Bildungsstand, dann werden Sie, wie Sie auch schreiben, auf jeden Fall nicht verstanden werden. Wenn Sie die 4 Symphonien auf einmal herausbringen, werde ich mich bestimmt nicht enthalten können, einen Artikel zu verfassen, einen großen; über »Gold« habe ich einen Artikel schon vollständig durchdacht und im Entwurf fast fertig, aber ich habe keine Lust, ihn zu drucken (es widerstrebt mir geradezu), so daß er wie viele andere Sachen in meinen Papieren liegengeblieben ist. Ich hätte da viel Wichtiges in theoretischer Hinsicht und sehr Begeistertes zu sagen. - Sollten Sie Mereshkowskis sehen, empfehlen Sie mich ihnen und richten Sie einen herzlichen Gruß aus. Sinaida Nikolajewna* unbedingt auch: Obwohl ich sie nur wenige Stunden gesehen habe, ist mir vieles an ihr klargeworden, vor allem, daß sie weit besser ist, als es scheint. Ich weiß genau, wäre ich ihr nur in Gesellschaft begegnet (z.B. bei Ratschinski**), dann wäre ich befremdet

---

*Hippius

**Grigori *Ratschinski* (1859-1939), Philosoph und Übersetzer, gehörte zu den Begründern der »Moskauer religiös-philosophischen Gesellschaft zum Gedenken an Wladimir Solowjow«.

und verdrossen gewesen. Als ich sie jedoch im intimen Kreis sah, wurde mir klar, daß all das, was Verdruß erregen kann, letzten Endes das Resultat innerer Reinheit ist; in der äußeren Gebrochenheit kommt die innere Furcht vor dem Falschen zum Ausdruck. Es ist irgendwie seltsam, und ich kann Ihnen gar nicht richtig erklären, was ich eigentlich sagen will, aber ich weiß, daß es Menschen gibt, die aus Angst vor der Unnatürlichkeit die Maske der Unnatürlichkeit aufsetzen, einer Unnatürlichkeit, die die wahre Natur der Persönlichkeit nicht entstellt, nur verbirgt. Sinaida Nikolajewna hat mich bei unserer Begegnung auf eine Weise charakterisiert, daß es im höchsten Grade schwer für mich ist, ja beleidigend, obwohl ich stark befürchte, Sinaida Nikolajewna hat in vielem recht. Sie sprach etwas aus, was als Verdacht bei mir selbst vorhanden ist, ein Verdacht, der mich gequält hat und unaufhörlich quält, wenn ich das auch niemandem sage. Sinaida Nikolajewna ist aber doch so voller geheimem Schmerz und voller Feinfühligkeit, daß ich mich ihnen beiden nahe fühle, obwohl ich weiß, daß sie beide, Dmitri Sergejewitsch* besonders, dem jetzt um keinen Preis beipflichten würden und sie mir immer aus demselben Grunde zürnen, nämlich wegen der historischen Kirche.

Mir ist wohl bewußt, warum ich mich in diesem Punkt von allen und warum ich mich von einem bestimmten Moment an von mir selbst unterscheide. Damals näherte ich mich der Kirche, indem ich sie objektiv betrachtete »wie ein Kind die Mutter, nachdem es sich von ihrem Organismus getrennt hat« (Dmitri Sergejewitsch). Und ich sah tausend Unzulänglichkeiten, ich sah eine dicke Kruste, unter der sich für mich nichts befand als schal gewordene Symbole. Ich weiß nicht wie - deuten Sie es, wie Sie wollen -, aber irgendwie gelangte ich gegen meinen Willen zu einem subjektiven Verhältnis zum Volk und zugleich zur Kirche, die vom Volk geliebt wird. Ich drang ein in alle diese Schalen, ich stellte mich jenseits aller Unzulänglichkeiten. Da eröffnete sich mir ein Leben, ein vielleicht kaum noch pulsierendes Leben, doch ein Leben, kein Zweifel, ich sah das heilige Herzstück. Da wußte ich,

*Mereshkowski

daß ich von dort, wo ich das alles gesehen hatte, nie mehr weggehen würde, nie mehr weggehen, weil ich an eine geistige generatio spontanea nicht glaube, weil ich nicht an die Möglichkeit der »Errichtung« einer Kirche glaube. »Unsere« Kirche, sagte ich mir, ist entweder überhaupt Unsinn oder sie wächst aus dem heiligen Korn. Ich habe das Korn gefunden und werde es nun aufziehen und bis zu den Mysterien vordringen und werde es nicht den Sozialisten aller Farben und Schattierungen zum Fraß hinwerfen. Wenn das meine Schuld ist, Boris Nikolajewitsch, daß ich unter der dikken Kruste von Schmutz (die für mich vielleicht noch viel dicker ist als für andere, weil sie mir *wehtut*) Leben und Heiligkeit wahrnehme, wenn es eine Sünde ist, das Heilige zu lieben, dann bin ich wirklich vor allen schuldig, die einen anderen Weg gehen als ich. Ich kann ihnen nur sagen: Ich kann mich wohl verstellen, aber ich kann nicht aufhören, das zu empfinden, was ich empfinde. Tun Sie das, was Sie tun wollen und wie Sie es tun wollen, eine Verurteilung Ihrerseits wird mir wehtun, aber meine Liebe wird nur stärker werden ...

Wie ist Ihre Stimmung und wie steht es mit Ihrer Gesundheit? Man muß sich in jeder Hinsicht für den Winter wappnen, er wird unerhört schwer und anstrengend werden, der vergangene war still und ruhig dagegen. In diesem Sommer ist es mir nicht nur nicht gelungen, mich zu erholen und so zu arbeiten, wie ich vorhatte, sondern ich habe mich im Gegenteil doppelt geplagt und verausgabt. Hier liegt so viel Spannung in der Luft, hier ist so viel Entzweiung und wird so viel Blut vergossen, daß es unmöglich ist, sich zu konzentrieren und nicht nervös zu werden. Einzig und allein über Schiller komme ich etwas zur Ruhe.

Auf Wiedersehen, teurer Boris Nikolajewitsch - wenn es eines geben sollte: Man kann nicht eines einzigen Tages sicher sein. Ich wünsche Ihnen alles Gute und vor allem, daß Sie sittlich nicht allein bleiben.

Ihr Sie aufrichtig liebender

P. Florenski

Adresse (bis Anfang August) Nikolajewskaja 67, P. A. Florenski; (nach Anfang August) Sergijewski Posad (Gouv. Moskau), Geistliche Akademie, P. A. Florenski.

Bischof Antoni (Florensow) im Donskoi-Kloster in Moskau, um 1911

An Pawel Alexandrowitsch Florenski.

Frieden und Gottes Segen!

Ihren Brief vom 17. Juli habe ich erhalten. Ich danke für Ihr gütiges Gedenken und möchte ein paar Worte zum Inhalt Ihres Briefes sagen.

Natürlich soll jeder Christ immer mit Gott, mit Christus sein, nichts kann und nichts darf ihn von der Liebe Gottes in Christus scheiden (Röm. 8, 38-39). Christus lieben heißt Seine Worte, Seine Gebote halten und erfüllen (Joh. 14, 21-23).

Über das Mönchsein gibt es kein Gebot, über die Eltern aber gibt es eins (Matth. 15, 4; Mark. 7, 10; Eph. 6, 2). Denken Sie nicht, daß ich gegen das Mönchsein spreche. Nein, das ist es nicht, sondern dies: Der Wunsch Mönch zu werden kann wahr oder falsch sein; wahr ist er, wenn es Gottes Wille ist, falsch, wenn es nicht Gottes Wille ist, sondern wenn es Eigenliebe ist und selbstherrliche Demut. Die Worte Jesu Christi: »Und wer verläßt Häuser, oder Brüder, oder Schwestern, oder Vater, oder Mutter, oder Weib, oder Kinder, oder Äcker, um meines Namens willen, der wird es hundertfältig nehmen und das ewige Leben ererben« (Matth. 19, 29), stehen in keiner Beziehung zum Mönchtum, das es damals noch nicht gab, sondern hier geht es allein darum, daß man um Christi willen allem entsagen, selbst dem Nächsten und Liebsten entsagen müsse, wenn man auf andere Weise kein gläubiger Christ sein kann. Um Mißverständnisse beim Lesen des Evangeliums zu vermeiden, muß man den authentischen griechischen Text und die Lehre der Kirche kennen. Wenn es Ihnen beschieden ist, Mönch zu werden, wird das nicht ausbleiben. Doch vorher muß man sich prüfen. [...] Vermutlich kennen Sie das Mönchtum nur aus der Literatur, aber das Mönchtum selber kennen Sie nicht: »Wer es fassen mag, der fasse es!« (Matth. 19, 12) Es ist auch noch zu früh für Sie, es zu kennen. Meiner Meinung nach wäre es in Ihrer Lage das beste, mit dem Einverständnis Ihrer Eltern in die Geistliche Akademie einzutreten und zu studieren. Nach Beendigung der Studien wird man sehen, was weiter zu tun ist. Sie sprechen von einer gesellschaftlichen Tätigkeit. Sie denken also eigentlich nicht an ein Mönchsein, sondern an etwas anderes. Das Mönchsgelübde enthält die Verpflichtung zu Gehorsam, zu Schülerschaft, nicht aber zu Lehrerschaft und Führung.

Bleiben Sie gesund, und möge es Ihnen wohlergehen. Einen Gruß an Ihre Eltern.

Bischof Antoni.
25. Juli 1904, Moskau, Donskoi-Kloster.

Bischof Antoni (Florensow) an Pawel Florenski

Sehr verehrter Pawel Alexandrowitsch!
Ich antworte auf Ihren Brief vom 14. April. Sie laden mich ein, in Ihr Haus, in Ihre Seele einzutreten und sie zu besuchen. Vor der mir gebotenen Gastfreundschaft verneige ich mich tief mit weit geöffneten Armen und bedanke mich dafür von Herzen. Sie bitten mich, für Sie zu beten und Ihnen Aufklärung zu geben. Das erste verspreche ich gleich zu tun, das zweite später, künftig. Zuvor muß ich mich selbst erst der Schlangenweisheit des Evangeliums versichern; denn jemandes Demut zu beurteilen ist sehr schwierig: Man fürchtet, es selbst an Demut fehlen zu lassen. »Das Auge ist des Leibes Licht« (Matth. 6, 22), und das Gewissen ist das Licht der Seele (Röm. 2, 15). [...]

Christus sagt nichts über das Gewissen. Warum? Das ist die Frage. Christus gebietet, sich besonders vor dem Sauerteig der Pharisäer zu hüten, welcher Heuchelei ist (Luk. 12, 1). Ketten anlegen, wozu? Was ist das? Ist das nicht Sauerteig? Die Apostel haben keine Ketten angelegt. Am 16. Januar wird der Ketten des Apostels Petrus gedacht; aber er trug sie im Kerker, gegen seinen Willen, und der Engel des Herrn hat ihn daraus befreit. Aus den Viten der Heiligen ist bekannt, daß einige von ihnen Ketten trugen; doch wenn sie noch einmal auf der Erde lebten, brauchten sie wohl diese Erfahrung nicht mehr; denn sie sind aus diesen äußeren körperlichen Ketten errettet worden. Solches Tun ist ein Palliativ. Es gibt andere, wahre, sozusagen innere, geistige Ketten: »Liebet eure Feinde, segnet, die euch fluchen, thut wohl denen, die euch hassen, bittet für die, so euch beleidigen und verfolgen« (Matth. 5, 44). Versuchen Sie, diese Ketten zu tragen ... Genug für heute. - Die Glocken rufen in die Kirche. Bleiben Sie gesund, der Herr beschütze Sie.

Ihr ergebenster Diener

Bischof Antoni (Florensow).
17. April 1907. Moskau. Donskoi-Kloster.

Serapion (Maschkin) an Pawel Florenski

Gnädiger Herr, Sehr verehrter Pawel Alexandrowitsch!*
Laplace, sagt man, oder hat es Napoleon von ihm gesagt, habe die Fähigkeit besessen, alle menschlichen Dinge unter dem Gesichtspunkt des »unendlich Kleinen« zu betrachten.

Ich glaube das nicht. Und die Biographen von Laplace sind auf meiner Seite: Laplace war ein guter Staatsbürger und »ehrlicher« Mensch. Und er war zugleich ein großer Gelehrter, ein großer Mathematiker.

Es kam häufig vor, daß diese Tendenzen in seinem Leben in Konflikt gerieten. Aber Laplace war ein subtiler Politiker: Er verstand es, auf dem stürmischen Meer des Lebens zu »lavieren«, ihn machte »das Wasser nicht naß«. Beinahe so, als wären die »Wölfe satt und die Schafe heil«.

Übrigens hat er wohl in seinem Leben nie einem Schaf etwas zuleide getan. Zumindest nicht wissentlich. Und doch haben die Interessen der Wissenschaft ihm nicht erlaubt, die Energien, die ihm zu Gebote standen, zum Nutzen der Gesellschaft voll zu entfalten. Von außen könnte es scheinen, als sei er gar kein engagierter Staatsbürger und Revolutionär, kein Republikaner gewesen.

Ich muß nicht betonen, daß das tatsächlich nur von außen so schien. Aus der Nähe betrachtet, wird man sich unschwer davon überzeugen, daß Laplace gar nicht anders handeln konnte, als er gehandelt hat. Er konnte es nicht, er durfte es nicht, seine Pflichten als Bürger der Revolution erlaubten ihm nicht, die Wissenschaft wegen eines staatsbürgerlichen Engagements im engen Sinne des Wortes hintanzustellen. Hätte er dies getan, dann hätte er den Interessen der gesamten Menschheit geschadet, und die Sozial-Demokraten verstehen sich gerade als Menschheits-Brüder. Eine auf ihren Versammlungen offiziell verkündete Wahrheit (siehe die Reden von Marx, Lassalle, Bebel, Jaurès u.a.).

---

* Brief an den Studenten der Moskauer Geistlichen Akademie P. F. (Anm. Florenskis)

Aber: Quod licet Iovi non licet bovi.

Also, was sich für Laplace gehört, gehört sich für einen Kuli des Denkens und der Wissenschaft noch lange nicht. Der Schluß:

Ich rechne mich nicht zu den Genies, aber auch nicht zu den Kulis des Denkens, und ich rechne auch Sie, Pawel Alexandrowitsch, nicht dazu, weil der, dem es gegeben ist, sich auf die Höhen (oder in die Tiefen, wie Sie wollen) des modernen philosophischen Denkens und seiner Aufgaben zu begeben, eo ipso kein Kuli des Denkens ist. Was also uns erlaubt ist, das kann nicht jedem erlaubt sein (sittlich, versteht sich). Ich bin ein Bürger des Universums und ein Mensch. Ich möchte, daß meine vom Absolutum anerkannten Rechte auch in meinem traurigen Vaterland anerkannt werden. Ich hoffe, daß Sie diese Überzeugungen mit mir teilen. Ich hoffe das, weil Wahrheit und Gerechtigkeit eins sind und Sie fähig sind, Wahrheit und Gerechtigkeit zu erkennen. Und weiter: Unsere Zeit ist so beschaffen, daß man für die Beschäftigung mit etwas anderem als den staatsbürgerlichen Interessen gewichtige Argumente haben muß. Wir haben sie, zudem sind wir Privatpersonen.

Was aber so furchtbar schmerzt und kränkt, ist, daß unsere Akademie keine staatsbürgerliche Tugend besitzt. Philisterhaft-zynisch erfüllt sie ihre wissenschaftliche Funktion und ist nicht gewillt, ihren staatsbürgerlichen Pflichten nachzukommen.

Die Petersburger Akademie hat doch auch gestreikt, aber unsere Akademie will selbst jetzt nicht mit allen anderen Universitäten, Instituten und mit ihrer Schwester in Petersburg solidarisch sein. Das ist sehr schmerzlich und kränkend.

Die Akademie ist keine Privatperson, sondern eine gesellschaftliche Institution. Und was vielleicht einer Privatperson (vom Sittenkodex der Wahrheit) erlaubt ist, das kann einer gesellschaftlichen Institution nicht erlaubt sein.

Oder betrachten unsere »Väter«, mit Verlaub gesagt, die Akademie etwa nicht als eine gesellschaftliche, sondern als eine staatliche Institution? Unserer »mit Verlaub gesagt, Geistlichkeit«, diesem Judas, der die Kirche Christi erst Peter verkauft und dann allen Nachfolgern Peters bis zu Nikolai II. immer wieder verkauft hat, ist alles zuzutrauen.

Und tatsächlich: Was ist das anderes als Verrat an Jesus, wenn man »dem Kaiser gibt, was Gottes ist«? Der Herr hat geboten: »Gib Gott, was Gottes ist, und dem Kaiser, was des Kaisers ist.« Aber unsere »Väter«, »mit Verlaub gesagt«, geben dem Kaiser selbst das, was Gottes ist, und lehren es auch noch die anderen Menschen.

Daß es wirklich so ist, davon kann man sich leicht überzeugen. Beispiele gibt es genug.

Das Leben gehört Gott und nicht dem Kaiser. Dem Kaiser kommt die *Geld*steuer zu und nicht die der Person. Die Person des Menschen ist heilig und frei, weil sie Gottes ist.

Daher ist die allgemeine Wehrpflicht eine Sünde. In einem ungerechten Krieg (wie dem jetzigen) ist sie eine Todsünde. Aber unsere Geistlichkeit führt die Soldaten zum Eid. Da muß es erlaubt sein zu fragen, worauf er sich gründet, *worauf* er geleistet wird? Auf das Evangelium. Wenn aber zwischen der Form des Buches, des Evangeliums, und seinem Inhalt eine Beziehung besteht, der bei der Leistung des Eides Beachtung zu schenken ist - und hier folgt jetzt ein Komma. Um das ganze Gewicht dieses Kommas zu bezeichnen, stellen wir uns folgendes vor:

Nehmen wir an, unser Herr Jesus lebe unter uns. Er ist ein russischer Bauer, aus altem Zarengeschlecht zwar, aber der arme Sohn eines Zimmermanns. Er hat das Einberufungsalter erreicht. Was denken nun unsere »Väter«, sie können doch nicht denken, der Herr ziehe als Soldat mit ihnen gegen die Japaner zu Felde? Rein intuitiv müßte klar sein, daß der Herr dem niemals zustimmte. Er wird das rundheraus abschlagen. Er wird sagen: »Wer nach dem Schwert greift, wird durch das Schwert umkommen.« Er wird nicht Soldat werden. Man wird ihn schlagen, wie man die Duchoborzen* geschlagen hat, und unsere »Väter« werden das Anathema über ihn aussprechen (d. h. Ihn aus der Kirche aus-

* »Geistesstreiter«: Mitte des 18.Jahrhunderts in Südrußland entstandene religiöse Sekte, die Kult, Sakramente und Dogmen der Kirchen ablehnte und eine Vergeistigung des Christentums anstrebte; 1841 zwangsweise nach Transkaukasien ausgesiedelt, sind die Duchoborzen Ende des Jahrhunderts zum großen Teil nach Kanada ausgewandert.

schließen), wie man das mit den Duchoborzen getan hat. Da haben Sie das »dem Kaiser gegeben, was Gottes ist«. Und die obligatorischen Denunziationen der Altgläubigen durch die Priester? Und die obligatorische Verletzung des Beichtgeheimnisses im Falle eines politischen Vergehens? Das alles stellt sie in eine Reihe mit den Judassen.

Nein, ich bin nicht bereit, Bischof zu sein; wenn man es mir antrüge, würde ich es ablehnen: Mein Gewissen verbietet es mir, Polizist zu sein statt Hirte der Schafe Christi. Ich halte sogar keinen Gottesdienst; ich gehe zum Abendmahl, aber ich halte keinen Gottesdienst, weil ich der Meinung bin, unsere Kirche ist nicht in der Wahrheit. Sie ist in der Ketzerei, und zwar in der cäsaro-papistischen. Die Wahrheit ist von den Alt-Katholiken, wenn nicht bewahrt, so doch jetzt wiederhergestellt worden, denn die »Höllenschlünde verschlingen sie nicht«. Meine Seele brennt darauf, mich ihnen und den Freimaurern so schnell wie möglich anzuschließen. (Unter den Alt-Katholiken gibt es, denke ich, Freimaurer. Zumindest hindert sie nichts daran, solche zu sein.)

Ich nehme nicht einmal an den kirchlichen Zeremonien teil, weil bei uns überall der Ortsgendarm dabei ist, dieser Repräsentant dreister Macht, die das Recht mit Füßen tritt.

Ich hätte noch viel zu sagen, möchte das aber nicht mit Tinte und Feder tun, ich erwarte Sie vielmehr, um das Vergnügen zu haben, mich mündlich über all das austauschen zu können, was einem auf der Seele liegt, und, wenn Sie so wollen, einander das Herz auszuschütten.

Sie schreiben, »ich will der Kirche dienen«. Welcher? Der wahren, versteht sich: die wahre, das ist der Alt-Katholizismus. Wenn man unserer, der verlogenen, dient, muß man »seine Seele der Versuchung bereiten«. Unserer Kirche kann man nur als Priester dienen, in der Gemeinde, und dann muß man sich dazu entschließen, einen Weg zu gehen, der von dem Priester Zwetkow vorgezeichnet ist (der ein Kirchenkonzil zur Korrektur vieler Verstöße in der Praxis, die schon in Verstöße gegen das Dogma übergehen, gefordert hat; man steckte ihn in das Gefängnis des Klosters von Susdal, und was das für ein Vergnügen ist, kann man in dem Büchlein

»Klostergefängnisse« nachlesen, einer Veröffentlichung der Zeitung »Nowosti«, wenn Sie wollen, schicke ich es Ihnen, schreiben Sie mir) sowie von dem Priester Petrow (»Russkoje slowo«) und endlich von dem Priester Gapon, diesem neuen Märtyrer der Wahrheit (ich sage nicht der Wahrheit Christi, denn es gibt nur eine Wahrheit, und das ist die Wahrheit Christi).

Mönch werden, das heißt, sich an Händen und Füßen binden durch läppische Regeln, die absichtlich erdacht sind, um die für eine unfähige Regierung gefährlichsten Leute, die religiösen Idealisten, in Fesseln zu legen. Diese Beschränkungen, die den Mönch von allem abschneiden, beruhen auf Lüge, widerwärtiger Lüge. Ein frischer, unternehmender und ehrlicher Mensch muß im Mönchtum ersticken. Mich hat allein gerettet, daß ich Philosoph bin und in meinem Arbeitskabinett meinen Interessen lebe; diene ich ihnen, so diene ich der Gesellschaft, d. h. der Kirche des Herrn. Der wahre Dienst an der Kirche durch die Tat, nicht durch das Denken allein, ist aber gesellschaftlicher Dienst, etwa in den Landständen (oder, wenn einer Jurist ist, am Gericht, nicht an unserem abscheulichen Kanzlei- und Konsistorialgericht, sondern am öffentlichen Geschworenengericht). Der Zutritt zu den Landständen ist aber einem Mönch verwehrt. Eine schändliche Verlogenheit. Als *Philosoph* kann man noch durchkommen, aber ausschließlich in einer Gemeinschaftseinsiedelei, und auch da nur am Rande - in der Zelle. Unsere Einrichtungen sind keine Klöster mehr, sondern reines Blendwerk, das man längst hätte vernichten und vom Antlitz der Erde tilgen müssen als eine Entweihung der Heiligkeit, die aus dem heiligen Namen Christi ein Gespött macht!

Unsere »mit Verlaub zu sagen Geistlichkeit« singt jetzt in allen Kirchen »Gott ist mit uns«, aber Gott ist gerade nicht mit uns und wird es so lange nicht sein, bis wir unsere Angelegenheiten geordnet haben; solange Rußland politisch nicht besser ist als Japan, solange wird Gott auf seiten Japans sein, denn Gott ist nicht parteiisch.

Unsere Geistlichkeit aber - das ist allbekannt - wird nicht zur Vernunft kommen und, was geht dich das an, immer weiter singen: »Versteht die Zungen und unterwerft euch.« Aber sie denken gar nicht daran, sich zu unterwerfen, ganz im Gegenteil, wir sind gezwungen, uns ihnen zu unterwerfen ...

Es reicht, genug davon. Lassen wir unsere »Geistlichkeit« und gehen wir über zu Wissenschaft und Philosophie.

Vor allem, erlauben Sie mir, Ihnen aufrichtig für Ihre liebenswürdige, höchst bemerkenswerte Mitteilung zu danken, Pawel Alexandrowitsch. Ich habe Ihren Brief mit großem Vergnügen und Gewinn gelesen. Ich danke Ihnen.

.............,* dennoch verstehe ich nicht, wo Sie in einer Überlegung wie der folgenden einen Sophismus sehen:

Eine aktuelle, d.h. *gegebene* (abgezählte) Unendlichkeit setzt eine letzte Zahl der natürlichen Zahlenreihe voraus oder, besser gesagt, ist die letzte Zahl. Damit diese Zahl tatsächlich als eine unendliche Zahl angesehen werden kann, ist es erforderlich, daß sie aus absoluten Einheiten besteht, daß die natürliche Reihe, deren letzte Zahl sie ist, absolut alle ganzen endlichen Zahlen umfaßt. Nur unter dieser Bedingung wird die der letzten Zahl der natürlichen Reihe entsprechende Folge

$$I + I + I + \ldots\ldots + I = A$$

(A = die unendliche Zahl)

wahrhaft *unendlich* sein, was nur den Sinn hat: Sie wird absolut alle Einheiten umfassen.

Von hier ist klar, daß die bedingten Einheiten, die nichtabsoluten, die nicht eine Summe von absoluten sind, niemals eine unendliche und mit der ersten identische (d.h. Einheit für Einheit korrelative) Reihe ergeben können: Die letzte Zahl einer natürlichen Reihe bedingter Einheiten kann nicht die Folge *bedingter* Einheiten summieren, die mit der Folge A identisch ist.

Dies ist klar, *wenn* wir die aktuelle (gegebene) Unendlichkeit als Summe *aller* ABSOLUTEN Einheiten definieren.

Und tatsächlich:

Nehmen wir an, die bedingten Einheiten bilden eine natürliche Reihe. Dann wird die letzte Zahl dieser Reihe die Summe einer bestimmten Zahl bedingter Einheiten sein, nennen wir sie B.

---

* Punkte des Verfassers [des Briefes]. (Anm. Florenskis)

Die Zahlen A und B sind Zahlen natürlicher Zahlenreihen, einer absoluten und einer bedingten. Beide Reihen sind »unendlich« in dem Sinne, daß sie absolut *alle* Einheiten ihrer Gattung einschließen: Die Zahlenfolge A schließt alle (absolut unteilbaren) ein, die Zahlenfolge B schließt absolut alle bedingten Einheiten ein.

Aus dem Umstand aber, daß die bedingten Einheiten jeweils eine Summe absoluter darstellen, ist unschwer zu schließen, daß B kleiner ist als A und daß es keine andere Zahl gibt, die größer ist als A (eine weitere Einheit ist nirgendwoher zu nehmen: In A sind absolut alle absoluten Einheiten enthalten). Klar und selbstverständlich ist dies *nur* unter der Voraussetzung, daß die integralen Einheiten der Zahl A absolut sind. Darin besteht nun aber das Problem, daß nämlich die Mathematiker von heute absolute Einheiten nicht anerkennen.

Der Satz »zwischen zwei beliebigen Zahlen (ganz gleich, ob Kardinal- oder Ordnungszahlen) gibt es immer eine dritte« bedeutet die unbedingte Leugnung absoluter Einheiten und die unbedingte Anerkennung einer unendlichen Teilbarkeit. Das Kontinuum wird ja übrigens als ein unendlich teilbares Subjekt (des Urteils) definiert.

Wir sehen, daß die regressive und die progressive Unendlichkeit kausal miteinander verknüpft sind.

Nun wollen wir sehen, ob das Postulat mathematischer Dichte (einer so bestimmten Dichte) zulässig ist.

In unserer »ganzheitlichen Erfahrung« sind unbedingt Objekte als Nicht-Ich gegeben. Die Frage nach ihrer Realität außer mir beiseite lassend, werden wir von meinem Nicht-Ich nur sprechen als von meinem Objekt, das mir unbedingt gegeben ist (an der Gegebenheit zu zweifeln, ist unsinnig; das bedeutete, an der Gegebenheit der Empfindungen zu zweifeln, und an deren Gegebenheit haben nicht einmal die Pyrrhonisten gezweifelt).

Also: Das Nicht-Ich ist mir unbedingt gegeben.

Daher: In der Tatsache der Gegebenheit des Nicht-Ich ist unbedingt auch der Unterschied dieses Nicht-Ich zu mir gegeben, weil, gäbe es diesen Unterschied nicht, mein Nicht-Ich und mein Ich aufgrund des Prinzips der »Unbestimmtheit« nicht zwei Termini (Verhältnisse) bildeten, sondern nur einen Terminus. Dann gäbe es kein Nicht-Ich, es gäbe nur ein Ich (oder umgekehrt). Dieser analytisch in der Tatsache der Gegebenheit des Nicht-Ich gegebene Unterschied zu mir selbst impliziert (und schließt analytisch ein) sein Minimum.

Nehmen wir einmal an, es gäbe dieses Minimum nicht; dann entsteht zwischen mir und meinem Nicht-Ich eine unendliche Skala von Übergängen und wir hätten:

Ich + Δ = Nicht-Ich

Δ ist das Merkmal, das aus dem Ich ein Nicht-Ich macht.

Wenn aber Δ notwendig (und zureichend) dafür ist, daß aus dem Ich ein Nicht-Ich wird, dann ist die Hälfte von Δ (als ein Nicht-Delta) unzureichend dafür, daß aus einem Ich ein Nicht-Ich wird.

Nehmen wir an: Ich + $1/2\Delta$ = Ich'.
Das Ich verändert sich nicht.
Ich = Ich'.

Aber:
Ich' + $1/2\Delta$ = Ich' = Ich.
Ergo:
Ich + Δ = Ich (und nicht Nicht-Ich).

Größen, die kleiner sind als Delta, gibt es folglich absolut nicht. Sie sind nicht zulässig. Und das ist gegen die Bedingung.

Dies entspricht der Tatsache, daß ein Differential nicht gegeben sein kann. Am Ende geht es immer in eine endliche Größe über. Es ist ein Prozeß.

Es gibt nur Einheiten: Das Viele ist eine Funktion von Einheiten. Und damit es die Einheit gibt, damit sie existiert, muß ein Minimum an Unterschied zu einer anderen Einheit vorhanden sein. Logisch (sprachlich) wird das Minimum ausgedrückt durch die Wendung »nur nicht«. Der Unterschied ist der Inhalt einer Qualität, des sogenannten »Alterismus«, der Eigenschaft, anders zu sein als ich selbst, und er ist das Minimum dieses Alterismus. Unterhalb dieses Minimums ist logisch kein anderer Terminus zulässig: Es gibt keinen geringeren Unterschied als dieses »nur nicht« (dazu wäre viel zu sagen, aber das besser mündlich).

Noch einmal möchte ich Ihnen von Herzen danken, Pawel Alexandrowitsch, und ich sende meine innigen Gebete zu unserem gnädigen Herrgott, daß Er, wenn es Ihm gefällt, Sie im Sommer in unsere Einsiedelei führt (im Juli und im August, wie Sie schreiben, werde ich Sie erwarten. Gebe es Gott).

Ich habe eine Bitte an Sie, bitte geben Sie das erste Blatt meines Briefes Vater R. zu lesen (und Vater S. und anderen - es ist von allgemeiner Bedeutung). Grüßen Sie bitte Vater R. von mir, erbitten Sie aber von Eminenz für dieses Mal nicht den Segen, jedenfalls nicht für mich. Das ist nicht nötig. Nach seinem Tun zu urteilen, sind meine Gedanken nicht seine Gedanken. Der Mangel an staatsbürgerlichem Mut ist ein Übel, dem ich mit allen Kräften meiner Seele zu entfliehen suche.

Ich segne Sie, ich bete für Sie. Auf Wiedersehen.

Der sündige Archimandrit
Serapion (Maschkin).
Optina-Einsiedelei.
3. Februar 1905.

*»Um die Ehre der himmlischen Berufung«**
Charakterzüge des Archimandriten Serapion (Maschkin)

Da ich nicht das Ziel verfolge, eine Biographie von Vater Serapion vorzulegen, hier nur ein chronologisches Gerüst.

Wladimir Michailowitsch Maschkin entstammte einer wohlhabenden Adelsfamilie aus dem Gouvernement Kursk. Er wurde 1855 geboren. Zunächst zu Hause erzogen, besuchte er später eine Leutnantsschule, wo er mit der Mathematik bekannt wurde.

Nach seinem Abschied vom Flottendienst im Rang eines Leutnants zur See (am 25. Juni 1876) begann er ein Studium als freier Hörer an der naturwissenschaftlichen Fakultät der St. Petersburger Universität; nachdem er das Studium beendet hatte, ging er 1884 als Novize in das Pantelejmon-Kloster auf dem Athos. Dort lebte er 6 Jahre unter der Führung der Starzen (Makari, anfangs Jeronim). Dann sandte ihn sein geistlicher Führer in einer *bestimmten Mission* nach Rußland.

Auf Anweisung des Hl. Synods No 3509 vom 27. August 1892 erhielt Wladimir Michailowitsch die Erlaubnis, als Externer an den Vorlesungen der Moskauer Geistlichen Akademie teilzunehmen. Am 10. Oktober wurde er (zusammen mit einem anderen Seemann, M.F. Alexejew, heute Bischof Michej) von dem Rektor der Akademie, dem Archimandriten Antoni (Chrapowizki), dem jetzigen Erzbischof von Wolhynien, zum Mönch geweiht. Bei dieser Weihe erhielt Wladimir Michailowitsch den Mönchsnamen Serapion. Erzbischof Antonis interessante »Rede bei der Weihe der freien Hörer der Moskauer Geistlichen Akademie M.F. Alexejew und W.M. Maschkin«, die einige Züge der Geweihten prägnant erfaßt, wie das so häufig bei diesem Autor der Fall ist, wurde in den »Kirchennachrichten« No 43 von 1892 gedruckt und später in die »Gesammelten Werke« Bischof Antonis, Bd. I, Kasan 1900

* Siehe Phil. 3, 14.

(S. 229-232), aufgenommen. Am 18. Oktober 1892, acht Tage nach der Mönchsweihe, wurde Serapion durch Handauflegen zum Priesterdiakon und am 17. Mai 1893 zum Priestermönch geweiht.

Der Rat der Akademie verlieh ihm den Grad eines Kandidaten der Theologie, den der Metropolit von Moskau, Sergi, am 19. Juni 1896 bestätigte. Am 17. August 1896 wurde er auf Weisung des Hl. Synods No 3952 zum Stellvertreter des Aufsehers der Geistlichen Schule von Pererwa ernannt. Auf Vorschlag des Aufsehers der Schule wurde er 1896 mit einem Nabedrennik* geehrt.

Am 8. April 1897 wurde er auf Weisung des Hl. Synods No 1815 als Aufseher der Geistlichen Schule von Saïkonospas eingesetzt. Am 20. Dezember 1897 wurde er auf Weisung des Hl. Synods No 7071 zum Vorsteher des Snamenie-Klosters ernannt und von der geistlichen Unterrichtsarbeit befreit.

Am 9. Januar 1898 erhielt er den Rang eines Archimandriten.

Am 17. Juni 1900 wurde er laut Weisung des Hl. Synods No 4049 von seiner Tätigkeit als Vorsteher des Snamenie-Klosters entbunden und (am 27. Juni 1900) den Brüdern des Josefs-Klosters von Wolokolamsk zugeteilt.

Auf Weisung des Kalugaer Geistlichen Konsistoriums No 7549 wurde ihm sein Ruhesitz in der Optina-Einsiedelei angewiesen. Von der Optina-Einsiedelei aus fährt Vater Serapion mit dem Ziel, sich von den geistigen Anstrengungen zu erholen und die »schwere Neurasthenie« (nach dem Zeugnis des ihn 1899 behandelnden Arztes Steinberg), »durch geistige Überanstrengung« hervorgerufen, auszuheilen, zu seiner Mutter in das Gouvernement Kursk; nach Überwindung einiger Schwierigkeiten kehrt er dann wieder in die Optina-Einsiedelei zurück.

Archimandrit Serapion starb am 20. Februar 1905, er war 50 Jahre alt. Die Todesursache war Herzversagen.

[...] Das antike Ideal des *Weisen*, das in Lukians »Leben des Demonax« so lebendigen Ausdruck gefunden hat, zeigt sich in der Vorstel-

*An einer Seidenschnur am Gürtel getragenes, mit einem Kreuz, Schwert oder einer Darstellung Christi auf dem Richterstuhl besticktes Bischofsinsignium.

lung der heiligen Väter vom *Mönch* als dem christlichen Philosophen in seiner höchsten Entfaltung. Der *Gnostiker* ist bei dem hl. Clemens von Alexandrien der kontemplative Philosoph und Asket, der die von ihm erkannte Wahrheit im Leben praktiziert, der die Wahrheit erforscht, indem er sein ganzes Wesen auf lebendige Weise dazu bereitet. So verstehen auch die anderen heiligen Väter den Philosophen.

Gereift und abgefallen vom Ursprungsbaum, fand der vom Wind der Migration davongetriebene Same dieses Ideals den besten Boden für sich im Lehm und in der Schwarzerde Rußlands; hier akklimatisierte sich das Ideal des Mönchs als des Philosophen, des Asketen als des Schauenden, des Gnostikers, und ging üppig auf. Die Skoworodas, Solowjows und Serapions sind uns bekannt, weil sie schriftliche Zeugnisse hinterlassen haben. Doch wer weiß, wie viele solcher niemandem bekannte Gnostiker es gibt? Ein aufmerksamer Blick findet neue und immer neue solcher Schauenden, die Rußland wie mit einem dichten Netz überziehen. Dies ist das nationale Ideal der »lebendigen Seele«, charakterisiert durch die für den Westen unübliche Verbindung von Mystik und strenger Logik, von Gottesergebenheit und tätiger Liebe, von religiöser Tradition und politischer Progressivität, kurz der harmonischen Verbindung von Reflexion und Praxis. Die russischen Mystiker sind daher vom Standpunkt der Regierung ein unzuverlässiges Element; außer der göttlichen Herrschaft befriedigt keine sonst ihre Forderung nach unbedingter Wahrheit; sie sind organisch, ihrem ganzen Wesen nach *jeder* Menschenmacht gegenüber anarchisch eingestellt, weil sie sich ebenso organisch als Glieder des Reiches Gottes begreifen.

Unter all diesen Mystiker-Philosophen scheint mir Vater *Serapion (Maschkin)* die ausgeprägteste Verkörperung dieses Ideals zu sein: in seiner Aufrichtigkeit der reinherzigste, in seiner Metaphysik der absoluteste, in seinem Gesellschaftsbild der radikalste, in seinen Zweifeln der kühnste, in seinem Äußeren der großzügigste, in seinem Leben der konsequenteste und, wenn einem Menschen ein Urteil darüber erlaubt ist, in dem Dienst an seinem Herrn der treueste.

Familie Florenskis, Tiflis Januar 1908
Von links, erste Reihe:
Florenskis Geschwister Andrej,
Raissa, Olga und Jelisaweta;
zweite Reihe: Tante Remso, Schwester
Julia, Vater, Mutter, Tante Lisa;
dritte Reihe: Sergej Troizki,
Pawel Florenski, unbekannt

Ungeordnete Notizen über meinen Vater
Alexander Iwanowitsch Florenski

1918. 2.-3.II.
Nacht
Sergijew Posad
Am Vorabend des Namenstages
meiner Frau Anna

1917. 17.VI. im Zug beim Anblick der Wälder durch das Fenster. Fortgeführt und abgeschrieben 1918. 2.-3.II. Nachts.

Im Frühjahr 1905, meinem ersten Jahr an der Akademie, fuhr mein Vater dienstlich von Tiflis nach Petersburg und kam auf der Rückreise unverhofft zu mir in die Akademie. Die Sache war so:

Ich wußte nicht, daß Papa nach Petersburg gefahren war. Es war in der zweiten Tageshälfte, gegen Abend, ich saß über meinen Studien in dem Zimmer, das ich damals bewohnte, d.h. gegenüber dem Vater Inspektor im Haus der Jüngeren. Damals wohnte ich zusammen mit Alexej Sergejewitsch Petrowski, Vater Priesterdiakon Stephan Bech und Alexander Lwowitsch Tichomirow, dem späteren Archimandriten Tichon, Sohn des Redakteurs der »Moskauer Nachrichten«. Mein Tisch stand zwischen zwei Fenstern an der Wand. Da kommt Vater Stephan Bech herein und teilt mir geheimnisvoll mit, daß mich unten jemand erwarte. Ich ging schnell hinunter und traf in der Tür auf Papa. Papa wollte aber nicht mit in mein Zimmer kommen, weil er fürchtete zu stören, und wahrscheinlich auch aus einem gewissen Protest gegen die Akademie, die ich gegen seinen Willen bezogen hatte; er bot mir an, ihn in sein Gasthaus zu begleiten. Ich zog schnell meine Jacke an, setzte meine Mütze auf und folgte Papa. So gelangten wir in das von ihm im Alten Klostergasthaus gemietete Zimmer. Papa bestellte einen Samowar und die für ihn obligatorische Zitrone. Sein Gesicht erschien mir abgespannt und gealtert, vor allem aber traurig. In der ungewohnten Situation fühlten wir uns beide irgendwie unbehaglich, zumal es die erste Begegnung nach meinem für Papa ärgerlichen Eintritt in die Geistliche

Akademie war. Papas erste Worte galten wohl seinem Weg von Moskau nach Posad, von dem er auf das höchste entzückt war. »Die ganze Zeit fährst du wie durch einen einzigen Park«, sagte er mit aufrichtiger Befriedigung, und er sprach liebevoll von dem Meer von Grün, das der Zug durchquert. Dann fragte er mich nach meinem Leben. Teils vor Freude, teils vor Verlegenheit waren meine Antworten matt, genauer gesagt, ein Gespräch kam nicht in Gang. Damals waren alle meine Gedanken bei Sergej Semjonowitsch Troizki. Ich konnte über nichts und über niemanden sonst sprechen und nachdenken. Und ich beeilte mich Papa vorzuschlagen, »meinen Kameraden« herbeizurufen - ich wollte Troizki Papa unbedingt zeigen und Papa Troizki. Aber Papa, der vermutlich meine Absichten nicht verstand und der in dem Vorschlag meinen Wunsch argwöhnen mochte, nicht mit ihm allein zu sein und es zu einer mehr äußeren Begegnung kommen zu lassen, runzelte die Stirn und sagte ungehalten, er wolle mit seinem Sohn allein sein - oder etwas in der Art.

So saßen wir den Abend über zusammen. Papa ging früh schlafen, er war von der Reise sehr erschöpft. Ich übernachtete bei ihm im Zimmer auf dem Sofa, zugedeckt mit seinem Plaid und in der Bettwäsche, die Papa aus seinem Reisekoffer genommen hatte. Am anderen Morgen erwachten wir ziemlich früh. Wir tranken zusammen Tee. Papa wollte sich ein wenig umsehen, und er schlug mir vor, ihn herumzuführen. Mir schien, daß er das Kloster und die Akademie nicht sehen wollte - das war *schwer* für ihn, weil nun sein Sohn mit diesen Stätten verbunden war, daher sagte ich, ich würde ihm die Umgebung zeigen. Ich weiß nicht mehr, ob in den Worten meines Vaters etwas darauf hindeutete, daß er das Kloster nicht sehen wollte, oder ob er das direkt äußerte; heute glaube ich, Papa fürchtete, mich bei der Besichtigung des Klosters durch die zu äußerliche Haltung eines Nichtgläubigen zu verletzen, zugleich aber wollte oder konnte er sich auch nicht anders verhalten und verzichtete daher auf eine Besichtigung. Wir waren am Aufbrechen. Papa: »Und wo ist dein Kamerad, mit dem du mich bekanntmachen wolltest?« - »Du wolltest doch nicht.« - »Das war gestern, aber nun haben wir uns ja schon gesehen ...« - »Dann gehe ich ihn also holen.« Und ich ging los. Sergej Semjonowitsch freute sich auf die

Bekanntschaft, schloß sich mir an, und wir brachen alle zusammen auf. Es war ein strahlender Frühlingsmorgen. Der Himmel war tiefblau, und das Grün, gerade getrocknet, war frisch und saftig. Wir gingen an Bethanien vorbei und am Haus der Kapterews zu den Sandgruben oder vielleicht durch die Birkenallee, bei Golubzows vorbei die Krasjukowka entlang. Papa gefiel alles sehr. Sergej Semjonowitsch hatte es eilig, vielleicht fürchtete er auch zu stören, daher verließ er uns bald, und wir schlugen den Weg zum Koinobion ein. Papa war sehr erschöpft, und obwohl ihn der Anblick des frischen Frühlingsgrüns begeisterte, wurde ihm etwa auf halber Strecke der Weg zum Koinobion doch zu lang, zumal er auch zum Zug mußte. Die Fahrkarte hatte er schon, er wollte irgendetwas in Moskau erledigen, wahrscheinlich sich mit Grigori Petrowitsch Perederija treffen, und war nicht zu bewegen, länger zu bleiben. Wir kehrten in das Gasthaus zurück. Papa beglich die Rechnung, und wir fuhren auf den Bahnhof, wo der Zug meinen Vater bald nach Moskau entführte. Dies war der erste und einzige Besuch meines Vaters in Posad. Was sich mir von diesem Besuch eingeprägt hat, ist das Unerwartete des Erscheinens von Papa und seine Freude an der Natur; ich weiß noch, wie er sich darüber äußerte, daß die Natur des Nordens nicht nur nicht weniger schön sei als die des Südens, sondern sogar schöner. Darin stimmten wir überein, und diese Übereinstimmung war der lichte Hintergrund unserer Begegnung.

Vielleicht war es nicht nur so, daß Papa nicht länger bleiben konnte, sondern daß er auch nicht länger bleiben wollte, weil er fürchtete, durch Meinungsverschiedenheiten und Streitigkeiten in weltanschaulichen Dingen unsere Beziehungen zu trüben. Lieber Papa!

1918. 1.I. Montagabend,
nach der Mitternachtsmesse.
Für N.F. Kapterew
Sergijew Posad

Am Vorabend des Begräbnisses von N.F. Kapterew, als ich während der Mitternachtsmesse an seinem Sarg stand, kam mir die Analogie der Beziehungen zwischen Pawel Nikolajewitsch Kapterew und seinem verstorbenen Vater und denen zwischen mir und meinem ebenfalls verstorbenen Vater zu Bewußtsein. Und ich entsann mich einiger Urteile Papas über mich und einiger seiner Ratschläge.

Papa sagte wiederholt zu mir, daß er mich weder in der rein theoretischen, abstrakten Sphäre noch in der konkreten Sphäre für stark hielte, sondern da, wo sich »das Konkrete und das Abstrakte berührten«. In diesem Übergangsbereich erwartete Papa von mir etwas Neues, Wichtiges. Mehrfach bemerkte er, daß diese meine Stärke sich in der Mathematik - im Grenzbereich zwischen Analytik und Geometrie - zeige wie auch in der Philosophie - an der Grenze von konkret-wissenschaftlicher und abstrakt-philosophischer Forschung, an der Grenze von Philosophie und Wissenschaft.

»In deiner Hinwendung zur Theologie irrst du dich«, pflegte Papa zu mir zu sagen. »Du bist Mystiker, aber du bist nicht religiös.« Zu dem Thema meiner mystischen Veranlagung, die in den Rahmen keines Bekenntnisses passe, hat er sich mir gegenüber viele Male geäußert.

Anderen gegenüber, wie z.B. gegenüber meinem Lehrer Samuil Agajewitsch Balagjanz, sprach Papa die Befürchtung aus, daß aus mir nichts werden könnte, weil ich mich jedesmal mit Feuereifer auf ein neues Gebiet stürzte, es dann wieder verließe, um mich auf ein neues zu werfen, und so immer fort.

[Sergijew Posad, 11. Mai 1911]

[...] Wie schön, daß Sie so gütig waren, mir nicht meine Stimmung zu verderben, indem Sie mir abrieten oder mich sonst zu »behindern« versuchten, wie das jedermann in solchen Fällen aus irgendeinem Grunde für seine Pflicht hält. Ungeachtet der Erschöpfung, der inneren Erregung, der Sorge um Anna (bei ihr ist es bald soweit) und einer Menge Geschäfte ist mir die ganze Zeit so feiertäglich zumute, so feierlich, als ob der 7te Tag angebrochen sei, ein Gefühl wie Ewige Ostern. Eine unsagbare, ungreifbare, mir selbst nicht begreifliche innere Welt ist in meine Seele, mein Herz, meinen ganzen Leib eingezogen. *Äußerlich* bin ich der gleiche: Ich werde zornig, ich rege mich auf, ich bin unzufrieden. Doch in der Tiefe der Seele hat sich das Errungene, das Vollbrachte, ein Endgültiges gleichsam sein Nest gebaut und brütet nun seine Jungen aus. Ich bin zu meinen Ahnen zurückgekehrt und habe mich in diesen wenigen Tagen so an meine Lage gewöhnt (bei einer für alle überraschenden erstaunlichen Ungeschicklichkeit im praktischen Gottesdienst), an das Priesterkleid, an den Altar, an den Bischofsstuhl, an alles, was es in der Kirche gibt, daß mir all das, was vorher war, fremd und unverständlich erscheint; ich kann nicht glauben, daß es je anders war. Die ganze Psychologie ist umgewälzt. Sie müssen begreifen, was das heißt, Wassili Wassiljewitsch - die Hand des Bischofs auf sich zu fühlen, der leiblich, physisch unmittelbar mit einem anderen BISCHOF verbunden ist ..., mit den Aposteln, mit Christus Selbst. *Nicht allegorisch*, sondern buchstäblich fühlst du auf dir die Hand von Christus Selbst.

Übrigens sind das alles schon Reflexionen. Tatsache ist, daß die Weihe, der Akt der Handauflegung, mich (zweimal) tief getroffen hat, der Schweiß ist mir ausgebrochen; dieser Akt hat mich das Bewußtsein für meine Umgebung fast gänzlich verlieren lassen und mir etwas Neues gegeben: ein ens realissimum - für mich, für die anderen ein ens quasi nihil. Mein *Geschmack* hat sich verändert, im

Dreifaltigkeits-Sergi-Kloster bei Moskau

allgemeinen wie auch, was das Essen angeht. Ich liebte Rotwein - jetzt kann ich ihn nicht mehr sehen, außer in der Kirche; allein das Wort »Wein« in allen seinen Varianten ist mir zuwider.

Pawel Florenski an Bischof Feodor (Posdejewski)

1913. 7. XI. Sergijew Posad

Teurer Bischof, ich bitte um Ihren Segen und die Erlaubnis, Ihnen nicht als Rektor der Akademie und nicht als einem Bekannten zu schreiben, sondern als meinem Bischof, an den in ernsten Lebensumständen sich zu wenden, man nicht nur das Recht, sondern die Pflicht hat. Das heilige und geheiligte Wort Bischof hat im heutigen Leben seinen wahren Sinn fast ganz verloren, und in der Entstellung des Sinns dieses Wortes liegt wahrscheinlich der Hauptgrund der Kirchenwirren. Ich will versuchen, das heutige Leben zu vergessen, und mich bemühen, Sie als Bischof vor mir, vor meinem geistigen Auge erstehen zu lassen.

Ich möchte niemanden beschuldigen, wer immer es sei, und in meiner Seele beschuldige ich auch *niemanden*; deshalb nehme ich von vornherein jedes Wort zurück, in dem vielleicht zufällig ein Ton von Unzufriedenheit oder Anklage mitschwingt.

Äußerlich geht es in meinem Brief um meine Dissertation, *innerlich* aber um Dinge, die ich schon lange, seit zehn Jahren heimlich mit mir herumtrage und die Tieferes berühren, als der gegenwärtige Anlaß vermuten läßt. Ich verstehe und fühle wohl, daß ich Sie, teurer Bischof, mit meiner Dissertation in eine peinliche Lage gebracht habe, das hat mich betrübt und betrübt mich noch immer. Sie wissen nicht recht, was Sie mit mir anfangen sollen, und dies nicht aus Mangel an Wohlwollen, sondern gerade, weil es Ihr dringender Wunsch ist, für mich alles auf das beste zu regeln. Es gibt jedoch Kräfte, mit denen zu kämpfen schwer, ja vielleicht unmöglich ist. Ich jedenfalls bin in diesen zehn Jahren müde geworden und ziehe mich aus dem Kampf zurück.

Es geht darum, daß die Kirche in den unterschiedlichsten gesellschaftlichen Milieus konkret in Erscheinung tritt. Da jedes dieser Milieus sich naturgemäß überschätzt, neigt es dazu, alle *seine* Besonderheiten im Alltag und in der Zeit für Attribute der Kirche überhaupt zu halten. [...] Auf diesem Boden erwächst die schreckliche, für einen nicht in *diesem* Milieu aufgewachsenen Menschen unverständliche Bürde kleinlicher Ansprüche, die angeblich im Namen der Kirche erhoben werden.

Ich will ein Beispiel bringen: An meiner Dissertation regt die meisten durchaus nicht der eigentliche Sinn des Buches auf, und das wird auch so bleiben, sondern

1) die Schrift,
2) die Sprache,
3) die philosophische Terminologie.

Warum soll ich unbedingt eine bestimmte Schrift verwenden, in einer bestimmten Sprache sprechen, diese und keine anderen Termini gebrauchen? Weder Unser Herr noch die hl. Kirchenvorschriften verlangen von mir eine bestimmte Schrift, Sprache und philosophische Terminologie. Und nun erlebe ich (das sage ich nicht, um jemanden zu verurteilen), daß Menschen, die nicht nur die Grundsätze der Orthodoxie, sondern Christus Selbst direkt oder indirekt verneinen, dabei aber eine gewisse Seminaretikette einhalten, gut fahren und andere, die diese Etikette verletzen oder genauer, der Etikette eines anderen Milieus folgen, die Kirchlichkeit aber uneingeschränkt anerkennen, Verdächtigungen ausgesetzt sind.

Ich will von mir sprechen. Ich hatte die Möglichkeit, Professor der von mir geliebten Mathematik zu werden; ich hatte die andere Möglichkeit, im Ausland Theologie zu studieren (mein Vater hat das geradezu von mir verlangt und war mir wegen der Akademie gram). Wenn ich das alles ausschlug, die Akademie wählte und auf sie 10 der besten Jahre meines Lebens und angestrengteste Arbeit verwandte, bedeutet das - ich wollte die Orthodoxie und ich wollte die Kirchlichkeit. Ich wollte und will ein gläubiger Sohn der Kirche sein, zudem habe ich mich, meinem Charakter und meiner Überzeugung entsprechend, immer aufrichtig bemüht, jede legitime Macht anzuerkennen, selbst wenn sie sich einer Situation nicht gewachsen zeigte, ich unterwarf mich ihr *um Gottes willen*. Mögen andere ihn nicht verstehen, Sie, teurer

Bischof, verstehen ihn - den Unterschied zwischen Gehorsam und Unterwürfigkeit. Gewiß darf man manchmal mit Rücksicht auf das Leben der ganzen Kirche nicht alles aussprechen, aber deshalb darf doch nicht gewissenlos gelogen und gegen die Willkür einzelner Nachsicht geübt werden!

Der Pfeiler und die Grundfeste der Wahrheit
Elfter Brief: Die Freundschaft

Ferner Freund und Bruder!*
In endlosen Kreisen wirbelt der Schneesturm, mit feinem Schneestaub bedeckt er das Fenster und klopft an die Scheiben. Über dem Strauch vor dem Fenster ein Hügel von Schnee, und diese Schneepyramide wächst von Stunde zu Stunde. Auf den Wegen stiebt es; Schneerauch steigt auf unter deinen Füßen, wenn du dich hinauswagst. Wws, wws! winselt es in den Spalten der Ofenklappe; ein Windstoß zieht ein Heulen aus dem Ofenrohr. Fort und fort kreisen die weißen Schneewirbel. Abgerissen das Winterkleid von den Bäumen, mit ausgestreckten Zweigen stehen sie entblößt, schwanken.

Du lauschst dem Sausen im Ofenrohr, dem Wws des Abzugs. Die Seele erstirbt in dunklen Erinnerungen (oder Vorahnungen?), und es scheint, als verschmelze sie mit dem Sausen. Es scheint, du selber verwandelst dich in einen Schnee*wirbel*. Das Fenster ist schon zur Hälfte zugeschneit. Im Zimmer verbreitet sich ein dämmriges Halbdunkel. Ein feiner bläulicher Schatten legt sich über die Dinge. Ich richte das Heiligenlämpchen. Eine goldene Strahlengarbe - es wird heller. Ich entzünde vor der Mutter Gottes die duftende Honigkerze aus bernsteingelbem Wachs, die ich *von da* mitgebracht habe, wo wir zusammen gegangen sind. Ich werfe einige Körnchen Weihrauch in das Weihrauchfaß mit den glimmenden Kohlen und blase in die Glut. Rauchfäden ziehen in alle Richtungen; sie verwirren sich und ballen sich zu einer bläulichen Wolke.

Soll der Schneesturm das Fenster draußen zuschütten. Das ist gut. Dann brennt die Lampe drinnen heller, duftender steigt der Rauch auf und ruhiger brennt die Flamme der Honigkerze. Wir sind wieder beieinander. Jeden Tag kommt mir eine neue Erinnerung an dich, und dann setze ich mich hin und schreibe. So gleitet mein

---

* Der Angesprochene ist Sergej Troizki.

Pawel Florenski und Sergej Troizki, um 1907

Leben »jenem Ufer« zu, Tag für Tag, damit ich wenigstens *von dort* auf dich blicken kann,

> Durch die Liebe den Tod
> Und durch den Tod die Leidenschaft besiegend.

Mir geht heute jener frostige und stürmische Tag nicht aus dem Sinn, als wir beide in die Einsiedelei *Paraklet* gingen. Wir gingen durch den Wald. Der Weg war kaum befahren, und wir blieben jeden Augenblick in dem tiefen Schnee stecken. Endlich gelangten wir doch ans Ziel. Die wenigen Tage haben sich uns eingeprägt wie ein ganzes Leben. Das Fasten, das gemeinsame Gebet vor der Großen Kreuzigung. Mitten in der Nacht standen wir auf; es war kalt. Mit Mühe erreichten wir in der Dunkelheit die Kirche - durch die Schneewehen. Beim Hinabsteigen unter die Erde stolperten wir. In der Kirche war es halb dunkel wie in einer Gruft. Erinnerst du dich an den uralten Mönch, der schon ganz gebeugt war wie der hl. Serafim? Erinnerst du dich an Vater Pawel, den jungen fastenden Mönch, der mit uns das Abendmahl nahm? Schon damals konnte man sehen, daß er nicht mehr lange leben würde; weißt du, er ist wirklich bald danach gestorben vor übermäßiger Enthaltsamkeit. Gemeinsam empfingen wir das Abendmahl; damit wurde der Same gelegt für all das, was ich jetzt habe. Nicht umsonst hat unser Abba Isidor so oft zu uns gesagt (erst nach seinem Weggang *von hier* beginne ich, den verborgenen Sinn seiner hartnäckig wiederholten Worte zu begreifen):

»Ein verletzter Bruder hält härter denn eine feste Stadt.« (Spr. 18, 19) Darüber möchte ich in diesem Brief ein wenig nachdenken. [...]

*Die religiöse Gesellschaft wird durch ein *doppeltes* Band vereinigt und zusammengehalten. Erstens durch das persönliche Band, welches von Mensch zu Mensch geht und das sich auf die Empfindung der überempirischen Realität der Glieder der Gesellschaft un-

* Die folgende Übersetzung des Elften Briefes ist von Nicolai v. Bubnoff.

tereinander als *selbständiger* Einheiten, als Monaden, stützt. Zweitens ist die Wahrnehmung des einen durch den anderen im Lichte der Idee von der *ganzen* Gesellschaft ein solches Band, und dann erscheint schon nicht die einzelne Persönlichkeit an sich, sondern die *ganze* auf die Persönlichkeit projizierte Gesellschaft als Objekt der Liebe. Für die *antike* Gesellschaft waren der eros als persönliche Kraft und die storge als gattungsmäßiges Prinzip Bande solcher Art; gerade sie bildeten den metaphysischen Pfeiler des gesellschaftlichen Seins. Dagegen bildeten den natürlichen Boden für die *Christliche* Gesellschaft als solche die philia in der persönlichen und die agape in der gesellschaftlichen Sphäre. Beide Kräfte vergeistigen und verwandeln sich, wenn sie von der Gnade gesättigt werden, so daß die Ehe, die ganz eigentlich die storge in sich aufnimmt, und die antike Freundschaft, in der hauptsächlich der eros erschien, im Christentum die Farben der vergeistigten agape und philia annahmen.

Es genügt, die drei Dialoge des *Xenophon*, des *Platon* und des hl. *Methodius Olympicus*, welche den gleichen Titel *»Gastmahl«* führen, zu lesen, um diese Veredelung und Vergeistigung der Liebesbegriffe mit erstaunlicher Plastizität hervortreten zu lassen. Und eine solche Zusammenstellung wirkt um so anschaulicher, als alle drei Dialoge nach dem gleichen literarischen Schema geschrieben sind und jeder folgende als bewußte Erhebung über den vorhergehenden erscheint. Man kann sagen, daß alle drei Dialoge Stockwerke eines Hauses ausmachen, welche zwar in verschiedener Höhe gebaut sind, aber ungefähr die gleiche Zimmerverteilung haben. Während in *Xenophons* Dialog das tierische Leben betrachtet wird, handelt *Platons* Dialog vom menschlichen, der Dialog des hl. *Methodius* vom englischen Leben. Indem also der Mensch jenen Typus der Organisation, der ihm wesentlich ist, jenes Verhältnis der Kräfte und Fähigkeiten, welches in seiner Natur angelegt ist, bewahrt, erhebt er sich immer höher und höher »zur Ehre eines höheren Berufes« und vergeistigt alle Lebenstätigkeiten seines Wesens.

Der *agapische* Charakter der christlichen Gesellschaft - welcher in der urchristlichen Ekklesie, in der Kirchengemeinde, in der mönchischen Kynobie (koino-bia = Konvikt) verwirklicht wird - findet seinen höchsten Ausdruck in den *Liebesabenden* oder *Agapen*, welche in einem offenkundig mystischen, sogar mysterienhaften *Mit*-Genuß des Allerreinsten Leibes und Kostbaren Blutes gipfeln. In dieser *Blüte* des ekklesialen Lebens liegt auch der Quell, welcher die gesamte übrige Lebenstätigkeit der Ekklesie, vom täglichen Märtyrertum des gegenseitigen Tragens der Lasten bis einschließlich zum blutigen Bekenntnis, nährt. Solcher Art, sage ich, ist der *agapische* Charakter des Lebens. Der *philische* aber verwirklicht sich in den Beziehungen der *Freundschaft*, die ihre Blüte in der sakramentalen Bruder-Handlung und in dem *Mit*-Genuß der hl. Eucharistie finden und durch diesen Genuß zur gemeinsamen Werktätigkeit, zum gemeinsamen Dulden und zum gemeinsamen Märtyrertum gefestigt werden.

Beide Seiten des kirchlichen Lebens, d.h. die *agapische* und die *philische* Seite, die Brüderlichkeit und die Freundschaft verlaufen in vielem einander *parallel*; man könnte auf eine Reihe solcher Formen und Schemen hinweisen, die sich gleichmäßig auf beide Sphären beziehen. [...] In den Punkten der größten Bedeutsamkeit, auf ihren Höhen, suchen beide Ströme, die Brüderlichkeit und die Freundschaft, sich vollständig miteinander zu vereinigen; das ist auch begreiflich, denn das Christi-teilhaftig-Werden durch das Sakrament der hl. Eucharistie ist der Quell *aller* Geistlichkeit. Aber nichtsdestoweniger sind sie *nicht zurückführbar* aufeinander; jede ist *in ihrer Art* für die kirchliche Ökonomie notwendig, in Verbindung damit und gleichwie das persönliche Schaffen und die Stetigkeit der Tradition jedes in seiner Art notwendig sind: ihre Verbindung ergibt eine Zwei-Einheit, aber keine Vermischung, keine Identifizierung. Für den Christen ist jeder Mensch ein Nächster, aber durchaus nicht jeder - ein Freund. Der Feind, der Hasser und der Verleumder sind gleichwohl Nächste, aber sogar der Liebende ist nicht immer ein Freund, denn die Beziehungen der Freundschaft sind in der Tiefe individuell und ausschließlich. So nennt sogar der Herr Jesus Christus die Apostel nur vor dem Abschied von ihnen, auf der Schwelle seiner Kreuzespein und seines Todes, seine *»Freunde«* (Joh. 15, 15). Das Vorhandensein von Brüdern, so geliebt sie auch immer sein mögen, beseitigt folglich nicht die Notwendigkeit des Freundes und umgekehrt. Im Gegenteil, die Sehnsucht nach einem Freunde wird durch das Vorhandensein von

Brüdern nur noch brennender, und die Gegebenheit eines Freundes schließt die Notwendigkeit von Brüdern ein. Agape und philia können nur bei beiderseitiger mangelhafter Stärke als fast dasselbe erscheinen, gleichwie nur die *unreine* Ehe der - unreinen! - Jungfernschaft »ähnlich« ist; in ihrer höchsten Form aber sind Ehe und Jungfernschaft ein antinomisch verbundenes Paar. Aber je leuchtender und farbiger »die entfaltete Blume der Seele« ist, um so offenkundiger und unstreitiger ist das *Antinomische* der beiden Seiten der Liebe, ihre zwiefache Verbundenheit. Um inmitten von Brüdern zu leben, muß man einen, wenn auch fernen, Freund haben; um einen Freund zu haben, muß man inmitten von Brüdern leben, wenigstens im Geiste mit ihnen sein. In der Tat: um mit *allen* so zu sein wie mit sich selbst, muß man wenigstens in *einem* sich selbst *sehen*, sich selbst *empfinden*, muß man an diesem einen den *schon* verwirklichten, wenn auch partiellen Sieg über die Selbstheit erfahren. Als dieser *Eine* erscheint eben der Freund; die *agapische* Liebe zu ihm ist eine Folge der *philischen* Liebe zu ihm. Aber, andererseits, damit die philische Liebe zum Freunde nicht zu einer eigentümlichen *Selbst*-Liebe entarte, damit der Freund nicht bloß zur Bedingung eines komfortablen Lebens werde, damit die Freundschaft Tiefe erhalte, ist die Manifestation nach außen und die äußere Entfaltung jener Kräfte, welche durch die Freundschaft gegeben werden, notwendig; d.h. die agapische Liebe zu den Brüdern ist notwendig. Die philia ist in der allgemein-kirchlichen Ökonomie (in der die Personen - »drei Maß Mehl«, die Kirche aber - »das Weib« ist) der *»Sauerteig«*, die agape aber das vor Zersetzung bewahrende »Salz« der menschlichen Beziehungen: ohne jenen gibt es keine Gärung, kein Erschaffen der kirchlichen Menschheit, gibt es keine Bewegung vorwärts, kein Pathos des Lebens; ohne dieses keine Unberührtheit von Fäulnis, keine Sammlung, keine Reinheit und Unbeschädigtheit dieses Lebens - gibt es kein Bewahren der Pfeiler und Gesetzestafeln, keine Organisiertheit des Lebens. [...]

Indem sie sich so in ihrem Wesen vereinigen und eine verstandesmäßig unbegreifliche Zwei-Einheit bilden, kommen die Freunde zur Gefühls-Einheit, zur Willens-Einheit und zur Denk-Einheit, welche die Gefühls-Verschiedenheit, die Willens-Verschiedenheit und die Denk-Verschiedenheit vollkommen ausschließen. Aber diese Einheit ist zugleich, da sie *aktiv* gesetzt wird, durchaus kein mediumhaftes gegenseitiges Von-einander-Besitz-Ergreifen der Persönlichkeiten, nicht ihr Versenken in das unpersönliche und indifferente - und daher unfreie - Element beider. Sie ist keine Auflösung der Individualität, nicht ihre Erniedrigung, sondern ihre Erhebung, Verdichtung, Befestigung und Vertiefung. Das gilt um so mehr von der Freundschaft. In den Freundschaftsbeziehungen manifestieren sich der unersetzbare und mit nichts vergleichbare Wert und die Eigenart jeder Persönlichkeit in ihrer ganzen Schönheit. In dem anderen Ich entdeckt die Persönlichkeit des einen *ihre* eigenen Keime, welche von der Persönlichkeit des anderen geistig befruchtet werden. Nach Platons Wort zeugt der Liebende im Geliebten. Jeder der Freunde erhält eine Befestigung für seine Persönlichkeit, indem er sein Ich in dem Ich des anderen findet. »Wer einen Freund hat« - sagt *Chrysostomos* - »der *hat ein anderes Selbst* (allon eauton echei)«.

»Der Geliebte ist für den Liebenden« - so sagt der hl. Vater anderwärts - *»dasselbe wie er selbst. Die Eigenschaft der Liebe ist solcher Art, daß der Liebende und der Geliebte schon nicht mehr zwei getrennte Personen zu bilden scheinen, sondern einen Menschen.«*

2 = 1

Die Trennung in der Freundschaft ist eine nur grob-physische, nur für das Sehen in der alleräußerlichsten Bedeutung des Wortes. Daher wird in dem Lobgesang am Tage der Drei Hohenpriester, am 30. Januar, von ihnen, die an verschiedenen Orten lebten, als von »leiblich getrennten, aber geistig vereinten« gesungen. Aber im gemeinsamen Leben wird sogar der Leib gleichsam einer. So schreibt der Mönchpriester *Antonius* vom Kiewer Höhlenkloster, indem er das Ende des Archimandriten *Meletios* beschreibt: »Über dreißig Jahre lebten wir mit ihm in engster freundschaftlicher Gemeinschaft, die letzten drei Jahre war es aber so, daß *wir gleichsam ein Leib und eine Seele wurden.«*

Die Wucht und die Schwere des Dienstes liegt nicht in dem feuerwerkartig aufflammenden Werk der *Minute*, sondern in der unwandelbar glimmenden Geduld des *Lebens*. Es ist eine stille Ölflamme, keine Gasexplosion. Der Heroismus ist immer nur ein Schmuck, nicht das *Wesen* des Lebens, und als Schmuck hat er unabänderlich seinen rechtmäßigen Teil an *affektierter* Haltung. Wenn er sich aber an Stelle des Lebens stellt, artet er unvermeidlich in *Schminke*, in eine mehr oder weniger wahrscheinliche Pose aus. Der unmittelbarste Heroismus ist in der Freundschaft, in ihrem Pathos; aber auch hier ist der Heroismus nur die *Blüte* der Freundschaft, nicht ihr Stengel und nicht ihre Wurzel. Der Heroismus vergeudet, aber sammelt nicht; er lebt stets auf Kosten des anderen, nährt sich von den Säften, die aus der Alltäglichkeit gezogen sind. Hier, im Dunkel der Alltäglichkeit, sind die feinsten und zartesten Wurzeln der Freundschaft verborgen, welche das wahre Leben gewinnen und selbst für niemandes Blick

sichtbar sind, bisweilen sogar von niemand vermutet werden. Aber sie nähren das im *Gegenwärtigen* gegebene Leben, die entfaltete Blume des Heroismus aber wird, wenn sie keine taube Blüte ist, nur den Samen einer *anderen*, zukünftigen Freundschaft hervorbringen.

Die freundschaftliche Liebe bezieht sich nicht auf die *einzelnen* Momente der geistigen Belebung, nicht auf Begegnungen, Eindrücke und Feste des Lebens, sondern auf das *Ganze* der irdischen, sogar der alltäglichen Lebenswirklichkeit - fordert ein »Achten auf sich selbst« gerade dort, wo der »Held« sich völlig gehen läßt. Wenn man gesagt hat, daß es für seinen Diener keinen bedeutenden Menschen gibt, oder richtiger, keinen Helden für seinen Diener, so liegt das eben daran, daß der eine von ihnen ein Held und der andere - ein Diener ist. Der Heroismus *bringt* nicht die wesentliche Größe der Persönlichkeit *zum Ausdruck*, sondern *hüllt sich* nur zeitweilig in sie *ein*; für den Diener bleibt er aber nur er selbst. In der Freundschaft aber ist es umgekehrt. *Jede* äußere Handlung des einen erscheint dem anderen ungenügend, weil er, die Seele des Freundes kennend, die Nichtübereinstimmung gleichviel welcher Handlung mit der inneren Größe der Seele sieht. Die einen bewundern den Helden, die andern schätzen ihn gering; die einen sind von ihm hingerissen, die andern hassen ihn. Der Freund bewundert aber niemals seinen Freund und schätzt ihn auch nicht gering; er ist nicht hingerissen von ihm und haßt ihn nicht. Er - liebt; für die Liebe ist aber einzig diese geliebte Seele unendlich lieb, unschätzbar, schwerwiegender als die ganze Welt mit allen ihren Verlockungen. Denn die philia kennt den Freund nicht an den äußeren Umrissen, nicht am Gewande des Heroismus, sondern an seinem Lächeln, an seinen leisen Reden, an seinen Schwächen, an seinem Verkehr mit den Menschen im einfachen menschlichen Leben - daran, wie er ißt und schläft.

Man kann rhetorisch Reden halten - und täuschen. Man kann rhetorisch leiden, sogar sterben kann man rhetorisch und - durch seine Rhetorik täuschen. Aber durch das alltägliche Leben kann man nicht täuschen, und die wahre Probe der Echtheit der Seele erfolgt durch das Leben *zusammen*, in der freundschaftlichen Liebe. Diesen oder jenen Akt des Heroismus kann jeder vollbringen; jeder kann interessant sein; aber *so* lächeln, *so* sprechen, *so* trösten, wie es der Freund tut, kann er allein und niemand anders. Ja, niemand und nichts in der Welt kann mir seinen Verlust ersetzen. *Hier*, in der Freundschaft beginnt die Manifestation der Persönlichkeit, und darum haben *hier* auch die eigentliche innere Sünde und die eigentliche innerste Heiligkeit ihren Anfang. Man kann in vielen Bänden von Werken eine große Lüge über sich sagen; aber in der lebendigen Gemeinschaft mit dem Freunde kann man nicht einmal die kleinste aussprechen: »Wie der Scheme im Wasser ist gegen das Angesicht; also ist eines Menschen Herz gegen den andern.« (Spr. Sal. 27, 19) Das Verhältnis des Alltäglichen und des Heroischen ist dem Verhältnis der Gesichtszüge und der zufälligen Lichtstellen im Gesicht ähnlich: letztere können sehr effektvoll sein, sie betreffen aber nicht das, was uns im Gesicht teuer oder abstoßend, anziehend oder hassenswert ist. Die Freundschaft aber gründet sich auf diese Halbschatten, welche die Gesichtszüge offenbaren, auf das Lächeln, auf das schlichte Leben - eben jenes Leben, in dem entweder die Liebe oder der Haß wahrhaft und endgültig zur Herrschaft gelangen. Man nehme dem Menschen seinen Heroismus, und der Mensch bleibt das, was er ist; man versuche in Gedanken seine *innerste* Heiligkeit oder *innerste* Liebe, sein verborgenes Leben und seine verborgene Sünde, welche in jeder seiner Gesten durchscheinen, aus ihm auszusondern und ... kein *Mensch* wird übrigbleiben, gerade so, wie wenn man aus dem Wasser den Wasserstoff absondern würde.

Diese endgültige Zersetzung, diese vollständige Destillation erfolgt durch den Heiligen Geist am Ende der Tage. Hier aber und jetzt kann sich eine solche Scheidung durch einen freundschaftlich liebenden Menschen vollziehen, denn nur er wird uns auf unser Verborgenes hinweisen. Hier enthüllt sich noch einmal die metaphysische Natur der freundschaftlichen Verbindung. Die Freundschaft ist nicht nur psychologisch und ethisch, sondern vor allem ontologisch und mystisch. So haben sie zu allen Zeiten alle tiefen Beschauer des Lebens angesehen. Was ist denn also die Freundschaft? Das Schauen seiner selbst durch den Freund in Gott. [...]

3.

Mathematik und Weltanschauung

Florenski hat das Angebot, am Lehrstuhl für Mathematik zu bleiben, ausgeschlagen, doch nicht weil ihn die Mathematik nicht befriedigte, im Gegenteil: weil er, ganz im Sinne von Georg Cantor und Nikolai Bugajew, die beide als Philosophen in Erscheinung getreten sind, überzeugt war, daß sich auf sie die von ihm gesuchte ganzheitliche Weltanschauung gründen ließe. Als ein Versuch dieser Art ist sein Buch »Der Pfeiler und die Grundfeste der Wahrheit« anzusehen, in dessen umfangreichem Anhang der Text »Einige Begriffe aus der Lehre von der Unendlichkeit« als erste Anmerkung erscheint. Einer Eintragung in Iwan Shegalkins Buch »Transfinite Zahlen« (Moskau 1907) zufolge hat Florenski Georg Cantor schon als Student an der Moskauer Universität propagiert: »In Universitätskreisen, zumindest in Moskauer, bin ich es gewesen, der als erster von transfiniten Zahlen und von Mengen gesprochen hat. Diese Fragen waren damals allen ohne Ausnahme ganz fremd, es ging nicht darum, ob man Cantors Arbeiten anerkannte oder nicht, man kannte sie nicht. Meine Beschäftigung mit diesen Fragen erschien zu Beginn wie Narretei und unnützes Spiel mit halbtheologischen Abstraktionen. Das erste, was an der Moskauer Universität darüber gesagt wurde, stammte von mir. Ich hielt in der Religiös-Philosophischen Studentengesellschaft und in dem Mathematischen Studentenzirkel Vorträge über transfinite Zahlen und über Mengen; im Mathematischen Zirkel waren auch mehrere Professoren anwesend. Das war im Jahr ..., ich war damals Student des ... Studienjahres. Ich habe dann einen populären Aufsatz zu diesem Thema unter der Überschrift ›Über Symbole der Unendlichkeit‹ veröffentlicht, und zwar fand er Aufnahme im ›Neuen Weg‹. In der Folge erlebte ich, wie man sich den transfiniten Zahlen zuwandte, endlich gab es dazu eine ganze Dissertation von I.I. Shegalkin. Da ich mich also für den Initiator des Studiums der transfiniten Zahlen in der russischen Wissenschaft halte, hätte ich meiner Meinung nach wenigstens eine flüchtige Erwähnung in der diesen Fragen gewidmeten Spezialdissertation und den Bibliographien verdient; man hat aus meinem Aufsatz mehrfach geschöpft (vgl. z.B. die ›Mathematische Bildung‹), ohne meinen Namen mit einem Wort zu erwähnen.

Priester P. Florenski 1920.8.II. Sergijew Posad«[16]

In seiner Skizze »Über Symbole der Unendlichkeit«, die 1904 in der Zeitschrift »Neuer Weg« erschien, hat es Florenski unternommen, Cantors Anschauungen aus dem Geist des Judentums abzuleiten, wenn Cantor auch, da sein Vater Protestant geworden war, eine protestantische Erziehung genossen hatte.

1904/09 trieb Florenski in dem Heimatort seines Freundes Sergej Troizki, Tolpygino, im Gouvernement Kostroma in Nordrußland, in dem Troizkis Vater Priester war, volkskundliche Studien. Das Gouvernement Kostroma war auch das Herkunftsland der Vorfahren von Florenskis Vater, die ebenfalls zu einem Teil Geistliche gewesen waren.

Florenski und Troizki richteten in Tolpygino eine Bibliothek ein. 1909 gab Florenski dann eine Sammlung von Tschastuschki heraus, die er mit Troizki und einigen Freunden gesammelt und aufgezeichnet hatte. In den Tschastuschki, vierzeiligen, zur Ziehharmonika schnell gesungenen, meist erotischen Scherzliedchen, sah Florenski eine der ältesten Formen der russischen Volksdichtung. Für ein rechtes Verständnis, eine, wie er im Vorwort zur Sammlung schrieb, »Mikrologie« des Volkslebens, sei die baldige Aufnahme und Klassifizierung dieser Zeugnisse dringend geboten, da »Eisenbahnen, Fabriken, technische Errungenschaften, Befreiungsideen und Zeitungsunwesen« dabei seien, die alten Grundlagen des russischen Lebens zu zersetzen. Nikolai Lusin berichtet über diese Zeit in einem Brief an seine Frau vom 3.8.1908: »Endlich kann ich Dir auch die Gedichte von Pawel Alexandrowitsch senden. Vorgestern ist er zurückgekommen. Er kam dreimal in den Tschernigow-Skit zu mir, aber ich war jedesmal, erschöpft von der vielen Arbeit, gerade in der Zeit ins Freie hinausgegangen. Heute nun, als ich zu ihm ging, erfuhr ich, daß er schon wieder da ist. Nach langem Suchen fand ich ihn bei einem seiner Kameraden. Er lud mich gleich ein, sein neues Domizil zu besichtigen. In der Akademie kann er nicht länger bleiben - er ist kein Student mehr.

Er hat für 10 Rubel im Monat ein neuerbautes Häuschen am Rande von Posad gemietet. Es ist winzig und wie für ihn gemacht. Pawel Alexandrowitsch hat es seines ›Stils‹ wegen gewählt. Es ist ein Blockhaus, es hat keine Tapeten, das Harz tropft von den Balkenwänden auf den Boden, es läuft von Balken zu Balken die rauchge-

Pawel Florenski als Student an der Moskauer Universität

Professor Nikolai Bugajew

schwärzten Kerben hinunter. P.A. hat die Absicht, alles ›stilgerecht‹ einzurichten - im Geiste einer Bauernkate. Aus Kostroma hat er eine Menge entsprechender Gerätschaften mitgebracht: Tongeschirr, Schreibutensilien aus Ton: Tintenfässer und Federbüchsen. Er hat auch ein Heiligenlämpchen aus Ton - einfach ein kleines Töpfchen, mit Öl gefüllt. Ich habe ihm beim Einrichten geholfen: vor allem mit den Ikonen. Er hat ganze Kisten voll davon. Echte Ikonen, sehr alt, große und kleine ..., alles Geschenke - die Schreine dafür stellt er selber her nach seinem Stilempfinden und Geschmack. Im Mittelpunkt steht die Ikone mit den doppelten Augen ... Wie viele verschiedene kleine und kleinste Dinge er hat! Körbevoll. Jedes Ding eine ›Erinnerung‹, ein ›Erlebnis‹. Heidekraut, Espen- und Eichenzweige, Stöckchen, Rädchen, gedrechselt, bemalt, Kleiderreste, Wasser- und Öllämpchen - all das betrachtete er liebevoll und hängte es an den Wänden auf. Besonders teuer ist ihm eine Ikone, die ein mit Rotstift auf Karton gemaltes Zeichen zeigt, von der Größe eines Viertel Arschins.* Dieses Zeichen faßt nach seinen Worten das Wesen der Religion in einem einzigen Symbol zusammen. Serapion Maschkin hat davor gebetet und es P.A. als Vermächtnis übergeben. Ich habe es mir heimlich gemerkt und zeichne es Dir hier aus dem Gedächtnis auf. Verzeih - aber ich lache nicht darüber: Es ist Sünde, darüber zu lachen, daß ein Mensch so eine Menge Symbole der Liebe und der Freundschaft hat.«[17]

Über die Beweggründe für seine Studien und Sammlungen hatte Florenski in einem Brief aus Tolpygino geschrieben: »Tolpygino ist ganz eingeschneit, draußen kommt man nicht sehr weit. Man unterhält sich mit den Bauern, liest ein bißchen, und der Tag geht unmerklich vorüber, ganz wie in der Stadt. Aber wenn ich mich auch dem Alltag füge, einer vegetativen Existenz, so halte ich doch, einer unbezwingbaren Neigung folgend, die Räder meiner Mühle in Gang - ich denke über all das nach, was mich umgibt, und da komme ich genauso zu Resultaten, wie wenn ich über einem Buch sitze oder im Laboratorium stehe. Am meisten nimmt mich die Suche nach den verborgenen Wurzeln der Religion in Anspruch, dem Verhältnis der Religion zum praktischen Leben, zum gewöhnlichen alltäglichen,

* 1 Arschin = 0,71 m.

allnächtlichen Leben. [...] Mir wird immer mehr klar, daß das gesamte Dasein von religiösen Prinzipien durchwirkt ist, selbst wenn der Mensch sie nicht kennt und nichts von ihnen ahnt. Was auf den ersten Blick rein praktisch zu sein scheint, erweist sich bald als von Tradition und Brauchtum durchsetzt; was sich zunächst als reiner Nutzen darstellt, birgt Kult und Ritual.

Ich möchte diese religiösen Grundlagen des Lebens zeigen und ihren Zusammenhang mit den religiösen Systemen darstellen.«[18]

Die volkskundlichen Passagen in Florenskis Probevorlesung »Die allgemeinmenschlichen Wurzeln des Idealismus« (1909) basierten u.a. auf seinen Forschungen in Kostroma.

Einige Begriffe aus der Lehre von der Unendlichkeit

Unendlich, Unendlichkeit ist im alltäglichen Gespräch häufig zu hören; bittet man jedoch einmal um eine Erklärung dieser Worte, dann wird man erstaunt angesehen. Während das aber beim breiten Publikum nur *Unverständnis* ist, so herrscht bei Leuten, die einer geistigen Tätigkeit nachgehen, in diesem Punkt häufig eine ganz *verkehrte* Vorstellung, ja ein völliges Durcheinander. Selbst bei starken und feinen Geistern ist der Begriff *Unendlichkeit* von Undeutlichkeiten und Inkonsequenzen nicht frei. Aus Platzmangel ist es mir leider versagt, hier eine Reihe aufschlußreicher Beispiele anzuführen, doch der Leser wird aus der weiteren Darlegung selbst schließen, auf wen sich das beziehen könnte.

Die Schwierigkeiten liegen übrigens nur zum Teil, ja sogar zu einem ganz unbedeutenden Teil in der Abstraktheit der Frage; die Hauptursache dafür liegt in dem Tendenziösen des Denkens, in seiner Abneigung oder Unfähigkeit, das Forschungsobjekt unmittelbar anzuschauen. Man tritt an das zu Studierende mit der Überzeugung heran, es sei schon bekannt; was sich hier kundtut, ist ein Scheinwissen, nach Georg Cantor der »horror infiniti«, von dem die Gesellschaft beherrscht ist.

Die Hauptfehler beim Nachdenken über das Unendliche, die immer wieder gemacht werden, treten deshalb auf, weil grundsätzlich die absolut elementare Unterscheidung von *aktueller* und *potentieller* Unendlichkeit vernachlässigt wird. Ich muß daher genauer, als ich eigentlich wollte, auf diese Unterscheidung eingehen. Einstweilen handelt es sich übrigens nur um eine vorläufige Definition der Unendlichkeit; wir können nicht auf sie bauen, da sie sich, wenn sie an sich auch wahr ist, auf unzureichend einfache Begriffe stützt.

Jedes Quantum oder, wie N.I. Lobatschewski zu sagen vorschlägt, jedes *»Wieviel«* kann seiner Definition nach ein *Zwiefaches* sein. Es kann etwas Gegebenes und ein für allemal Festgelegtes, etwas vollständig Definiertes sein, dann stellt es das dar, was man als *Unveränderliche* oder *Konstante* bezeichnet. Es kann aber ebenso ein Nichtdefiniertes sein, es kann sich verändern, größer oder kleiner werden. In diesem Falle wird das Quantum als *Veränderliche* bezeichnet. So ist also die aktuelle Unendlichkeit der spezielle Fall des konstanten und die potentielle des veränderlichen »Wieviel«, und darin besteht ihr tiefer, prinzipieller Unterschied, wenn man so will, ihr wesentlicher Gegensatz. Wir wollen dies im einzelnen erläutern.

Angenommen, wir hätten ein Veränderliches, und angenommen, es veränderte sich nicht auf irgendeine, sondern auf eine bestimmte Weise, nämlich so, daß es größer oder kleiner würde als
142 jedes konstante endliche »Wieviel« der gleichen Art. In jedem Zustand ist dieses Veränderliche *endlich*; in *unserem* Verständnis aber unterscheidet sich die Gesamtheit dieser Zustände von der Gesamtheit irgendwelcher willkürlich gewählten Zustände. In diesem Sinne sagen wir, unser Quantum ist eine *potentielle Unendlichkeit*, potentiell deshalb, weil es größer werden kann als jedes andere Quantum. Auf diese Weise bezeichnet die potentielle Unendlichkeit nicht irgendein Quantum an sich, sondern nur die besondere Betrachtungsweise des Quantums, und zwar hinsichtlich des Charakters seiner speziellen Veränderung. Die potentielle Unendlichkeit ist nach Georg *Cantors* Worten *keine Idee*, sondern *nur ein Hilfsbegriff*; dieser ist, wie *Stöckl* das glücklich ausdrückt, ein *Ens rationis*.* Mit einem Wort, die potentielle Unendlichkeit ist das, was die Alten Apeiron nannten, die Scholastiker *synkategorematisches Infinitum* oder *Indefinitum* und die neuen Philosophen *schlechte* oder genauer *einfache* Unendlichkeit.

Dieses niemals endende, potentielle Unendliche ist also eine veränderliche endliche Menge, ein Quantum, das über alle Grenzen hinauswächst, oder umgekehrt, jede Grenze unterschreitet. Von dieser Art sind z.B. die Differentiale, die schon *Leibniz* dieser Eigenschaft wegen als *reine Fiktionen* charakterisierte. Daraus erhellt, daß es eine contradictio in terminis ist, von einer vollendeten potentiellen Unendlichkeit zu sprechen, was nach Cantor *Fontenelle* getan hat.

---

* Albert Stöckl, *Lehrbuch der Philosophie*, Zweite Abth., V, Erster Th., I, 6, § 101, Mainz ^{2}1869, S. 42.

Unglücklicherweise hat sich eine ganze Zahl von Autoritäten aller Spezialgebiete - ihrer ist Legion - diese simple Wahrheit allzu gründlich angeeignet und, das Wort *potentiell* vergessend, begonnen, vielstimmig zu erklären, daß eine *»vollendete Unendlichkeit Unsinn sei«*. Daher der alte Aphorismus: »Numerus infinitus repugnat«; und daher auch die Bemerkung von *Tongiorgi*: »Multitudo actu infinita repugnat«* u.ä. Diese scheinbar ganz unschuldige Unterlassung führte zu mehr als einem groben Fehler, auf ihr basieren übrigens auch die ersten »Antinomien der reinen Vernunft« bei Kant. Auf diese Unterlassung stützen sich, wie wir sehen werden, die sogenannten Argumente gegen eine vollendete Unendlichkeit und viele Überlegungen des Positivismus.

Betrachten wir nun die andere Art von Unendlichkeit, die *aktuelle Unendlichkeit*. In dieser Absicht kehren wir zu unserem Ausgangspunkt zurück, zum Begriff des Quantums, und zwar des *konstanten* Quantums, und bereichern den Inhalt dieses Begriffs *Konstante* um ein neues Merkmal. Eine Konstante kann der Art sein, daß sie in einer Reihe anderer Konstanten der gleichen Art steht, d.h. größer ist als die einen der endlichen Konstanten und kleiner als die anderen. Sie wird dann selbst auch endlich sein. Es kann aber auch vorkommen, daß sie *nicht* in einer Reihe mit anderen Konstanten steht, weil sie größer ist als *jede* endliche Konstante, wie groß wir sie immer annehmen mögen. Dann sagen wir, unser Quantum ist eine aktuelle Unendlichkeit, eine Unendlichkeit in actu, actualiter und nicht nur in potentia.

So hat z.B. *Schelling* in seinem Dialog »Bruno« glänzend dargelegt, daß jeder Begriff eine Unendlichkeit ist, weil er eine *nicht* endliche Vielzahl von Vorstellungen in sich vereint; da aber der Umfang des Begriffs aufgrund des Wesens der Sache definiert und gegeben ist, kann diese Unendlichkeit nichts anderes sein als eine aktuelle Unendlichkeit. Jedes Urteil, jedes Theorem beinhaltet eine aktuelle Unendlichkeit, und darin besteht, wie schon *Sokrates* lehrte, die Macht des logischen Denkens.

---

* Salvator Tongiorgi, *Institutiones philosophicae*, Vol. II, Ontologia - Cosmologia Lib. III, Cap. II, Bruxellis 1869, S. 172.

Hier einige konkretere Beispiele. Wenn wir uns etwa dem Raum zuwenden, so können wir sagen, alle Punkte auf einer zusammenhängenden Oberfläche bilden eine aktuell-unendliche Menge. Tatsächlich ist jeder Punkt vollständig definiert, damit sind alle Punkte vollständig definiert. Ihre Zahl übersteigt jedoch jede Zahl der Reihe 1, 2, 3, ... n, ... und ist größer als jede dieser Zahlen. In diesem Sinne können wir sagen, die Macht Gottes ist aktuell-unendlich, weil sie, definiert (in Gott gibt es keine Veränderung), zugleich größer ist als jede endliche Macht.

Sehr deutlich spricht diesen Gedanken von der aktuellen Unendlichkeit der Verfasser des Buches »Von der himmlischen

Hierarchie« aus, eines Buches, das dem *hl. Dionysios* Areopagita zugeschrieben wird:

»Auch dies ist geistiger Betrachtung wert, wie mich deucht; die Überlieferung der Schrift über die Zahl der Engel spricht von tausend Tausenden und nennt Myriaden von Myriaden; sie wiederholt dabei die höchsten der uns bekannten Zahlen, und multipliziert sie miteinander. Sie gibt uns dadurch deutlich zu verstehen, daß die Ordnungen der himmlischen Wesen *für uns nicht zählbar* sind.

In menschliche Begriffe nicht zu fassen ist also die Menge, sind also die Heere der überweltlichen Geister; *sie übersteigen den mäßigen und beschränkten Umfang unserer sachlichen Zahlen*, die Fülle ihrer Scharen ist bloß ihnen selbst bekannt, nur ihre eigene himmlische Erkenntnis kann sie durch überweltliches Wissen geistig bestimmen.«*

In dem hier untersuchten Begriff der aktuellen Unendlichkeit ist unschwer das zu erkennen, was bei den Alten unter dem Namen aphorismenon bekannt war, bei den Scholastikern unter dem Namen categorimatice infinitum und bei den neuen Philosophen unter dem Namen der *positiven, eigentlichen* Unendlichkeit. Wie Goethe sagt: »Es ist ein *abgeschlossenes Unendliches*, dem Menschen analoger als der Sternhimmel«,** letzterer verstanden als die Möglichkeit, immer

---

* Kapitel XIV: Die Zahl der Engel.

** Goethe, *Italienische Reise*. Padua, den 27. September [1786].

weiter vorzudringen, ohne je in der Lage zu sein, zu einer Synthese zu kommen und sich über einem Ganzen zu beruhigen.

Hier stoßen wir auf einen neuen Gedanken. Damit die potentielle Unendlichkeit möglich wird, muß unbegrenzte Veränderung möglich sein. Dafür nun bedarf es eines *»Bereichs«* der Veränderung, der sich selbst nicht verändern kann, weil man sonst einen Bereich der Veränderung für diesen Bereich fordern müßte usw. Er ist aber nicht endlich und muß folglich als aktuell unendlich anerkannt werden. *Jede potentielle Unendlichkeit setzt also die Existenz einer aktuellen Unendlichkeit als ihrer überendlichen Grenze voraus*; jeder unendliche Progreß setzt die Existenz eines unendlichen Ziels des Progresses voraus; jede unendliche Vervollkommnung verlangt die Anerkennung einer unendlichen Vollkommenheit. Wer das Aktuell-Unendliche in irgendeiner Hinsicht leugnet, leugnet damit in der gleichen Hinsicht auch die potentielle Unendlichkeit, und so birgt *der Positivismus in sich Elemente der Selbstzersetzung, ihm droht sozusagen Selbstvergiftung durch die Erzeugnisse der eigenen Tätigkeit.*

Die oben entwickelte Definition der aktuellen Unendlichkeit erlaubt, diese Unendlichkeit in zwei Modifikationen zu denken. *Erstens*, da sie größer ist als jedes endliche Quantum, kann es nicht sein, daß sie ein anderes, ebenfalls unendliches Quantum besitzt, welches größer wäre als sie; mit anderen Worten, sie erweist sich hier als *außerstande, kleiner* zu sein als irgend etwas anderes. Dies ist die aktuelle Unendlichkeit, die der Vergrößerung unfähig ist, das *absolute Maximum*; wie allgemein üblich, wird das auch bei Georg Cantor *Absolutum* genannt. *Zweitens* - und das ist von denen, die über die Unendlichkeit sprachen, nicht bemerkt worden - ergibt sich aus der Definition der aktuellen Unendlichkeit die Möglichkeit einer zweiten Spielart. Die aktuelle Unendlichkeit kann nämlich hier *über* sich andere Quanta haben, die größer sind als sie selbst; dann ist sie der Erweiterung fähig und wird zur *erweiterten* aktuellen Unendlichkeit. Um Verwirrung und Längen ein für allemal zu vermeiden, nennt Cantor sie *Überendlichkeit.*

Von diesen formalen Überlegungen wollen wir zu realen übergehen. Der aktuellen Unendlichkeit begegnen wir in *drei* verschiedenen Bereichen, können wenigstens hoffen, ihr da zu begegnen. *Erstens*, insoweit dieses Aktuell-Unendliche in höchster Vollkommenheit in dem vollkommen unabhängigen außerweltlichen Sein verwirklicht ist, mit einem Wort *in Deo* sive natura naturante, wobei *Cantor* dies letztere nicht im Sinne des Pantheismus versteht, sondern in jenem ursprünglichen Sinne, den *Thomas von Aquin* und andere Theologen ihm zuerkannt haben. Hier ist das Unendliche das absolute Maximum, genau das, was früher Absolutum oder absolute Unendlichkeit genannt worden ist. *Zweitens* kann das Aktuell-Unendliche *in concreto* gedacht werden - in der abhängigen Welt, im Geschöpf, in natura naturata. Hier nennt Cantor es Transfinitum.

Drittens endlich kann das Aktuell-Unendliche *in abstracto* auftreten, im Geist. Insofern es ihm möglich ist, das Transfinitum in der Natur oder, bis zu einem gewissen Grade, das Absolutum in Gott zu erkennen. Im letzteren Fall erhält die Unendlichkeit den Namen *Symbole des Unendlichen*. Insbesondere, wenn es um die Erkenntnis des Transfinitum geht, erhalten diese Symbole den Namen *transfinite Zahlen* und *transfinite Typen*. Die beiden letzten Arten der Unendlichkeit sind erweiterte Unendlichkeiten.

Über Symbole der Unendlichkeit
(Eine Skizze der Ideen Georg Cantors)

[...] Es sind hier so kurz wie möglich diejenigen Ideen Cantors dargelegt worden, die Fragen der Religionsphilosophie berühren. Seine anderen Ideen sind mehr von mathematischem und allgemeinphilosophischem Interesse; als eine der Perlen unter ihnen muß unbedingt die Lehre von der Kontinuität erwähnt werden, nach den Worten Tannerys die erste Arbeit dieser Art in mehr als 2000 Jahren seit den Untersuchungen Zenons von Elea.

Sollte man aber nicht vielleicht noch einer anderen Frage bei Georg Cantor nachgehen, nämlich der Frage nach seinem Schöpfertum und den verborgenen Antrieben seiner Tätigkeit? Mir scheint ja, und da gehe ich wohl nicht fehl, wenn ich Georg Cantor als einen typischen Juden charakterisiere, als einen »Israeliten ohne Arg«, und den besonderen Geist seiner Arbeit als den Geist eines der besten Vertreter seiner Nation. Mehr noch, vielleicht ist Georg Cantor sogar ein Vollender des Judentums; er setzt sozusagen den Punkt auf das i, er zieht gleichsam Bilanz, indem er in den Termini der Logik die jahrhundertealten Ideen seiner Nation formuliert und exakt definiert ...

Ich will versuchen, das zu zeigen, wenn ich mir auch bewußt bin, wie schwierig diese Aufgabe ist, und ich einen Mißerfolg nicht für ausgeschlossen halte: Biographische Angaben über Cantor sind nirgends veröffentlicht, und daher ist das Tatsachenmaterial äußerst dürftig. Man muß gefühlsmäßig interpolieren, und hat man *sich* dann eine Vorstellung von seiner Persönlichkeit gemacht, so ist es außerordentlich schwer, die Richtigkeit seiner Auffassung zu beweisen.

Fest sind die Ringe seines stählernen Kettenhemdes ineinander geschmiedet, mit dem sich Cantor gegen die Giftpfeile der modernen Weltanschauung schützt, die für ihn freilich nicht viel mehr als Spielzeug sind. Das dicht geflochtene Netz seiner Theoreme macht ihn unverwundbar. Schlank geht ein Theorem aus dem an-

Georg Cantor

deren hervor. Jedes Wort ist prägnant und so an seinem Platz, daß aus der dichten Darlegung Cantors nicht ein einziger Buchstabe herausgelöst werden kann, wenn die Geschlossenheit des Ganzen nicht Schaden nehmen soll. - Wenn aber der Gedanke so geschliffen ist, die Darlegung klassische Formen gewonnen hat und an die Antike erinnert, dann ist es schwer, hinter diese feste Hülle zu blicken und herauszufinden, wie sie eigentlich entstanden ist und mit welchem Ziel.

Nur manchmal schlagen unbezähmbare Flammen aus dem Innern hervor; Feuerzungen huschen über das Stahlnetz; von ihnen verbrannt, ahnst du, welches Feuer dieses Schöpfertum nährte. Wie aber soll man diese sich ständig mit dem Ganzen verbindenden Flammen absondern? Sie verglimmen und erlöschen und hinterlassen nur ein Gefühl von Wärme, wenn wir sie von ihrer purpurnen Quelle lösen. Das ist nur etwas für die Poesie, nicht für mein Referat. Besser, man versucht erst gar nicht, das Unfaßbare zu fassen. Besser, man bekennt gleich: Ich habe es gesehen, und ich hoffe, jeder, der sich mit Cantors Arbeiten bekannt zu machen wünscht, wird es auch sehen ...

Georg Cantor war seiner Abstammung nach Jude. Die Familie portugiesischer Juden, aus der er später hervorging, hatte sich in zwei Zweige geteilt; der eine emigrierte nach Dänemark und brachte den berühmten Mathematikhistoriker Moritz Cantor hervor; der andere übersiedelte nach Rußland, und hier kam im Jahre 1845 in Petersburg Georg Ferdinand Ludwig Philipp Cantor zur Welt. In seinem 11. Lebensjahr (1856) zog er nach Deutschland; dort erhielt er seine Erziehung und Bildung und schließlich eine Professur. Bis heute ist er Professor in Halle. Ich hebe hier absichtlich diese Details aus dem Fragebogen hervor, weil Cantors jüdische Herkunft den Schlüssel zum Verständnis seines Schaffens liefert.

Vor allem kommt dies in seiner erstaunlichen Ausdauer, in der Intensität seiner Arbeit zum Ausdruck und in seinem Vermögen, zu warten und zu dulden. Zehn Jahre behält Cantor seine Ideen für sich, ohne sie in der Presse bekanntzumachen. Wenn sich das im 16. Jahrhundert ereignet hätte, wäre es nichts Besonderes gewesen. Wer jedoch die Literatur von heute kennt und weiß, wie viele um die Priorität bei irgendwelchen Lappalien bangen und wie manchmal ein Gedanke völlig undurchdacht, unentwickelt, unbearbeitet in die Zeitschrift gelangt, der kann sich über Cantors Beherrschtheit nicht genug wundern. Er verzichtete auf das Bekanntwerden und den Ruhm, auf den er ohne Zweifel Anspruch hatte, er unterdrückte den eitlen Wunsch, etwas der Art zu verfassen, was einem zu Reputation verhilft, und mied modische Fragen (imaginäre Variable u.ä.).

Einsam und unverstanden sitzt er in seinem Halle und denkt hartnäckig darüber nach, ob nicht Fehler und Ungereimtheiten in seinen Ideen stecken, ob seine Lehre nicht zum Pantheismus führt, der seiner jüdischen Seele offenkundig zuwider ist. Seine Überlegung macht es notwendig, ein Transfinitum anzuerkennen; andererseits verlangt sein religiöses Bewußtsein Abgeschlossenheit, Form, Persönlichkeit; das Schwankende, Unbestimmte an dem Phantom des Gottes der Monisten, eines Gottes ohne Antlitz und Form, hält er für unannehmbar. Steht das nicht im Widerspruch zur Anerkennung eines Transfinitums? Die quälende Frage wird mit Nein beantwortet. Nein, das Transfinitum steht nicht nur nicht im Widerspruch zum Theismus, sondern wird von ihm geradezu gefordert. Die Cantor »werthgewordenen Traditionen« (seine Worte) erweisen sich als gewahrt und bekräftigt; dies jedoch nicht mit Hilfe tendenziöser Versuche, die logisch gegebene Wahrheit zu entstellen, nicht auf dem Wege offener oder verdeckter falscher Kombinationen, sondern um den Preis angestrengten Nachdenkens und unbeirrbaren Vorwärtsschreitens. Der Positivismus ist eine trübe Schicht, durch die man *hindurch* muß; Rückzug und Flucht helfen da nicht, das Sumpflicht wird den Fliehenden verfolgen. Das *Postulat* der Übereinstimmung der Ergebnisse religiöser Erfahrung und der Wissenschaft ist erneut bekräftigt worden. Die Widersprüche haben sich als scheinbar erwiesen. Damit nicht genug: Es stellte sich heraus, daß die Idee des Transfinitums die Idee des Absolutums voraussetzt; akzeptieren wir die erste, so haben wir kein Recht, die zweite zu verwerfen.

Da veröffentlicht Cantor seine ersten Arbeiten, wie aus einem Füllhorn ergießen sie sich in schneller Folge in eine Reihe von Zeitschriften. Der Druck von innen hat den Damm durchbrochen, in mächtigem Strom ergießt sich die innere Fülle. Cantor gießt sich buchstäblich aus. Seine Aufsätze sind verblüffend *unliterarisch*. Er vergißt, daß er schreibt, er schafft auf dem Papier, er kann nicht anders, aber das ist nicht für das Publikum.

Natürlich versteht ihn das Publikum nicht. Was will der? Für die Philosophen ist er ein »philosophierender« Mathematiker, für die Mathematiker ein Metaphysiker, für die Indifferenten ist er verdächtig religiös - wer weiß, was dahinter steckt; den Theologen kommt er gefährlich vor: »Führen diese Klügeleien nicht zum Pantheismus?« - so der Hintergedanke der Theologen. Selbst für Cantors Verehrer ist es »schwer, die Zukunft einer so neuen (récente) Arbeit vorauszusagen, die übrigens vom Standpunkt der Philosophie von größerem Interesse ist, als sie der künftigen Entwicklung der Mathematik vonnutzen sein wird«. Das sagt Tannery, der als einer der ersten den guten Ton verletzte und in einer wohlerzogenen Gesellschaft, die von so originellen Neuerungen schockiert war, von Cantors Arbeiten sprach. »Es ist ein kühner Versuch, und ihm ist schwer zu folgen«, fährt Tannery fort, »er kann zu unverhofften Resultaten führen. Es wäre interessant zu wissen, welcher philosophischen Schule ein Denker wie Cantor zugehört.«* Charakteristisch für den Ton des ganzen Zitats ist die Unentschlossenheit und Irritation; offenbar ist der Verfasser etwas verwirrt und kann sich über seine Einstellung nicht klar werden. Und das sagt ein Mathematiker, der in der Geschichte der Mathematik wohlbewandert ist, ein Mensch, dem die geschichtliche Unumgänglichkeit des Auftauchens neuer Ideen geläufig sein sollte!

Diese neuen Ideen finden nur langsam Anerkennung. Die Mathematiker verwenden die transfiniten Zahlen nur zögernd, die Philosophen versuchen, sie ihren Zwecken dienstbar zu machen (Wundt), wenn es dabei auch nicht ohne Mißverständnisse und ohne Verwirrung abgeht. Die Theologen, die erst erklärten, »was Georg Cantor das Transfinitum in natura naturata nannte, kann in bestimmter Beziehung nicht verteidigt werden«, die Cantor freilich, wie sie zugeben, »auch nicht im Auge hat«: diese *(von Cantor nicht*

---

* Paul Tannery. In: *La Grande Encyclopédie*, Bd. 9, S. 128.

dargebotene) Auffassung enthielte den Irrtum des Pantheismus; diese Theologen sind nun nach einer Reihe von Erklärungen und Deutungen von seiten Cantors milder gestimmt und geben endlich zu, wie ein Theologe an Cantor schreibt, »daß, wie ich es bisher sehe, in dem so verstandenen Begriff des Transfiniten *keinerlei* Gefahr für die religiöse Wahrheiten liegt«.

Danach verwandelt sich Cantor aus »M.G. Cantor« in den »éminent savant de Halle«, seine Ideen werden zu Dissertationsthemen, und ihre Weiterentwicklung zeugt eine ganze Literatur.

Damit könnte man sich eigentlich zufriedengeben; doch dieser Denker gehört nicht zu denen, die sich leicht zufriedengeben. Über zwanzig Jahre müht er sich weiter ab, wendet viel Arbeit und Kraft an eine sorgfältigere Darlegung und versucht, das Ganze unter einem neuen Gesichtspunkt zu betrachten. Er geht mit außerordentlicher Akribie zu Werke; um gewisse, für den Leser kaum ersichtliche Fehler zu korrigieren, arbeitet er seine Mémoires wieder und wieder um, ergänzt, erläutert. Gleichzeitig wendet er sich der Geschichte seiner Fragestellung zu, geht die alten Autoren durch, und man kann nur staunen, woher er die Kraft nimmt, die riesige Literatur so vieler Jahrhunderte zu lesen. Sorgfältig studiert er die Mathematiker, Theologen und Philosophen, vor allem die alten, weil er sich als unmittelbaren Nachfolger von Plato und Aristoteles versteht. Mystik und Scholastik finden besondere Beachtung, und er studiert Autoren, die, außer unter Spezialisten, nicht einmal mehr dem Namen nach bekannt sind.

Doch diese angestrengte Arbeit kommt ihn teuer zu stehen, das innere Feuer verbrennt ihn. Eine schwere seelische Krankheit unterbricht periodisch seine Tätigkeit; Cantor verliert den Verstand, erholt sich wieder, um ein Mémoire herauszubringen, in dem er sich erneut seinem Lieblingsthema widmet, oder um etwas vor der Krankheit Begonnenes abzuschließen, erkrankt von neuem, vielleicht wegen geistiger Überanstrengung, und dies wiederholt sich mehrere Male. Doch die Handlung ist noch im Gange, das Stück ist noch nicht zu Ende, wir wissen nichts über seinen Ausgang; wir können nur Vermutungen anstellen über das traurige Ende, für einen so klaren Geist wie Georg Cantor das traurigste ...

Wenn man ihn zum ersten Mal liest, scheinen diese kristallklaren Gedanken in ihrer durchsichtigen, kindlich naiven Darlegung, die in hohem Maße an Mozarts Musik erinnert, scheint dieses vollständige Fehlen äußerer Effekte und demonstrativer Gelehrsamkeit von der Leichtigkeit der Arbeit zu zeugen; so harmonisch folgt Theorem aus Theorem, so erstaunlich kurz ist die Beweisführung, so natürlich der Gedankengang, daß man sich unwillkürlich der Täuschung hingeben und ausrufen möchte: »Das ist alles so klar und deutlich, daß man es gar nicht hätte zu sagen brauchen!« Und im Gefühl einer überwältigenden Freude denkt man, dies sei schon immer bekannt gewesen; so schnell ist man mit Cantors Ideen vertraut. Aber wenn man sich in seine Briefe hineinliest und darüber nachdenkt, wieviel Zeit und welch unvorstellbare Anstrengung nötig war, um zu einer endgültigen Formulierung zu kommen, und wenn man bedenkt, wie viele grobe Fehler selbst den subtilsten Denkern unterliefen, wenn sie über diese Fragen nachdachten, dann sieht man, daß das nicht ganz so einfach war, ja, daß es umgekehrt einer rein jüdischen Hartnäckigkeit bedurfte, um alle Schwierigkeiten zu überwinden und die Dinge zu Ende zu denken. Zum Beweis kann ich Paul Du Bois-Reymond anführen, einen allgemein anerkannten subtilen Denker; er hat sich fast zur gleichen Zeit wie Cantor mit diesen Fragen befaßt, und obwohl er, soweit mir bekannt ist, die Möglichkeit hatte, Cantors Resultate (aus dessen ersten Mémoires) kennenzulernen, hat er die Sache mehr verwirrt als etwas Gedeihliches zustandegebracht - und er ist, ich wiederhole es, ein äußerst subtiler Denker. Aber er war nicht entflammt, und er war nicht Monoideist, sondern befaßte sich mit Forschung schlechthin, während Cantor unbeirrt auf sein Ziel losging - glaubte. Interessant festzustellen, wie die Grundidee Cantors in allen seinen Untersuchungen die Idee der aktuellen Unendlichkeit ist, bei Du Bois-Reymond hingegen die der potentiellen Unendlichkeit; man könnte meinen, auch hier zeigten sich die rassischen Besonderheiten der beiden Gelehrten.

Jeder kennt natürlich die prägnante Charakteristik des jüdischen Volkes bei Wladimir Solowjow. Ich wage nicht, dem hier etwas hinzuzufügen oder etwas daran zu ändern, ich muß mich hüten, sie durch meine Wiedergabe zu verderben. Ich will nur daran erinnern. Wenn man sich diese Charakteristik vergegenwärtigt, so genügt eine flüchtige Durchsicht der Werke Cantors, um zu begreifen, wie überzeugend in ihm die besten Züge des Judentums, alle »theokratischen Tugenden« seines Volkes zum Ausdruck kommen. Hier fallen vor allem zwei charakteristische Grundzüge ins Auge. Dies sind erstens ein hochentwickeltes Selbstgefühl, Selbstbewußtsein und Selbsttätigsein, eine innere Kraft, sozusagen eine *Stabilität der Persönlichkeit*. Mögen andere um ihn her sich für alle möglichen modischen Strömungen, aktuellen Aufgaben der Wissenschaft, für die »laufenden Dinge« begeistern. Er weiß genau, was um ihn herum vorgeht, weicht aber nicht um Haaresbreite von *seinem* Weg, dem *von ihm* gewählten Ziel ab. Dieses Ziel ist jedoch keine Laune, keine Neugier, kein persönliches Begehren, und darin liegt der zweite charakteristische Zug. Es ist ein Auftrag von oben; Cantor ist als Jude religiös bis zur Selbstaufopferung. Wenn Solowjow von Moses sagt, »gegen alle Versuchungen der ägyptischen Theosophie und Theurgie ›blieb Moses im Glauben stark, er lehnte es ab, sich den Sohn der Pharaonentochter zu nennen, und verließ Ägypten im Glauben, ohne den Zorn des Königs zu fürchten‹«,* dann möchte man mutatis mutandis von Cantor das gleiche sagen, nur daß die Rolle der Magie in diesem Fall die Bedingtheit der Wissenschaft seiner Zeit spielt, die Versuchung, beinahe mühelos, magisch Forschung, auf Fertiges gestützt, zu betreiben.

»Verlasse deine heimatlichen Auen!
Geh aus dem Hause deiner Väter fort!
Mache dich auf in gläubigem Vertrauen
Und sei gehorsam meinem heil'gen Wort!
Geh deinen Weg und schaue nie zurücke!
Geh zu dem Ziel, das dir noch unbekannt!
Geh deinen Weg, bis sich vor deinem Blicke
Einst herrlich breitet das gelobte Land!«

---

* Wladimir Solowjow, »Judentum und christliche Frage«. In: *Ges. Werke*, Bd. 4, St. Petersburg 1901, S. 144 (russ.).

Er fuhr empor und suchte zu verstehen:
War's Wirklichkeit, was er gehört? War's Traum?
Da spürt er über sich ein göttlich Wehen,
Und wieder tönt die Stimme durch den Raum:

»Gehe fort aus Chaldäa, das Heimat dir war!
Geh aus Ur, deiner Jugend vertrautestem Ort,
Und aus Haran, wo grau sich dir färbte das Haar,
Und vom bergigen Weideland hier - gehe fort!
Doch nicht nur für ein Jahr!
Nein, es gilt: immerdar!
Gehe fort im Vertraun auf mein Wort!«

Und er verläßt das Hause seiner Väter - die moderne Wissenschaft, die moderne Weltanschauung. Über dreißig Jahre ist er unterwegs, und das ist nicht nur wissenschaftliche Arbeit, nicht einfach geduldiges Forschen. Das ist vor allem die Tat großen Glaubens, des Glaubens an die Möglichkeit, für das Unendliche Symbole zu schaffen.

Halte rein dir das Herz im Vertrauen zu mir,
Bleibe treu - wie im Glück, so am Tage der Not!
Und so wandle vor mir!
Denn dein glaubender Blick
Sieht die Zukunft schon heute und hier.*

Wenn wir nichts sind vor dem ABSOLUTEN, dann sind wir sittlich doch IHM gleich geartet, wir können ES erkennen, aber nicht direkt, sondern in Symbolen; wir tragen in uns das Transfinite, das Überendliche, wir, der Kosmos, sind nicht etwas Endliches, der Gottheit direkt Entgegengesetztes, wir sind transfinit, »die Mitte zwischen allem und nichts«. Dann muß man aber auch beweisen, wie das möglich ist. Und so gehen dreißig Jahre hin für die Rechtfertigung dieses Glaubens. Cantor *weiß nicht*, wohin die Arbeit führt; alles

---

* Wladimir Solowjow, »Ins gelobte Land«.
Deutsch von Ludolf Müller

spricht gegen die Möglichkeit dieser Rechtfertigung, alle schütteln ironisch lächelnd den Kopf, aber Cantor schafft keine Götzen. Er verläßt seine Heimat, den Boden der Tradition und der Wissenschaft, die ihn hervorgebracht haben, und strebt an allen Versuchungen vorbei uns Unbekannte, in die Wüste des reinen Denkens. Wonach strebt er? Er strebt danach, einen »Tempel« zu errichten, Symbole für das UNENDLICHE zu schaffen. Er will darin die Verwirklichung der GÖTTLICHEN Kräfte sehen, er will sich überzeugen, daß das möglich ist, und es muß bald sein. Er muß zeigen, daß die Idee des TRANSFINITEN innerlich nicht widersprüchlich, daß sie legitim und notwendig ist. Anders gibt es keine sittliche Homogenität von Kosmos und Gottheit, anders gibt es keinen »Vertrag« und kann es ihn nicht geben; wir können nicht uns selbst bestimmen und von uns aus handeln, ohne uns in bloße Automaten zu verwandeln, die an Fäden gezogen werden.

Hier zeigt sich im höchsten Grade Cantors »religiöser Materialismus«. Das Illusorische der Welt erscheint ihm ebenso ausgedacht wie eine Welt als toter Mechanismus. Der neueste Idealismus und der moderne Positivismus kommen ihm abscheulich roh vor, nicht wegen ihrer Abstraktheit, sondern weil sie das Wirkliche, das Konkrete und die Persönlichkeit, die lebendige Persönlichkeit, vernichten. Glühend streitet er gegen Nominalismus und akademische Skepsis, er braucht die Empfindung des Wirklichen und Lebendigen; der Materialismus ist Cantor ebenso zuwider.

»Je entfernter das Ziel, desto größerer Kraft und Tapferkeit bedarf es, um an das Ziel zu glauben und darauf zuzugehen. Wenn es dem Menschen selbst jetzt, nach dem Beginn und der sichtbaren Verbreitung des Christentums so schwer fällt, sich auf das gottmenschliche Ziel zuzubewegen, wieviel schwerer muß es dann zweitausend Jahre vor Christus gewesen sein, dem Christentum zu dienen? Dies ist die unerreichbare Größe jener halbwilden Nomaden auf den Bergen und unter den hohen Eichen von Kanaan, die die ersten Steine des künftigen universalen Tempels fügten! Vor ihnen lag nichts Klares und Bestimmtes, alle ihre Hoffnungen lagen im Nebel einer fernen Zukunft, und in der Gegenwart galt es nur zu gehorchen und zu glauben.«*

Der Zug der Ergebenheit gegenüber dem höchsten WILLEN, der im Geist dieser Nation immer bewahrt worden ist, zeigt sich in unserem Fall in bedeutender Weise. Ich glaube, man kann Cantors Arbeiten zu Recht als neue Steine ansehen, die den Mauern des Tempels von jener Nation hinzugefügt werden.

Wenn Cantor als Persönlichkeit das lebendigste Beispiel eines Juden ist, so trägt seine Weltanschauung vielleicht in noch höherem Maße diese Züge. Die Idee einer abgeschlossenen Unendlichkeit, sowohl bei der absoluten Persönlichkeit, GOTT, als auch bei der menschlichen Persönlichkeit, gehört zum geistigen Besitz des Judentums, und diese Idee scheint die eigentliche Grundlage Cantors zu sein. Während die anderen, die Arier, nur das potentiell Unendliche, die »schlechte« Unendlichkeit, etwas Unbestimmtes und Unbegrenztes anerkennen, erscheint seiner Seele der Gedanke der Unmöglichkeit eines aktual Unendlichen als etwas Ungeheuerliches. Er kann sich nicht mit ihm abfinden und sucht nach Mitteln, seinen Glauben zu rechtfertigen. Selbst die potentielle Unendlichkeit ist für ihn nur dann von Bedeutung, wenn sie nicht ein unbestimmtes Anwachsen aufweist, wenn sie im buchstäblichen Sinn nicht grenzen*los* ist, sondern einer Grenze, der aktuellen Unendlichkeit, als ihrem idealen Ziel zustrebt. Gewöhnlich betrachtet man die potentielle Unendlichkeit, das Fortschreiten sub specie finiti, mit den Augen dieser Welt. Cantor betrachtet sie von der anderen Seite, unter dem Gesichtspunkt ihres Ziels, er sieht sie sub specie infinitatis. Es sieht, wie »das Bild dieser Welt vergeht«.

In diesem Gegensatz der Auffassungen treten noch einmal jene Grundstimmungen klar zutage, die die Idee einer Mensch-Gottheit geschaffen haben, etwas Endliches, immer endlich und sich qualitativ immer gleichbleibend, aber immer höher und höher strebend, und die Idee des Gottmenschentums, des »werdenden Absoluten«. Dies ist der gleiche Gegensatz, wie er in den Worten der Versucherin Schlange, »ihr *werdet sein wie* die Götter«, und in den Worten der Schrift, »ihr seid Götter und die Söhne des Höchsten seid ihr alle«, zum Ausdruck kommt.

---

*Wladimir Solowjow, *»Geschichte und Zukunft der Theokratie«*, In: *Ges. Werke*, Bd.4, St. Petersburg 1901, S. 333 (russ.).

Jeder kennt vermutlich das »Pessachlied« der Juden und erinnert sich dann natürlich an die Entschiedenheit und den Nachdruck, grob gesagt, das beinahe Aufdringliche in ihren Gebeten zu Gott. Diese Hartnäckigkeit im Bitten, dieser Kampf mit Gott, »ich lasse dich nicht, du segnest mich denn«, ist im höchsten Grade charakteristisch für Cantors Schaffen, und ich denke, der Sinn seiner Tätigkeit wird ein für allemal deutlich, wenn ich hier den Text dieses Liedes anführe: »Allmächtiger Gott, bau deinen Tempel bald und schnell, in unseren Tagen, bau ihn bald, bau ihn jetzt, bau ihn jetzt, bau deinen Tempel bald! Barmherziger Gott, großer Gott, sanfter Gott, höchster Gott, huldvoller Gott, süßester Gott, unermeßlicher Gott, Judengott, bau deinen Tempel bald, bau ihn schnell, in unseren Tagen, bau ihn jetzt, bau ihn jetzt, bau ihn jetzt, bau deinen Tempel bald! Mächtiger Gott, lebendiger Gott, starker Gott, ruhmreicher Gott, gnädiger Gott, königlicher Gott, reicher Gott, herrlicher Gott, treuer Gott, bau deinen Tempel, säume nicht, bau ihn bald, bau ihn bald, in unseren Tagen, säume nicht, bau ihn jetzt, bau ihn jetzt, bau ihn jetzt, bau ihn jetzt, bau deinen Tempel bald!«

Pawel Florenski an Nikolai Lusin

Sehr verehrter Nikolai Nikolajewitsch!
Es ist wohl über ein Jahr her, daß ich Ihren Brief erhielt. Sie werden es nicht glauben, die Umstände machten es mir unmöglich, Ihnen wie auch anderen Bekannten zu antworten. Sie kennen natürlich den besorgniserregenden Zustand unserer Heimat, der wohl noch schlimmer ist als der der Mutter Kirche (die zumindest meine Mutter ist), Sie kennen die Aufregung und Verwirrung in den Köpfen und Herzen, die jetzt in Rußland herrscht. Es war eine zu schwere Zeit für mich, als daß ich meine Kräfte an Briefe hätte wenden können. Und dann gibt es eine Menge von Dingen, die mich davon abhalten, mich mit meiner Bildung zu befassen, und ziemlich schwierige persönliche Dinge. Da kommt eins zum anderen. Sie werden verstehen, warum ich Ihnen nicht geantwortet habe, obwohl ich das wollte und viele Male drauf und dran war, es zu tun. Ich bin aber froh, daß N. Dobrizki mir die Möglichkeit gab, Ihnen zu schreiben und meine Adresse mitzuteilen. Die Koordinaten Ihres Aufenthalts, die ich von ihm erhielt, erscheinen mir zweifelhaft, ich schreibe Ihnen in dem Gefühl, eine weiße aus zehn schwarzen Kugeln herausziehen zu müssen aus jener »Urne«, deren alle überdrüssig sind.

Schreiben Sie mir, wie es Ihnen geht, womit Sie sich befassen und vor allem, wofür Sie sich interessieren. Dobrizki schreibt, daß Sie sich mit Philosophie u.ä. beschäftigen, stimmt das? Ich wäre froh, wenn es so wäre. Und die Mathematik, macht sie Fortschritte? In Paris können Sie sich wahrscheinlich satthören an all den Poincarés und anderen der Art, so daß Sie als ein hypermoderner Mathematiker zurückkehren werden. Schreiben Sie, wie Sie auf die Idee kamen, nach Paris zu gehen: Was gibt es da jetzt Gutes in der Wissenschaft, in der Philosophie und in der Kunst? Ich habe den Anschluß an das wissenschaftliche Leben völlig verloren, da hier in der Akademie die entsprechenden Bücher und Zeitschriften fehlen, ganz zu schweigen von der Zeit, die ich nicht habe. Ich widme mich fast ausschließlich praktischen Angelegenheiten. Schade, aber was soll man machen. Die Zeiten sind so, daß man seine eigenen Dinge zurückstellen und sich mit denen der Allgemeinheit befassen muß. Mich persönlich interessieren am meisten die kirchlichen Dinge, die kommende Erneuerung der Kirche und die Überwindung des kirchlichen Stillstands.

Von den Moskauern sehe ich fast niemand, von meinen früheren Studienkameraden an der Fakultät schon gar keinen. Einmal traf ich Bjuschgens auf der Straße, aber er hat meinen Gruß nicht erwidert. Ich weiß nicht, ob er mich nicht bemerkt hat, oder ob er mir seine Verachtung wegen der Akademie zeigen wollte - Gott mit ihm!

Ich schätze seine Fähigkeiten und seine Arbeit aufrichtig. Vielleicht wird aus ihm ein guter Mathematiker. Aber mir scheint, er hat noch nicht begriffen, was für den Menschen, für die Menschheit das wichtigste ist - er hat ihre religiösen Bedürfnisse nicht begriffen. Deshalb kommt es ihm befremdlich und unverständlich vor, daß sich andere mit der Religion befassen können. Er hat sich mir gegenüber mehrfach in diesem Sinne geäußert, weil er dachte, ich sei auf seiner Seite, oder einfach, weil er meine Überzeugung nicht kannte. Psychologisch verstehe ich ihn und rechne ihm seine Verachtung nicht übel an. Irgendwann wird er schon zur Vernunft kommen und begreifen, daß es ernsthafte Gründe dafür gibt, im Interesse der Religion alles aufzugeben, selbst das Leben, ganz zu schweigen von einem erbärmlichen Lehrstuhl und irgendwelchen Vorlesungen, die von 3 ½ gelangweilten Studenten besucht werden. Ein wenig denke ich übrigens noch über Mathematik nach, aber doch mehr über Allgemeineres.

Christus sei mit Ihnen! Mögen Ihre Gedanken und Überlegungen von Erfolg gekrönt sein und Sie zur QUELLE aller Wahrheit führen, zur WAHRHEIT selbst.

Ihr P. Florenski 1906.3.(17.) IV. Sergijew Posad

Nikolai Lusin an Pawel Florenski

Sehr verehrter Pjotr Afanasjewitsch!*
Ihren Brief erhielt ich schon vor drei Wochen, ich kann Ihre Fragen erst jetzt beantworten (vielleicht) ... Schreiben Sie um Gottes willen mein Schweigen nicht Unaufmerksamkeit, Unlust oder dergleichen zu. Da ist mein Gewissen rein. Es ist sehr schwer für mich zu leben, quälend schwer manchmal. Ich habe nichts, keine feste Weltanschauung; ich kann keine Lösung für das »Problem des Lebens« finden. Mein *Selbstbewußtsein* ist so starken Schwankungen unterworfen, daß mir das Leben zur Qual wird. Daher konnte ich Ihnen auch nicht gleich antworten. Sie glauben nicht, wie teuer mir Ihr Brief, Ihre Hinwendung zu mir, zu meinem inneren Leben ist. Ein Schrecken, ein Schrecken, ein unendlicher Schrecken, den Egoismus um sich herum zu sehen, immer nur diesen Egoismus - und kein Lichtblick ... Weder die Persönlichkeit noch das einfache Leben genießen Achtung, so daß man sich fragt: »Gibt es das überhaupt auf der Welt? Kann es das überhaupt geben? Ist es nicht ein Traum, ein Hirngespinst der ›Idealisten‹?« Wenn ich zu der Überzeugung käme, daß es auf der Welt tatsächlich *keine* absolute Achtung vor der Seele des anderen *gibt und geben kann*, würde ich mich ohne zu zögern umbringen. Ein Leben ohne diese Hoffnung ist für mich undenkbar. Warum? Ich weiß es nicht ...

Jetzt werden Sie verstehen, wieviel es mir bedeutet, daß Sie sich vor dem Hintergrund der tiefen Nacht, die auf meiner Seele, meinem Herzen, meinem Hirn bis zum Wahnsinn lastet, meinem inneren Leben zugewendet haben.

Warum ich ins Ausland, nach Paris, geraten bin, kann ich gar nicht sagen, vermutlich durch Zufall.

Als Sie mir an der Universität begegneten, war ich noch ein Kind, das vieles nicht wußte. Ich weiß nicht, wie es gekommen ist,

* Ob Namenspiel oder Irrtum, bleibt ungewiß.

Nikolai Lusin (sitzend) mit
D.F. Jegorow (rechts) und W. Speranski

aber es genügt mir jetzt nicht mehr, mich mit den analytischen Funktionen und der Taylorschen Reihe zu beschäftigen. Es geschah vor genau einem Jahr ... Das Leid der Menschen zu sehen, die Qual des Lebens, *aus der mathematischen Sitzung nach Hause zurückzukehren*, durch den Alexandergarten zu gehen, wo zitternd vor Kälte mehrere Frauen stehen, die auf ein durch etwas Grauenvolles erkauftes Abendbrot warten, und dann noch vergebens - dieses Schauspiel ist unerträglich. Es ist unerträglich, sich ruhig mit der Wissenschaft zu befassen (im Grunde sich an ihr zu *ergötzen*), wenn man das sieht. Damals erschien es mir unmöglich, mich nur mit Mathematik zu befassen, und ich wollte zur medizinischen Fakultät überwechseln. Ich weiß nicht, was mich davon abhielt. Karrieregründe waren es jedenfalls nicht. Offenbar war es der Gedanke: »Ist das die richtige Entscheidung?« Dann kamen die für uns alle so schrecklichen Tage. Für mich besonders ... Ich kann mich schlecht erinnern, was mit mir war. In der Wissenschaft konnte ich nicht mehr arbeiten, ich glaube, ich hatte das Gefühl, langsam den Verstand zu verlieren angesichts der Unmöglichkeit, in Ruhe und Frieden zu leben und zu begreifen, wo, ja wo die *Wahrheit* ist. Als mich Dmitri Fjodorowitsch (Prof. Jegorow) in diesem Zustand sah, schickte er mich hierher nach Paris. Und so bin ich also hier ... Obwohl ich schon fünf Monate hier bin, habe ich gerade erst angefangen zu arbeiten. Mir fehlte es an Selbstvertrauen.

Es ist eine große Qual für mich zu leben, Pjotr Afanasjewitsch! Die Weltanschauungen, die ich bisher kenne (materialistische Weltanschauungen), befriedigen mich ganz und gar nicht. Vielleicht irre ich mich, aber ich glaube, in ihnen allen den gleichen schrecklichen Teufelskreis zu bemerken, die fatale Abneigung dagegen zu begreifen, daß die Materie bedingt ist, eine mir absolut unverständliche Abneigung, die Grundlagen, die Prinzipien zu studieren. Das habe ich vor kurzem begriffen, früher *glaubte* ich an den Materialismus, leben konnte ich danach nicht, und ich quälte mich, quälte mich ohne Ende.

Ja, ich verstehe jetzt, daß die »Wissenschaft« im Grunde metaphysisch ist und auf nichts steht. Absolut unverständlich ist mir, wie man in der Wissenschaft »Differential-Resolventen für Gleichungen sechsten Grades« suchen kann ... Wie erbärmlich ist das alles, und es wäre vielleicht komisch, wenn es nicht so traurig und lastend wäre ... Im Augenblick interessieren mich in der Wissenschaft ausschließlich *die Grundlagen, symbolische Logik und Mengentheorie*. Aber allein mit der Wissenschaft kann ich nicht leben ... Der größte Teil des Tages ist zwar mit wissenschaftlicher Tätigkeit ausgefüllt, aber die Zwischenzeiten, die frei sind von der Wissenschaft, besonders wenn man unter Menschen ist, sind eine furchtbare Last für mich. Ich habe nichts, weder Weltanschauung noch Bildung. Die philologischen Wissenschaften, Geschichte, Philosophie sind mir absolut unbekannt ... Ich bin mir schmerzlich be-

wußt, daß es unmöglich ist, sich mit einer »naturwissenschaftlichen« Bildung zufriedenzugeben. Um sich herum die fatale Verachtung der Seele des anderen, ihre Drangsalierung zu sehen und nicht zu wissen, wie man sich den Menschen gegenüber richtig verhält, nicht für sie eintreten zu können, das wahnsinnig Verdrehte in den Beziehungen zu *empfinden* und die Wahrheit nicht zu haben, nicht zu wissen - mein Gott, was für eine Qual ... Was für ein Schmerz, die Unwahrheit zu sehen und nicht zu wissen, worin die Wahrheit besteht, die Lüge zu sehen und mit seinem ganzen Wesen zu empfinden und das Licht der Wahrheit, der *absoluten Wahrheit*, nicht zu erblicken ... O, was für ein wahnsinniger Schmerz! Manchmal wird er zu einer unerträglichen Qual ...

Lieber Pjotr Afanasjewitsch! Entschuldigen Sie um Gottes willen diesen persönlichen Brief, aber mir ist so schwer ums Herz, und ich sehe nirgendwoher Hilfe kommen ... Die, an die ich mich gewandt habe, haben mir Anatomie, politische Ökonomie und Physiologie zu lesen gegeben ... Aber das ist es nicht, das nicht, gerade das nicht ... Professor Jegorow riet mir, Kant zu lesen. Aber die Kantschen Prinzipien scheinen mir auf sehr wackligen Füßen zu stehen. Von Poincarés kläglicher Philosophie will ich gar nicht reden. Sie schreiben »Mode« ... Was heißt Mode? Ich bin bereit, auf mein persönliches Leben zu verzichten, nur um zu erfahren, wo die Wahrheit zu suchen ist. Denn zu wissen, was die Wahrheit ist, und nicht dorthin zu gehen, ist undenkbar, unmöglich ... Vielleicht fällt es mir deshalb so schwer zu leben, weil ich nicht begreife, was mir fehlt.

Was ich jetzt zu tun gedenke, ist, nach meiner Rückkehr nach Moskau Vorlesungen an der Historisch-Philologischen Fakultät zu hören. Ich habe absolut keine Ahnung von diesen Wissenschaften, und einzig mit der Mathematik und den Naturwissenschaften kann ich nicht leben. Vielleicht setzt mich diese Fakultät in den Stand, mich in den menschlichen Beziehungen zurechtzufinden, wo ich jetzt nur Schmerz empfinde, nur Grauen und keinen Hoffnungsschimmer sehe ... Parallel gedenke ich, weiter in der Mathematik zu arbeiten, aber zu allgemeinen Fragen. Wenn ich den Weg nicht finde, auf dem die Wahrheit zu suchen ist, oder wenn ich sehen muß, daß im Leben der Menschen *immer* und in alle Ewigkeit Egoismus, Isolation herrschen, dann will ich nicht mehr leben- - -

Entschuldigen Sie, Pjotr Afanasjewitsch, daß dieser Brief so persönlich ausgefallen ist. Ich schreibe ihn an Sie, weil das wenige, was ich von Ihren Gesprächen, Mitteilungen und Gedanken im Gedächtnis behalten habe, mir bisher geholfen hat, nicht zu verzweifeln, und mir Anlaß zur Hoffnung gab, daß das Leben am Ende doch schön und ohne Kränkung sein könnte, und das hat mich bei meiner Suche nach dem Weg der Wahrheit ermutigt- - -

Was soll ich Ihnen von Paris schreiben? Ich weiß es einfach nicht. Einerseits beeindruckt mich die allgegenwärtige Eleganz, die Eleganz der Gebäude, der Kunst; mich beeindruckt die erstaunliche Delikatesse der Studenten (an der Sorbonne) im Umgang miteinander und im Verhalten gegenüber Fremden, eine Delikatesse, die sich so sehr von unserer Art unterscheidet; andererseits habe ich den starken Verdacht, daß dies äußere Umgangsformen sind (sozusagen nur Lack). Im täglichen Leben, in der Pferdebahn, in der Elektrischen wird wohl keiner von ihnen für einen Beleidigten eintreten, zum Beispiel für eine Frau, während es bei uns unweigerlich zum »Gespräch« käme. Gott weiß, ob sie überhaupt eine andere Person lieben, oder ob sie für sie gleich *Null* ist! In der Wissenschaft ist alles beim alten: Man arbeitet an der Methode der sukzessiven Approximation, den komplexen Variablen, den Fourier-Reihen; mit besonderem Eifer widmet man sich der Integration von Gleichungssystemen, die in der theoretischen Mechanik und Physik gebraucht werden. Poincaré ist mit seiner Himmelsmechanik befaßt, der Mengentheorie begegnet er mit Mißtrauen (ich will es nicht behaupten, aber vermutlich ist es so). Borel beschäftigt sich mit ihr, aber unter einem bestimmten Gesichtspunkt: Bei ihm verkörpert sich alles in geometrischen Mengen. Er hält ein *Kontinuum* für außerstande, *bien ordonné* * zu sein. Ich sympathisiere mit den Bestrebungen an der hiesigen Historisch-Philologischen Fakultät, Mathematik und ihre Logik zu studieren. Ein begabter Lehrer dort ist Louis Couturat. Im Verein mit der englischen Schule von Russell ficht er mit Feuereifer für die Theorie der *ensembles* ** und hält sie für das Fundament der Mathematik. Diese Richtung, die Richtung der symbolischen Logik, interessiert mich sehr, obwohl ... Gott weiß, welches die Voraussetzungen dieser Richtung sind! Noch einmal von ganzem Herzen meinen Dank für den Brief! Ihnen alles Gute! Der Herr beschütze Sie!

Ihr Kam. Nikolai Lusin 1. Mai (14.) 06

P.S. Sicher haben Sie wenig Zeit ...
Sie müssen mir nicht gleich auf den Brief antworten; ich achte Ihre Arbeit, ich verstehe, daß Sie von großer Bedeutung ist.
In einem Monat kehre ich nach Moskau zurück, dann sehen wir uns vielleicht.
Meine Adresse stimmt.
Es macht mich traurig, daß Bjuschgens so wenig Respekt vor der Persönlichkeit hat. Ich fürchte, er wird sich nie zu einer Kritik der Prinzipien der menschlichen Beziehungen aufschwingen. Er hat mir mehrfach gesagt, daß man sich »davor hüten muß«.

* wohlgeordnet

**Mengen

Pawel Florenski an Nikolai Lusin

Lieber Nikolai Nikolajewitsch!
Ich wollte Ihnen schon lange schreiben, aber die Zeit verging über tausend Kleinigkeiten, und ich fand keine freie Minute. Jetzt schreibe ich Ihnen während der Unterrichtszeit, ich habe die Studenten an ihren Prüfungsaufsatz gesetzt. Entschuldigen Sie daher, wenn mein Brief etwas konfus sein sollte.

Ich hörte, daß vor kurzem auch Ihr Vater gestorben ist. Ich kenne zwar Ihr Verhältnis zu ihm zu wenig, aber mir ist klar, daß Sie die Probleme des Lebens jedenfalls jetzt hart treffen. Bei Ihrer Feinnervigkeit wird Sie das vermutlich doppelt mitnehmen. Sollten Sie sich nicht etwas Ruhe gönnen, lieber Nikolai Nikolajewitsch? Wenn Sie wieder einmal nach Posad kämen, wäre ich sehr froh; Komfort verspreche ich Ihnen nicht, aber ich könnte Ihnen mein Arbeitszimmer zur Verfügung stellen.

Genieren Sie sich nicht, glauben Sie mir, wie es aussieht, habe ich unter allen Studienkameraden an der Universität nur zu Ihnen ein wirklich herzliches Verhältnis bewahrt. Sie schreiben gar nichts über sich selbst und Ihre Dissertation. Meiner Ansicht nach müßte sie längst erschienen sein.

Was ist da los? Warum habe ich sie noch nicht auf meinem Tisch (leider kann ich nicht sagen, in meinem Kopf, weil ich nicht weiß, ob sie da hineinpaßt).

Was mich betrifft, so war dieses Jahr vornehmlich der Kabbala und ihren Prinzipien gewidmet. Ich habe einen neuen Vorlesungszyklus konzipiert - »Die Lehre von den Kategorien«, in dem ich den Studenten zeigen möchte, daß es unterschiedliche Typen des Denkens gibt, unterschiedliche Systeme von Kategorien, und zwar im Zusammenhang mit den unterschiedlichen Glaubensrichtungen, die den Systemen zugrundeliegen. Mit anderen Worten, ich möchte die in der Tiefe verborgenen Nerven der Weltanschauung freilegen und habe mir jetzt nach der mir topographisch und chronologisch am nächsten, in ihrer »Orientierung« aber am fernsten liegenden westeuropäischen, d.h. mechanisch-positiv-kantianischen Weltanschauung, das jüdisch-kabbalistische Denken vorgenommen und bin bis zu diesem Zeitpunkt nicht wieder davon losgekommen. Im weiteren beabsichtige ich, die Prinzipien der Magie zu studieren und anschließend die des kirchlichen Weltverständnisses. Es ist erstaunlich, wie viele Strömungen von der Kabbala herkommen, die ursprüngliche Inspiration der Kabbala aber verlieren und [ein Wort unleserlich] mechanisch und erstaunlich langweilig werden. »Ihre« Logistik zum Beispiel ist natürlich nichts anderes als ein Produkt der Kabbala. Aber, mein Gott, wie lebendig, inspiriert und stark ist das alles in der Kabbala und wie langweilig und matt bei Peano, Russell u.a. Oder eben die Hegelsche Dialektik. Eine verkomplizierte Kabbala, nicht mehr.

Außerdem befasse ich mich noch mit dem »Ahnenkult«, mit verschiedenen genealogischen Nachforschungen, die schrecklich viel Kraft und Zeit kosten und sich als so etwas wie divergierende Reihen erweisen; je mehr man sich mit den Vorfahren befaßt und sich ihnen widmet, desto mehr Personen findet man; doch statt daß die einzelnen Linien sich treffen, gehen sie immer beharrlicher auseinander. Ich wünsche Ihnen alles Gute, der Herr beschütze Sie. Gruß an Nadeshda Michailowna. In Liebe

Ihr Priester Pawel Florenski. 1915.26.XI.
Sergijew Posad.

*Die allgemeinmenschlichen Wurzeln des Idealismus**

Meiner teuren Mutter und dem
Gedächtnis meines geliebten Vaters

Eminenz, hochgeehrte Versammlung!
Wenn *Gottes Wort* die lebendige Seele und der Sinn der Existenz unserer Schule ist, dann ist das *Menschenwort* ihr Leib und die Bedingung für ihr Leben. Sie werden es mir daher, hoffe ich, nicht verargen, wenn ich, mich den alten Zeiten zuwendend, versuche, die Ahnenlinie unserer Schule, soweit es ihren *menschlichen* Inhalt angeht, nachzuzeichnen. Hinsichtlich der Lehrer der Akademie wie ihrer Zöglinge hat das Christentum das Gebot, die Eltern zu ehren, nicht nur nicht abgeschafft, sondern bekräftigt, ja unendlich vertieft. Seiner *heidnischen* Ahnen zu gedenken heißt, seine *christliche* Pflicht ihnen gegenüber zu erfüllen. Beginnen wir bei dem, der als der wahre Begründer der Akademie anzusehen ist, bei ihrem Inspirator und, um ein modernes Wort zu gebrauchen, bei ihrem ersten Rektor, dem Mann, der von Christen und Heiden gleichermaßen geachtet wurde. Die antiken Apologeten bezeichneten ihn als einen »Christen vor Christus«, sie glaubten, daß ihn die Gnade des Gotteswortes berührt habe, sie sahen in ihm einen Propheten in partibus infidelium** und in seinen Werken das Vorwissen, den Schatten des Künftigen. Und zur gleichen Zeit nannten die zeitgenössischen Neuplatoniker diesen Mann nicht anders als den »heiligen«, »göttlichen« oder »gottinspirierten«; sein Werk war für sie so etwas wie eine heilige kanonische SCHRIFT.

Sie wissen natürlich, daß von *Plato* die Rede ist. Er ist es gewesen, ja! er, der unserer Schule den Namen gab. Heißt sie denn ohne Grund Akademie und nicht Lyzeum oder Stoa oder Universität? Selbstverständlich nicht. Wie Sie wissen, steht unsere geistige Kultur in der Nachfolge von Plato, daran ist kein Zweifel. Mit unserem Namen bekennen wir, Zöglinge auch *jener* athenischen Akademie zu

---

* Probevorlesung pro venia legendi, gehalten an der Moskauer Geistlichen Akademie am 17. November 1908.

** (lat.): Im Bereich der Ungläubigen

sein. In diesem Bekenntnis liegt für das Christentum durchaus nichts Erniedrigendes. Sind nicht die Christen von heidnischen Eltern geboren? So sind auch wir Söhne des antiken Propheten aus Attika.

Da steht er, den Kopf gedankenvoll gesenkt! Was geht in ihm vor: Lauscht er den himmlischen Liedern einer anderen Welt? Oder wird ihm vielleicht gerade jetzt die unsichtbare Segnung des Künftigen Wortes zuteil? Wer weiß. Wie aber die Blicke, nachdem sie einmal auf Platos Büste gefallen sind, nicht mehr auf die Büsten anderer Denker fallen, so erscheinen einem nach seinen Werken die Schriften der anderen grau, grob und irdisch. Wie klein sind sie, verglichen mit diesem Seher-Philosophen, diesem untadeligen Mann der Öffentlichkeit, feinfühligen Erzieher und inspirierten Dichter! Welch eine unbegreifliche Kraft und welch einen Zauber hat er den Worten seiner Schriften verliehen, daß die Herzen noch nach Jahrtausenden von seltsamem Verlangen erfüllt werden, in süßem Schmerz brennen und diese Worte eine so große Sehnsucht wecken und in eine kaum erkennbare, in kühlen Morgennebeln schwimmende Ferne locken? Seine heiligen Reden voll göttlicher Verzückung sind vom Duft des Mysteriums umgeben. So duftet es in lange verschlossen gebliebenen Kathedralen von dem an den Wänden haftenden Weihrauch. Mit wie tiefen Augen blicken seine seltsamen Mythen den Leser an. Wer weiß, welch geheimer Sinn sich in ihnen verbirgt? Denn die Esoterik der platonischen Schule ist offenbar. Die Werke bedeutend jüngerer Philosophen sind längst vergilbt und vertrocknet. Ihr glänzendes Kleid ist abgefallen, und vor dem inneren Blick stehen ihre nackten Schemen wie gefrorene Bäume im Winter. Lebendig aber sind und bleiben die bebenden Dialoge Platos. Und es gibt keinen Menschen, der nicht wenigstens einmal in seinem Leben Platoniker gewesen wäre. Wer hätte nicht erfahren, wie der Seele Flügel wachsen. Wer wüßte nicht, wie sie sich zur unmittelbaren Schau dessen erhebt, was von dem grauen Wolkenschleier der Alltagswirrnis verdeckt ist? Wer wäre nicht mit Eros' Hilfe in die dem Verstand unzugänglichen Tiefen der Erkenntnis vorgedrungen? Wem hätte sich nicht die andere, die strahlende Wirklichkeit eröffnet, wo der Inspirierte den ewigen Urbildern der Dinge von Angesicht zu Angesicht gegenübersteht? Wer hätte nicht

Pawel Florenski als Dozent an der Geistlichen Akademie, 1909

erlebt, wie die undurchdringliche Wand zwischen Subjekt und Objekt wankt und fällt, wie das ICH die Grenzen seiner egoistischen Sonderung verläßt, wie es mit offener, weiter Brust die Höhenluft der Erkenntnis atmet und eins wird mit der ganzen Welt? Jene »schönen, reinen, von allem Irdischen losgelösten und wie aus Blumenduft und Mondlicht gewobenen Träume der Liebe, die die Jugendtage umhüllen und die von allen Dichtern bei allen gebildeten Völkern besungen werden« - sind sie nicht aus dem Platonismus geboren? Und sind nicht die *»Ideen«, »Wesenheiten«, »Begriffe«, »Monaden«, »Persönlichkeiten«*, mit denen die Philosophie umgeht und in denen sie lebt, blutsverwandt mit Platos Lehre? Der Idealismus im weiteren Sinn des Wortes ist das Lebenselement der Philosophie, und dieses Sauerstoffs beraubt, muß die Philosophie ersticken, dahinwelken und zugrundegehen. Europa hat die Philosophie aus den Händen Platos empfangen.

Woher aber nahm er *selber* die Idee des Eros' als Erkenntnisprinzip der Philosophie? Woher kam *bei ihm* die Vorstellung eines unmittelbaren Berührens des Wesens der Dinge, ihrer geheimnisvollen Seele? Wie kam es zu dieser beinahe uneingeschränkten Identifizierung von Wort und Gedanke? (Sophistes 263e; Phaidon 99d, e) Auf welchem Wege kam Plato zu seinem Reich der wahrhaft seienden, unwandelbaren, immateriellen, aus sich selbst schönen, ewigen, an »geistigem Ort« befindlichen Bilder des Seienden, mit denen wir, wenn wir sie im Eros erkennen, den Schlüssel zur Eröffnung aller Geheimnisse der Welt besitzen? Warum wirken die Konzepte dieses Philosophen so *alt*? Warum sind sie immer modern? Das sind dunkle Fragen. Am wenigsten wird ihnen wohl die übliche Erklärung gerecht, die in den *»Ideen Platos«* die hypostasierten *»Begriffe«* des Sokrates sieht. Sokrates habe die Gattungsbegriffe gelehrt, und Plato sie genommen und in metaphysische Wesenheiten verwandelt. So einfach und psychologisch so banal.

Hochverehrte Zuhörer! Ich muß hier nicht Platos Lehre darstellen. Sie ist Ihnen wohlbekannt. Um jedoch weiter der Sohnespflicht zu genügen, scheint es mir angebracht, sich noch tiefer in das »Geschlechterbuch« unserer Schule zu versenken. Dabei hoffe ich, Ihnen die *Wurzeln* des Platonismus zeigen zu können, mittels derer er die

Feuchtigkeit aus dem Boden der allgemeinmenschlichen Glaubensauffassungen zieht. In dieser *Bodenhaftigkeit* des Platonismus liegt, so scheint mir, die Ursache für seine *ewige Dauer*. Denn Plato ist nicht eine Frucht der Schulphilosophie, sondern eine Blüte der *Volks*seele, und seine Farben werden nicht verblassen, solange diese Seele lebt.

Mit der Frage »*Woher* kommt der Platonismus?« fragt man durchaus nicht danach, welche *geschichtlichen* Einflüsse und Verbindungen seine Entstehung bedingten. Die *geschichtlichen* Einflüsse aufzuhellen ist in den meisten Fällen ein hoffnungslos dunkles Geschäft, das sich nur betreiben läßt, indem man der Geschichte Gewalt antut. Doch die Frage nach dem »Woher?« läßt sich auch noch in einem anderen Sinne stellen. Nämlich so: »Aus welchen Bewußtseinsvorgängen? Wo zeigten sich diese Vorgänge in ihrer rohen Ursprünglichkeit? Wo sind sie am auffälligsten?«

Sollten Sie dieser Fragestellung folgen, so wäre meine Antwort kurz und einfach. *»Magie«* - das ist jenes einzige Wort, das die Frage nach Plato zu beantworten vermag. Oder, wenn Sie ein modernes Wort vorziehen - *»Okkultismus«*. Denken Sie nicht, daß ich Ihnen etwas von Teufeln und Hexen erzählen will. Als Historiker berührt mich die Frage nach ihrer Realität in keiner Weise. Waldgeister und Wassernixen mag es nicht geben, aber es gibt ihre Wahrnehmung. Die Macht der Beschwörungen und Zaubersprüche mag es nicht geben, aber es gibt den Glauben daran. Mir wie Ihnen ist eine *Tatsache* gegeben - die Weltempfindung und die Weltanschauung des Magiers. Und wir sind verpflichtet, uns mit dieser Tatsache zu befassen. Ich kann hier freilich für meine These über die Herkunft des Platonismus aus der magischen Weltanschauung eines unmittelbaren Bewußtseins einen *strengen* Beweis nicht erbringen. Dazu bedarf es einer ganzen Abhandlung. Ich erlaube mir jedoch, meine These an *einigen* Tatsachen zu erläutern, und wähle hierzu vornehmlich solche aus einem Bereich, der Ihnen vertrauter ist, aus der russischen Folklore.

Es ist Sache der Psychologen zu entscheiden, ob die Weltanschauung sich mit Veränderungen im Weltempfinden wandelt oder ob umgekehrt das Weltempfinden sich von der Weltanschauung herleitet. Es steht außer Zweifel, daß es eine funktionale Entsprechung gibt zwischen den Ideen und dem inneren Leben, zwischen der Weltanschauung und dem Weltempfinden. Um daher das innere Leben eines Menschen des Altertums zu verstehen, um in die unmittelbare Weltwahrnehmung eines Bauern einzudringen, muß man sich unbedingt von intellektuellen Meinungen lösen, sie gänzlich vergessen und mit reinem, von vorgefaßten Schemata und den zahllosen wissenschaftlichen Theorien nicht verhärtetem Herzen in diese neue seelische Welt hineinversetzen. Für den, der dieses ganzheitliche Leben nicht lebt und nicht leben kann, ist der Schlüssel zur Weltanschauung des Volkes für immer verloren. Eine fremde Seele zu verstehen, heißt sich umzuverkörpern. Vielleicht kommt dem Volkssinn der geniale Moment der Erleuchtung des Dichters am nächsten, wenn die Trenngrenzen der Welt aufgehoben sind und er

Der Engel sternumwehten Flug, ...
Das Tasten erdennaher Reben*

vernimmt.

Umgekehrt ist nichts der Unmittelbarkeit des Volksbewußtseins so fern wie geistiger Atomismus, der die moderne Seele wie Krebs zerfrißt und abtötet. Nehmen Sie als Beispiel das uns am nächsten stehende Gebiet, die Wissenschaft. Das Ideal eines *ganzheitlichen Wissens*, von Plato so klar vorgezeichnet, lenkt die Wissenschaft nicht einmal mehr in Gestalt der regulativen Idee Kants. Die Menschheit ist nicht mit der Wissenschaft, sondern mit Wissenschaften, ja nicht einmal mit Wissenschaften, sondern mit Disziplinen befaßt. Zufallsfragen fressen sich mit suggestiver Kraft in das Bewußtsein, das, von seinen Hervorbringungen versklavt, die Verbindung zur Welt verliert. Spezialisierung, Monoideismus - tödliche Krankheit des Jahrhunderts - fordern mehr Opfer als Cholera und Pest und alle Seuchen. Es gibt nicht einmal mehr den Spezialisten einer einzelnen Wissenschaft: Einer kennt nur noch die elliptischen Integrale, ein zweiter das Radiothorium, ein dritter die Chemie einer Unterart der Eiweiße usw.

Auf anderen Gebieten ist die zersetzende Wirkung des seelischen Atomismus noch spürbarer. Wie viele gibt es noch, für die die

* Alexander Puschkin, »Der Prophet«.
Deutsch von Wolfgang E. Groeger.

Natur nicht in miteinander nicht verbundene Dinge zerfällt, in Erde, Wald, Feld, Fluß usw. Gibt es noch viele, die nicht nur Bäume, sondern Wald sehen? Ist nicht *»Wald«* für viele lediglich ein Kollektivum und eine rhetorische Personifizierung, d.h. reine Fiktion und nicht eine Einheit, etwas Lebendiges. Sie stutzen? Reale Einheit, das ist doch Einheit des Selbstbewußtseins. Ich frage Sie, gibt es viele, die dem Wald diese Einheit zugestehen, d.h. eine lebendige Seele, dem Wald im ganzen, als *Wald-Geist*, als *Wald-Schrat*, als *Wald-Kobold*? Sind Sie bereit, *Wasser-Nixen* und *Wasser-Geister*, diese Seelen des Elements Wasser, anzuerkennen? Sie sehen, wie mannigfaltig das innere Leben ist. - Aber lassen wir die Natur. Bedenken Sie, wie erschüttert die Grundlagen des inneren Lebens sind: Das Heilige, die Schönheit, das Gute und der Nutzen bilden nicht nur kein einheitliches Ganzes mehr, sie werden jetzt schon nicht mehr zusammen gedacht. Das Heilige von heute ist scheu und drückt sich in einen verborgenen, niemand mehr nützenden Winkel der Seele. Die Schönheit ist untätig und verträumt; das Gute nötigend; der Nutzen, der berüchtigte Götze unserer Tage, unverschämt und grausam. Das Leben ist zerstäubt. Was für ein tiefer Sinn liegt darin, daß die wissenschaftliche Psychologie eine Psychologie ohne Seele ist: Denn die Menschen unserer Zeit haben angeblich keine Seele, sondern an ihrer Statt nur einen psychischen Strom, ein Bündel von Assoziationen, psychischen *Staub*. Tag um Tag vergeht, eine »Unternehmung« folgt der anderen. Die psychischen »Zustände« wechseln, ein ganzheitliches Leben gibt es nicht. Der Seele Substantialität abzusprechen, ist durchaus nicht eine Erfindung der Psychologen; bei dem heutigen Zerfall der Seele ist es eine *wirkliche* Selbsterfahrung, daß es der Seele unmöglich ist, sich als Substanz zu erleben. Blicken Sie jedoch in die Seele des Volkes, dann werden Sie sehen, daß es dort ganz anders ist. Langsam und majestätisch fließt das Leben dahin, breit und frisch und klar wie die Wolga, abendkühl im Widerschein des Sonnenuntergangs, und seine Fluten bilden, gesellig sich verflechtend, einen gemeinsamen Strom. Hier ist der Mensch ganz. Der Nutzen ist nicht *nur* der Nutzen, er ist auch das Gute; er ist schön, er ist heilig. Betrachten Sie das Leben des Volkes, z.B. die Totenklage. Hier ist der Nutzen, das

Gute, das Heilige und eine Schönheit bis zu Tränen. Und nun vergleichen Sie ein Konzert bei Intellektuellen mit dieser Totenklage, und Sie werden selber fühlen, wie arm das ist. Das Wissen des Bauern ist ein ganzheitliches, organisch verbundenes Wissen, ein Wissen, das er braucht, das aus seiner Seele wächst; das Wissen des Intellektuellen ist zersplittert, organisch größtenteils unnütz, etwas, das er sich von außen auflädt. Wie ein Packesel trägt er die Last seines Wissens. Mit allem ist es so, mit allem und besonders mit der Sprache.

Das Volk lebt ein ganzheitliches Leben, ein Leben voller Inhalt. Wie es hier keine undurchdringliche, aus »Höflichkeit« undurchdringliche Wand zwischen den einzelnen Persönlichkeiten gibt, so lebt der Bauer auch mit der Natur *ein* Leben, er lebt wie der Sohn mit der Mutter, und diese seine Beziehungen zur Natur sind liebevoll, zärtlich und innig, doch auch voll seltsamer Schrecken, voll Furcht und Unruhe und manchmal gebieterisch und selbstherrlich. Bald sich der Natur unterwerfend, bald die Natur sich unterwerfend oder aber mit ihr als Gleicher unter Gleichen lebend, blickt er immer *offenen* Auges auf die Geschöpfe, atmet mit ihnen *eine* Luft, wärmt sich mit ihnen an *einer* Sonne. Dies ist kein sentimentales Seufzen nach der Natur. Nein, das ist ein Leben mit ihr, ein Leben voll schwerer Arbeit und alltäglicher Roheit, nichtsdestoweniger ein Leben, das in seiner Tiefe stets Sammlung und wahre Liebe ist. Daher durchpulst selbst das tagtägliche Leben der einfachen Menschen ein nicht wiederzugebendes Beben von Poesie und Herzenswärme. Nehmen Sie ein beliebiges Kräuter- oder Arzneibuch, das doch offenbar etwas rein Utilitäres ist, und vergleichen Sie die Beschreibungen mit denen in den Botaniken. Sie werden erstaunt sein über die Zärtlichkeit und Liebe, mit der die Volkspharmazie von den Kräutern spricht. Es gibt ein Kraut, so liest man in einem belorussischen Kräuterbuch, das heißt »Faulenzchen«;* »es wächst auf der Wiese, hat winzig kleine Blätter, eng beieinander, und ein bläuliches Blütchen. Es wächst dicht am Boden und breitet sich nach allen Seiten hin aus.« Oder hören Sie

* Anagallis arvensis - Ackergauchheil

die andächtige Beschreibung einer einfachen Pusteblume (wir hätten sie vielleicht gar nicht bemerkt!) als eines zerbrechlichen, lebendigen, uns teuren Wesens: »Das Kraut wächst überall, auf Wiesen, an Wegrainen und Gräben; die Blätter sitzen unten am Boden. Ihre Ränder sind gezackt, aus ihrer Mitte erhebt sich ein schlanker schöner Stengel mit gelber Blüte; wenn sie verblüht ist, trägt sie eine Kappe aus Flaum, und da, wo sich der Flaum löst, entstehen kahle Stellen; wenn du sie abpflückst, wird es unten am Blatt oder am Stengel ganz weiß.«

Kräuter, Vögel, Bäume, Insekten, Pflanzen und Tiere aller Art, die Erde, das Wasser - jedes Element weckt unbegreifliche, wohltuende Sympathie. »Ins Wasser spucken ist, als spucke man seiner Mutter ins Gesicht.« *Nester* plündern ist nicht gut; harmlosen Vögeln etwas zuleide tun, ist eine schwere Sünde. Ein Jammer, eine *Krähe* totzuschlagen, sie ist doch ganz friedfertig; der *Star* wird um seines Gesangs willen geschont. »Einen Spatzen schonen wir«, sagen die Bauern, »weil er uns ähnlich ist«. Einen Hund soll man auch nicht schlagen: Er war einmal ein Mensch und ist aus Gefräßigkeit zum Hund geworden. So widerwärtig einem ein *Frosch* vorkommen mag, ihn totschlagen ist Sünde. Damit nicht genug. Am Tage von Mariä Verkündigung kauft man Singvögel und läßt sie frei, man glaubt, sie werden bei Gott die Sünden ihres Befreiers abbitten.

Es gibt Bauern, die besonders mitleidig sind gegen alles Lebendige. Ich erinnere mich an eine alte Frau: Wenn sie an Tauben vorbeikommt, kann sie nicht anders, sie muß ihnen eine Handvoll Weizen hinstreuen. Das macht sie immer so, sie selbst ißt kaum, aber füttert die Tiere; die Hunde, Hühner und Katzen der Nachbarhöfe fühlen sich zu ihr hingezogen.

Das Volk sah und sieht nicht selten *Engel* in Kräutern, Blumen und Vögeln. »Es gibt ein Kraut mit Namen *Erzengel*«, sagt das Kräuterbuch, »es ist klein, hat rundherum neun Blätter, spitz wie Pfeile, vierfarbig: purpurn, grün, rot, blau. Dieses Kraut ist sehr gut: Wer es zu Johanni mit Hilfe einer goldenen oder silbernen Münze abpflückt und es bei sich trägt, braucht sich vor nichts zu fürchten, weder vor dem Teufel noch vor der Nacht noch vor einem bösen Menschen.« Die Tauben werden *»Gottesengel«* genannt; sie sind heilige Vögel, sie zu töten ist eine große Sünde. Die *Biene* ist die *»Gottesdienerin«*, das *»Gottestierchen«*. Sie ist das Symbol der Reinheit und gesellt sich nur gerechten und reinlichen Menschen zu, die mit ihrer Familie in Frieden leben; bekanntlich »sticht die Biene nur den Sünder«. Im Gouvernement Kostroma lehrt man die Kinder: »Wenn ein Gotteskühlein (hören Sie sich nur einmal in die Benennung des kleinen Käfers hinein), wenn ein Gotteskühlein sich auf dein Händchen setzt, jag es nicht weg und tu ihm nichts zuleide, heb das Fingerchen in die Höh und sing dazu:

Gotteskühlein,
Flieg in den Himmel:
Da ist es warm,
Hier ist es kalt,

dann breitet es die Flügelchen aus und fliegt davon.«

Was für ein Abgrund trennt diese Ehrfurcht *vor allem* von dem Ekel *vor allem*, der so schwer von der Intellektualität zu trennen ist!

Die ganze Natur ist beseelt, sie ist lebendig, im ganzen und in ihren Teilen. Alles ist durch geheime Bande miteinander verbunden, alles atmet gemeinsam. Überall widrige und günstige Wirkungen. Nichts ist ohne Wirkung; allen Wirkungen und Wechselwirkungen der Dinge-Wesen-Seelen liegt eine Art von Telepathie zugrunde, etwas von innen Wirkendes, eine sympathetische Verwandtschaft. Die Energien der Dinge *fließen* in andere Dinge, jedes Ding lebt in allen, und alle leben in jedem. Hören Sie nur, wie der Bauer mit dem Vieh, mit dem Baum, mit dem Ding spricht, mit der ganzen Natur: Er liebkost, er bittet, er beschwört, er beschimpft, er verflucht sie, er spricht mit ihr, er empört sich über sie, manchmal haßt er sie auch. Er lebt mir der Natur in enger Verbundenheit, er kämpft mit ihr, er demütigt sich vor ihr. Ein Grashalm ist nicht einfach ein Grashalm, sondern etwas weit Bedeutenderes, eine eigene Welt. Und diese Welt blickt mit tiefen Zauberaugen auf all die anderen Welten. Alle Dinge blicken einander an, tausendfältig spiegeln sie einander. Alle Dinge sind Strahlungszentren geheimer Kräfte. Einander kreuzend, sich verflechtend und sich verwirrend, knüpfen diese schwarzen Strahlen, diese Schicksalsfäden Knoten - neue Zentren, gewissermaßen neue vielfältige Manifestationen der Natur, die sich bald offenbaren, bald verschwinden, bald in den Gesichtskreis des Alltäglichen treten, bald sich vor dem Sonnenlicht hinter einem Dunstschleier verbergen oder aber in das pechschwarze Dunkel der Nacht tauchen. Es sind unzählige Wesen - Waldgeister, Feldgeister, Hausgeister, Korndarrengeister, Scheunengeister, Rusalkas, Schischigas, Kikimoras* usw. usw., es sind die Doppelgänger der Dinge, Orte und Elemente, ihre verkörperten und körperlosen, guten und bösen numina. Es sind, ich greife vor, die hypostasierten Namen der Dinge, ihre nomina. Es sind die Zeichen ihrer Schicksale, ihre omina. Es sind die numina-nomina-omina rerum. Vor allem aber sind es lebendige Wesen. Sie beschützen den Menschen, und sie befehden ihn. Bald kehren sie in die Elemente, die sie hervorgebracht haben, zurück, lösen sich in ihnen auf und werden entpersönlicht bis auf einfache poetische Verkörperungen dieser Elemente, bald treten sie aus diesen wieder hervor, legen erneut die Maske der Selbständigkeit an, sprechen mit eigener, dem Menschen manchmal verständlicher Stimme oder vielleicht lautlos auf dem Weg telepathischer Suggestion direkt in seine Seele, verlangen Nahrung für sich, vollbringen Alltagsdinge, heiraten und schmieden Ränke, essen, trinken, schlafen, streiten und schlagen sich, lachen und weinen, sind fröhlich und traurig, werden krank und sterben. Wie an den Wänden die schwankenden Schatten des verlöschenden Kienspans huschen diese Seelen und Doppelgänger der Dinge hin und her, ändern ihre Gestalt, treten aus dem Dunkel hervor, um wieder in ihm zu verschwinden, werden größer, werden kleiner, gewinnen Kontur und verschwimmen wieder. Immer denkst du, jetzt kannst du sie mit deinem Blick festhalten! Aber nein! Sie zerrinnen, und was bleibt, ist das Gewöhnliche, das Alltägliche, das Taghafte. Du wendest dich ab, und schon sind sie wieder da, diese launischen Kobolde, diese wunderlichen Schelme. Niemand kann sie genau beschreiben, nie-

* Gestalten der slawischen Mythologie:
Wassernixen, Kornspeichergeister, Nachtgeister.

mand kann mit Sicherheit sagen, was sie für Gesichter haben, manchmal scheinen sie überhaupt gesichtslos zu sein: Anstelle der Gesichter gähnt die Bodenlosigkeit der Nacht. Die ganze Wirklichkeit erstrahlt in einem seltsam phosphoreszierenden Licht, sie gewinnt Tiefe durch ein dem Intellekt unbekanntes Halbdunkel. Jedes Ding wird manchmal mehr als es grob empirisch betrachtet, ist. Von überall her hast du das Wunderlichste zu gewärtigen, nichts läßt sich festhalten und endgültig bestimmen. Diese Welt ist ein immer fließendes, immer sich ereignendes, immer bebendes Halb-Sein, und hinter ihm, hinter seinen wie die Luft am heißen Mittag über der Erde zitternden, flimmernden, schwankenden, verschwommenen Umrissen gewahrt das aufmerksame Auge die *andere* Wirklichkeit.

Da kreist der Wind am Wege und dreht den Schnee zu Säulen. Aber das ist nicht nur der Wind. Da feiert die Hexe ihre unreine Hochzeit mit dem Teufel. Davon kann man sich leicht überzeugen: Wirf ein Messer in diesen Wirbel und du wirst sehen, wie es hineingezogen wird, wie es tanzt und dann zu Boden fällt, blutig von unreinem Blut. Das »vom Wirbel blutige« Messer ist kein einfaches Messer. Mit ihm kann man die Spuren tilgen, die eine junge Frau im Schnee hinterläßt, und anderen unerhörten Zauber treiben. Und weiter: Auf das Haus einer Witwe fällt ein goldener Funkenregen. Aber das sind auch nicht einfach Funken, wie es auch nicht einfach ein goldener Regen war, der auf Danaë fiel. Diese Funken sind die geflügelte Schlange, die sich in der Hütte in den verstorbenen Mann der Hausherrin verwandelt, mit ihr eine fleischliche Verbindung eingeht und ihr Geld zukommen läßt; aus dieser Verbindung einer Frau mit einer unirdischen Kraft geht - natürlich! - ein Krüppel hervor, ein tierähnliches Kind, bei dem ein Körperteil von einem Tier stammt. Und wer weiß, was es noch alles gibt.

Alles, alles, was das Auge sieht - alles hat seine geheime Bedeutung, eine doppelte Existenz, ein anderes Wesen jenseits des Empirischen. Alles hat teil an einer *anderen* Welt; die *andere* Welt prägt allem ihr Siegel auf.

Vater Christoforo *Borri* berichtet von den Missionaren in Cochinchina, wie sie die Opfer beim Ahnenkult in Frage stellen wollten, indem sie auf die Identität des Fleisches *vor* und *nach* der Opferung hinwiesen, wie sie aber durch die tiefsinnige Bemerkung der Eingeborenen beschämt wurden, daß die Geister sich das unsichtbare Wesen des Fleisches nähmen und das sichtbar Stoffliche den Anbetenden überließen. Diese Ansicht von der zwiefachen Natur *aller* Dinge in der Welt ist eine allgemein-menschliche. Wie Kieselstein mit Kalkmörtel ist das ganze Dasein mit Jenseitigem durchmischt und wird so zusammengehalten. Es gibt nicht *einfach* Essen, einfach Krankheit, Kleidung, Feuer, Wohnung. Alles ist einfach und nicht einfach; alles ist alltäglich und nicht alltäglich. Der Ozean des Unbekannten brandet gegen den Alltag. Der Mensch senkt tiefe Wurzeln in noch andere Böden als nur in diesen Boden. Seine Sinne schärfen sich, seine Seele wird empfänglich und wissend und gewahrt,

Was anderen verborgen bleibt,

was eine durch Reflexion geschwächte Seele nicht gewahrt. Das Geheimnis dringt in den Alltag, der Alltag wird Teil des Geheimnisses.

Eine unirdische Kraft mischt sich in das Rascheln und Rauschen der Nacht, in das Heulen des Windes, in das Brausen des Waldes, in den Schrei der nächtlichen Vögel und das Leben der ganzen Natur. Du gehst abends am Fluß entlang: Ein Fisch springt aus dem Wasser, ein Rascheln im Gebüsch, ein Sausen im Schachtelhalm; eine Spitzmaus stürzt sich ins Wasser - gerade so wie ein Bauer. Du versuchst vergeblich, dich zu beruhigen. Du kannst sicher sein, dein Herz klopft nicht von ungefähr: Das ist natürlich der *Wassermann*, der in das schwarze Naß »untertaucht«. Oder im Wald - ein Schnauben, ein Krachen, ein Gelächter, daß die Blätter von den Bäumen fallen. Und manchmal ein klägliches Weinen wie von einem Kind, ein Stöhnen im Wald, ein Kreischen und wieder Gelächter. Oder mitten im Dickicht brennt ein Feuer, und neben diesem Feuer sitzt ein Mann. Der packt plötzlich das ganze Feuer und jagt mit einem riesigen Feuerbaum durch den Wald! Da kann dir angst und bange werden. Zweifelst du da immer noch, kommt dir da nicht der Gedanke, daß das der *Waldkönig* ist? Versuch einmal, so laut wie möglich zu schreien. Kommt ein Echo auf deinen Schrei, so kannst du gewiß sein: Da antwortet dir entweder der Teufel, oder es meldet sich ein Waldgeist, ein Feldgeist, ein Flußgeist.

Wie ein heimlicher Schatten schleicht diese rätselvolle Kraft hinter dem Gewöhnlichen her, tarnt sich als das Alltägliche und schmiegt sich an das Natürliche an. Anfangs bemerkst du es nicht, und nur das Herz, das alles weiß, fängt an, »irgendwie« stärker zu schlagen. Und auch das Gebet fürchten *»sie«* nicht: denn sie sind nicht, was Teufel sind, nicht die böse Kraft. Das Gebet berührt sie nicht. Sie fürchten einzig die wilden, schwarzen Flüche - die Teufels- und die Mutterflüche. Sich hinter *Irdischem* verbergend, zeigt sich die *andere Kraft* manchmal ganz plötzlich; sie erhebt sich, richtet sich zu voller Größe auf und kreischt: »Hier bin ich!« und verbirgt sich wieder, nur im Herzen ist einem bange.

Doch ist dieses Weltgefühl beim Bauern im Durchschnitt nicht voll ausgebildet. Es gibt eine Vielzahl von Geheimnissen, die er einfach vertrauensvoll hinnimmt. Er ist so weise, nicht weiter neugierig nachzuforschen. Er begegnet dem Unbekannten in Demut, schweigt oder antwortet mit Mythen, die ihm gerade in den Sinn kommen. Von diesen legendes des origines gibt es eine große Zahl, mit ihrer *naiven* Symbolik stehen sie in einem bemerkenswerten Gegensatz zu den tiefen Erlebnissen und Beobachtungen dieser gleichen Menschen auf anderen Gebieten. Woher kommen die Erdhäufchen? - »Da hat der Teufel hingekotzt.« Woher kommt die unreine Kraft? - »Adam hat so viele Kinder geboren, daß er sich schämte, sie Gott zu zeigen. Da verwandelten sie sich in die unreine Kraft.« Woher kommen die Frösche? - »Die Eltern haben die Kinder verflucht ›wegen des Segens‹, d.h. wegen des Geschreis, da sind die Verfluchten zu Fröschen geworden.« Und so weiter, ohne Ende. Die Wale, auf denen die Erde ruht, das Tier Indrik,* der Riesenfisch - die feuergeborene Schlange Jeleafal,** der Vogel Stratim,*** der sagenhafte Kitowras**** u.a. Dinge - hier haben wir es mit nichts anderem

* Einhorn

** Leviathan

*** Vogel Strauß

****Kentaur

zu tun als mit den Kantschen »Grenzbegriffen«, den »Dingen an sich«, nach denen man nicht fragen soll, an deren Existenz aber nicht zu zweifeln ist. Diese Grenzbegriffe zerfallen unweigerlich, sobald wir sie zu analysieren beginnen. Das Unbekannte bedrängt den Durchschnittsbauern keineswegs, ja vielleicht ist diese Gelassenheit weiser als die leidende Forscherneugier und der faustische Drang.

Wir verurteilen die Gier beim Essen. Warum gilt dann nicht auch die unbeschränkte Befriedigung eines anderen natürlichen Bedürfnisses - der Erkenntnis - als ein Laster? Die Erkenntnisgier zu bezwingen ist eine ebensolche Tugend, wie den Fleischeslüsten Grenzen zu setzen.

Doch gibt es auch unter den Bauern einzelne, die um das Unbekannte wissen. Das sind die Zauberer und Zauberinnen, die Hexer und Hexen, sie sind vor allem die Wissenden; das sind die Heiler und Heilerinnen, sie sind vor allem die Kundigen. Manchen von ihnen ist dies angeboren, sie sind ausgesprochen empfänglich für jede Schwingung in der Welt; andere erlangen das Gesicht auf dem Wege der inneren Askese oder der Frömmigkeit und des kontemplativen Lebens. Dritte haben einen Bund geschlossen mit der Kraft der Finsternis; sie haben sich, veranlaßt durch Unglück, Zorn oder Leidenschaft, dem Unreinen versklavt. Die einen gebrauchen ihr Wissen im guten, die anderen im bösen. Doch ob gut oder böse, angeboren oder erworben, alle erleben sie Zeiten, da sie etwas sehen, hören oder sonst wahrnehmen, was für andere unsichtbar und unerkennbar ist. Sie alle leben ein zwiefaches Leben. Ihnen allen stehen die Türen zum Jenseitigen offen. Die ganze Kraft seines Willens auf *einen* Wunsch konzentrierend, erfüllt sich der Beschwörer mit diesem Wunsch und verkörpert so einen einzigen Willensakt. Der »Wille zur Aktion« löst sich von ihm, verläßt die Grenzen seiner Beschränkung und tritt in aktive Wechselwirkung mit dem Willen der Naturdinge und Naturwesen. Er ist wirkender Geist unter anderen Geistern, Zentrum mystischer Kräfte unter anderen Zentren. Er kämpft mit der Natur und verbündet sich mit ihr; er besiegt sie und wird von ihr besiegt. Er ist nicht mehr allein Mensch, nicht einfach Subjekt, für das die Welt Objekt ist. Es gibt hier weder Subjekt noch Objekt. Diese Unterscheidung verliert sich in der freundschaftlichen oder feindseligen Verbindung mit der Natur, in dieser Umarmung oder in diesem Zweikampf mit den geheimen Kräften. Er ist ein Teil der Natur; sie ist ein Teil von ihm. Er geht eine Ehe mit der Natur ein; hier werden wir auf die ganz enge Beziehung und fast unlösliche Verbundenheit der okkulten Kräfte mit der metaphysischen Wurzel des Geschlechts hingewiesen. *Zwei* werden eins. Die Gedanken des Magiers ergießen sich von selbst in die Worte. Seine Worte sind der Beginn seines Wirkens. Gedanke und Wort, Wort und Werk sind untrennbar, sie sind ein und dasselbe, sie sind identisch. Das Werk wird geboren, es ist die Frucht dieser ehelichen Verbindung des Zauberers mit der Natur. Sogar das gewöhnliche »Tages«bewußtsein denkt nicht *nur*, denn man kann nicht ohne Worte denken. Das Denken als solches zwingt uns in gewisser Weise dazu, die Stimmbänder anzustrengen, es zwingt uns, das gedachte Wort innerlich auszusprechen. Denken heißt nach einem von M. Müller heftig verteidigten Ausdruck der Polynesier *»Sprechen im Bauche«*,* d.h. lautlos artikulieren. Ein Augenblick des Vergessens genügt, und man wird es laut aussprechen, die Artikulation wird sich im Laut offenbaren. Zugleich aber ist der Gedanke der Beginn des Wirkens. Wenn man über etwas nachdenkt, bereitet man unweigerlich eine Reihe von Handlungen vor, man spannt seine Muskeln an. Je angespannter der Wunsch, je unmittelbarer das Bewußtsein, desto näher sind sich Gedanke, Wort und Tat. In der Ekstase magischen Schöpfertums, im Rausch der Weltschöpfungsmacht schwindet die Grenze zwischen ihnen. Eins *ist* das andere. Wie feurige Lava fließt die Beschwörung über die Lippen, und auf die Dinge auftreffend, schmelzt sie sie und gießt sie in neue, vom Magier gegebene Formen um. Wer mit Hypnose in Berührung gekommen ist, kennt den Zustand, da sich das Wort, ja der bloße Wunsch ohne Zwischenstufen verwirklicht; noch besser weiß darüber Bescheid, wer den Versuch gemacht hat, Körper auf sprachlichen oder gedanklichen Befehl sich bewegen zu lassen, wenn

* F. Max Müller, *Das Denken im Lichte der Sprache*, Cap. I, Leipzig 1888, S. 51.

** Der Geist bewegt die Masse.

nämlich ein nicht-menschliches »Es werde« die Wirklichkeit verwandelt - mens agitat molem;** derjenige wird auch verstehen, daß die Aktivität des Magiers etwas ganz und gar anderes ist als die gewöhnliche, passive Wahrnehmung der Welt.

In dieser Verbindung von Subjekt und Objekt, in dieser Verschmelzung, die die Handlung in Gang setzt und deren Handlung das verkörperte Wort ist, lebt der Magier wie ein Halbgott, wie ein besonderes Wesen, das von den Menschen weggegangen und in den Schoß der Natur zurückgekehrt ist. Er sendet Krankheiten und bringt Heilung, er tötet; er bringt die Staupe über das Vieh oder nimmt den Kühen die Milch. Er verschließt den Frauen den Schoß und macht die Männer kraftlos. Er spielt mit allen menschlichen Leidenschaften, erregt und vertreibt die Liebe, quält und tut wohl. Wie hinter den Kulissen des Puppentheaters laufen in ihm, der sich von den Menschen entfernt hat, alle Fäden der menschlichen Gesellschaft zusammen und bilden einen Schicksalsknoten; und das gilt nicht nur für die Gesellschaft, sondern auch für die Natur. Hagel und Regen hängen von ihm ab; er herrscht über Wind und Sturm. Er ist das aktive Zentrum der von ihm beschworenen Natur - sich selbst genügend, selbstherrlich, mächtig. Eine symbolische Handlung vollziehend oder ein Wort aussprechend, das diese Handlung benennt, fordert der Beschwörer die Natur zur Nachahmung heraus. Wie ein hypnotisierter Mensch ist die Natur in ihrem nachahmenden Handeln unfrei. So sind nach Frazer Orgien Verfahren urtümlicher Magie, mit deren Hilfe man den Himmel zur Ehe mit der Erde zwingt, um sie von dem Samen, dem Regen, befruchten zu lassen. Daher sind auch unsere Zaubersprüche fast immer *zwei*gliedrig, der erste, der epische Teil berichtet von etwas früher Geschehenem oder jetzt Geschehendem, analog zu dem, was man hervorbringen möchte, und der zweite Teil suggeriert die gewünschte Wirkung. So beginnen die Zaubersprüche auch immer mit einer Wendung wie: »Ich stehe auf«, »ich gehe«, »ich wasche mich« u.ä., und der Magier erlebt dabei die Wirklichkeit dessen, was er beschreibt. »Ich umwölke mich mit der Wolke, ich umstecke mich mit tausend Sternen«, spricht der Beschwörer. »Und in diesem Augenblick«, heißt es bei Wesselowski, »in diesem Augenblick ist er der Magier, der in der Wolke schwimmt, gegürtet mit der Milchstraße, der Zauber wirkt und Ängste schickt«. Sein Wort ist seine Tat, und selbst dem reflektierenden Bewußtsein erscheinen die Zaubersprüche als von mächtigem Pathos erfüllt. Ja, der Zauberer ist der »Rauner«, der seine Zaubersprüche *raunt*;* ist der »Bezauberer«, der die Zaubersprüche *singend sagt*; ist der »Besprecher«, der durch Sprechen heilt, d.h. der die Krankheit bespricht, der murmelt.** Die Figur des *Bajan*, »die Nachtigall der alten Zeit«,*** oder besser der Typ Bajan, wie A.S. Puschkin**** schrieb und wie Prof. Shdanow meint, dieser Bajan (von »bajati« - Zaubersprüche hersagen, singen) ist solch ein Magier, der mit seinem rhythmischen Wort die Elemente beschwört und die Geschichte schafft. Das Wort des Magiers ist nicht »nur Wort«, »Hauch und leerer Laut«, flatus vocis, und die Sprache ist nicht nur flagellum aeris - Peitsche der Luft, wie der Neupythagoräer Secundus zu sagen pflegte und mit ihm die Scholastiker. Nein! Es ist gebieterisch und mächtig. Kraft ihres Wortes sind diese Zaubersprüche Raunenden und Singenden groß, mächtig, stark. Mah im Sanskrit, meg, mag, mug im Alt-Zend, magusch in der Keilschrift, megas im Griechischen, magis im Lateinischen, mogutschi im Russischen bedeutet alles ein und dasselbe, nämlich einen von innen heraus Großen und Mächtigen, der kraft seiner Weisheit und seines Wissens herrscht. Man wird unschwer in ihm den Magier, den Zauberer, den Wahrsager und Beschwörer, den Heiler und Besprecher erkennen, der vor allem ein *Tuender* ist. Nicht zufällig bezieht sich das Verb *»delat«* [tun] in seiner wahren Bedeutung auf die *magische* Handlung, die vornehmlich ein Tun

* Das Verb *scheptati* [raunen] wird in aktiver Bedeutung gebraucht, im Sinne von »heilen« (Iwaschtschenko). (Anmerkung Florenskis)

** Vgl. das polnische *wrać* (wra, wre) - kochen, gluckernd fließen, dumpfe Laute hervorbringen, und entsprechend dazu die griechische Wurzel *er/eiro* - ich spreche. (Anmerkung Florenskis)

*** Der Sänger Bajan aus der Nestor-Chronik.

**** Florenski nennt in der Fußnote zwei Puschkin-Stellen: »Man lauscht: ein Preislied hat erfunden / Der Wohllaut strömende Bajan.« - »Sie lauschen nicht auf den Bajan.« In: A.S. Puschkin, *Ruslan und Ludmilla. Ein phantastisches Märchen*, 1. Gesang. Aus dem Russischen von Johannes von Guenther, München 1922, Zeile 22, 23, 39.

ist. So nennen sich auf Madagaskar die Zauberer und Wahrsager von Matitana *Triasa*, d.h. »Tuende«. Im Sanskrit hat sich die Zauberei ein ganzes Wortnest geschaffen, das von kar - tun kommt; krtya - Tat, Behexung, krtvan - zauberisch (wörtlich: tätig), karmana - Zauberei (von karman - Tat, Werk), kartra - Zaubermittel. In den romanischen Sprachen bildet das Verb facere ein ganzes Gelege magischer Termini: Im Italienischen heißt fattura Zauber; im Altfranzösischen hat faiture, im Portugiesischen feitiço (woher Fetisch und vieles mehr kommt) die gleiche Bedeutung. *Grimm* nimmt an, daß die Herkunft des deutschen Zauber von althochdeutsch zaupar, zouver gleich gotisch taujan - tun am wahrscheinlichsten sei. In gleicher Weise griechisch theurgia - Gott*schaffen*. So auch leiten sich das russische tschary [Zauber] und das kleinrussische karowati - bezaubern sowie das litauische keréti, kerti in der gleichen Bedeutung von der Wurzel kar - tun her, die mit der Wurzel qer, quer - handeln, wirken zusammenhängt.

Der aktive, schöpferische Wille des Zauberers ist an sich dunkel, ohne Gesicht, unbestimmt. Es ist eine elementare Macht, die nichts von einem Ziel weiß; eine Anstrengung, die sich nicht zeigt, denn sie weiß nicht, wie sie sich zeigen soll; reine Möglichkeit, die nichts Wirkliches hat. Sie bietet das *Prädikat* des Weltschöpfungssatzes: »Es werde!« »Es werde« - was? Durch das Prädikat wird die Wirklichkeit des Subjekts bestimmt, doch nur das Subjekt in seiner idealen Gegebenheit bestimmt die schöpferische Überführung der Potenz in den Akt. Die Idee muß das Subjekt sein. Und nur das Vorhandensein der *Idee* im Geist des Zauberers macht aus seiner schöpferischen Möglichkeit Wirklichkeit. Die Idee, von dem Zauberer gedacht, lenkt seine Kraft, verleiht seiner Anstrengung Bestimmtheit. Die Idee ihrerseits verlangt nach einer sie haltenden Fassung. Die Idee wird allein im *Wort* fixiert. Nur das Wort, selbst wenn es lautlos ausgesprochen wird, selbst wenn es nur potentielles Wort ist, gegeben als die *Anspannung* der Stimmuskeln (äußerstenfalls auch als ein *anderes* Muskelgefühl), nur das Wort bindet das Denken an die *Idee*. Nur im *Wort* wird der Wille objektiviert und erlangt Bestimmtheit. Das *Wort* des Zauberers ist die Emanation seines Willens; es ist eine Absonderung seiner Seele, ein selbständiges Kraftzentrum, gleichsam ein lebendiges Wesen mit einem aus Luft gewobenen Leib und einer inneren Struktur in Form einer Lautwelle. Das Wort ist ein Elemental nach einem Ausdruck der Okkultisten, ein Naturgeist besonderer Art, das der Zauberer von sich aussendet. Das Wort ist das *Subjekt*, dessen Prädikat das schöpferische »Es werde« darstellt.

Tat, Zustand, Qualität oder Ding, trägt das Wort als Subjekt, als das Erwünschte unbedingt *dinglichen*, substantiellen Charakter. Mit diesem, mit dem Erwünschten, tritt der Zauberer in lebendige Wechselbeziehung. *Sich* das Ideale, das Objekt (denn das Objekt ist immer ideal, während das Subjekt real ist) im Willensakt, in der schöpferischen Verzückung der Empfängnis gedanklich gegenüberstellend, bringt er einen Teil seiner Seele zur Welt, die dieses *Ideale* nachahmt, und indem er dieses aus sich geborene Wort auf das ihm gegenüberstehende Objekt lenkt, beschwört er das Objekt, d.h. verbindet sich mit ihm mittels seiner Emanation.

Die Frucht des Beschwörungsaktes ist ein Ideales und Reales zugleich, ein Ideal-Reales, ein Subjektiv-Objektives, Ich und Nicht-Ich, kurz, das *Wort*, der Logos - ein neuer Augenblickszustand der Wirklichkeit, der sich vor dem Zauberer in der schöpferischen Ekstase erhebt, um dann mit dem Nachlassen der Verzückung zu sterben und zu zerfallen.

Ja, und was heißt denn ekstasis, *Ekstase, Verzückung* [wostorg] anderes als Ausbrechen, Heraustreten aus sich selbst? Schon die innere Form von *»wostorg«* weist darauf hin, denn *wostorg, wostorgatsja, wostorshenny* entstammen natürlich dem altslawischen Verb trъgati, trъgnuti, das etwa in unserem *»istorgat«* [ausstoßen] und *»ottorgat«* [entreißen] wiederkehrt und seinerseits mit dem polnischen *targać* verwandt ist, das reißen, vor- und zurückziehen heißt und vielleicht der Stammvater des Wortes *»torkat«, »torkatsja«* ist, welches im Kostromaer Dialekt begegnet und *zu sich heranziehen und von sich wegstoßen* (z.B. die Tür) bedeutet, sowie des Wortes *torok*, das im Archangelsker Dialekt Windstoß heißt. Vgl. auch das Wort *»trogat«*, das ursprünglich ziehen, tra-here bedeutet (zum Kutscher sagen wir: »trogaj«, d.h. fahr zu).

Wostorg (eigentlich *wos-torg*) ist ein plötzliches Sichlosreißen von sich selbst. Das Wort des Zauberers, geboren in der *Ekstase* [wostorg], trägt ein losgerissenes Stück seines Willens in sich und führt es mit. Daher ist das Wort des Zauberers als solches eine Neuschöpfung, eine mächtige, felszertrümmernde Schöpfung, die den Feigenbaum ins Meer schleudert und Berge versetzt, die den Mond auf die Erde holt, Wolken anhält, *alle* menschlichen Beziehungen verändert, ja, die alles vermag.

»Dieses Wort«, so schließt ein Zauberspruch, »dieses Wort ist die Bestätigung und Bekräftigung, dieses Wort bestätigt und verriegelt, und nichts: nicht Luft noch Sturm noch Wasser kann den Spruch lösen«. Das Wort des Zauberers ist stärker als Wasser, schwerer als Gold, höher als der Berg, härter als Eisen und der feurige Stein Alatyr. »Mein Wort ist fest«, sagt der Beschwörer.

Prophetische Beschwörung ist das Schicksal der Welt, das *Los* der Welt. Und was ist das *Los* anderes als das Urteil, als der Spruch, als das Wort, als die Beschwörung. Erinnern wir uns, daß unser *»rok«* [Los] von *»rakati«* kommt, d.h. von *rauschen, tosen, »reden«* im Sinne von aussprechen; genauso kommt das lateinische fatum von fari, d.h. *sprechen, sagen*. Das Wort des Zauberers ist das *Los der Dinge*, ihr fatum, und alles, worauf die klingende, singende Beschwörung, die rhythmische incantatio, das carmen, gerichtet ist, entgeht ihm nicht, so wenig wie die zitternde Gemse dem singenden Pfeil entgeht und getroffen wird. Nicht von ungefähr sprachen die alten Griechen von dem *»geflügelten«* Wort: Du wirfst das geflügelte Wort, und es fliegt und trifft sein Opfer.

Ist das Zaubern zu Ende, so ist das Wort tot. Das *Prädikat »Es werde«* ist wieder in die gesichtslose Verflochtenheit der Elemente zurückgekehrt, in die reine Subjektivität; das *Subjekt* ist wieder reines Objekt, d.h. ideal, tot, leer, undurchdringlich. *Dieses* Wort ist nicht mehr schöpferisches *Urteil*, es ist nur *leerer* Laut, Schale, Hülse des Gedankens - intelligibles Wort.

Das Wort des Zauberers ist dinglich. Es ist das Ding selbst. Und daher ist es immer *Name*. Magie der Handlung ist Magie der Worte; Magie der Worte ist Magie der Namen. Der Name des Dings ist die Substanz des Dings. Im Ding lebt der Name; das Ding wird durch den Namen geschaffen. Das Ding tritt in Wechselbeziehung zum Namen, das Ding ahmt den Namen nach. Das Ding hat viele verschiedene Namen, aber Namen unterschiedlicher Macht und unterschiedlicher Tiefe. Es gibt mehr und weniger periphere Namen, und entsprechend kennen wir das Ding mehr und weniger, und mehr und weniger stark sind die Beziehungen zu ihm. Undurchdringlich ist das Ding, weil wir es nicht verstehen, in das Innere des Dings, in seinen verborgenen Kern hineinzublicken. Je tiefer wir ein Ding erkennen, desto mehr vermögen wir. Wer die verborgenen Namen der Dinge weiß, dem ist *nichts* unzugänglich. Nichts kann dem, der die Namen weiß, widerstehen. Je ansehnlicher, je stärker, je bedeutungsreicher der Träger des Namens ist, desto mächtiger, tiefer und bedeutender ist sein Name. Und desto verborgener ist er. Der *Personen*name eines Menschen ist das kaum zu umgehende Mittel, wenn man einen Menschen erkennen und Zauber mit ihm treiben will. Es genügt, den *Namen* zu sagen, und das Wollen schaltet sich in den Kreislauf der Welt ein. Manchmal wird dieses Namen-Wesen durch die Aufzählung von Merkmalen beschrieben, genauso wie das schöpferische »Es werde« gegliedert wird. Dann erhält man einen *Zauberspruch*; seine ursprüngliche Form ist jedoch der bloße Name.*

Theurgie und Magie sind so alt wie die Menschheit. Der Glaube an die Macht der Beschwörung und das Erlebnis ihrer weltverändernden Schöpferkraft erstreckt sich so weit, wie sich der Mensch erstreckt. Da nun der *Name* der Sammelpunkt aller magisch-theurgischen Beschwörungen und Kräfte ist, so wird verständlich, daß die Philosophie des Namens die verbreitetste aller Philosophien ist, eine Philosophie, die dem tiefsten Verlangen des

* Obwohl ich es nicht für angebracht halte, diesem Vortrag Bücherhinweise beizugeben, muß ich doch eine Ausnahme machen, und zwar im Falle des vor kurzem erschienenen und in seiner Gewissenhaftigkeit höchst bemerkenswerten Buches von A. Wetuchow, *Zaubersprüche, Beschwörungen und andere Arten der Volksheilkunde, die sich auf den Glauben an die Macht des Wortes gründen (Aus der Geschichte des Denkens)*, Lieferung I-II, Warschau 1907, 522 + VII Seiten. Hier findet der Leser eine Fülle von Material und eine ausführliche (wenn auch nicht erschöpfende) Bibliographie. Zu meinem großen Bedauern konnte ich mich mit dem genannten Buch erst nach meinem Vortrag bekanntmachen. (Anmerkung Florenskis)

Menschen entspricht. Diese feine und im einzelnen ausgearbeitete Weltanschauung sieht in dem *Namen* als dem metaphysischen Seins- und Erkenntnisprinzip ihren Grundbegriff. Die Haltbarkeit des Systems wird tausendfach verstärkt durch die große Zahl von Bekräftigungen, die es im religiösen Leben, im Alltag, in der eigenständigen Volkswissenschaft unmittelbarer Erkenntnis erfährt. Dieses System hat seine eigene Folgerichtigkeit, seine eigene Überzeugungskraft, seine eigene Logik; aber es ist durchaus nicht so, daß es keine Übergänge gäbe von der wissenschaftlichen zu dieser okkulten Weltanschauung. Wenn Sie an die beinahe noch zeitgenössischen nominalistischen Tendenzen bei vielen Linguisten denken (bei Wilhelm von Humboldt, M. Müller, Steinthal, Potebnja, Owsjanniko-Kulikowski und vielen anderen), die davon ausgehen, daß Denken ohne Worte nicht möglich ist und sich nur im Wort verwirklicht, wenn Sie an die Theorie der idées-forces (Fouillée), ferner an die krafteinflößenden Worte bei hypnotischen Erscheinungen und endlich an eine ganze Reihe von Tatsachen aus dem Bereich der Geschichte und Psychologie der Religion denken, dann bin ich überzeugt, daß selbst diejenigen, die die schöpferische Ekstase des Zauberers nicht erlebt haben, ihr strenges Urteil über die von unseren fernen Vorfahren geschaffene Philosophie der Namen etwas mildern werden.

Ich wage freilich nicht, sie Ihnen darzulegen; das unmittelbare Denken operiert nämlich nicht mit Begriffen, sondern mit lebendigen, blutvollen, von Farben und Düften erfüllten Bildern. Diese Bilder sind von den ihnen benachbarten nie scharf getrennt. Wie in der Wirklichkeit sind ihre Ränder häufig unscharf. Sie wachsen mit den anstoßenden Bildern nach vielen Richtungen hin zusammen, verflechten sich zu einem einheitlichen, mannigfach verknüpften Ganzen und bilden so das Gewebe des Seins, nicht nur einen einzelnen Faden; ein Poem, nicht einen Polysyllogismus. Deshalb kann man die ursprüngliche Philosophie mit all ihrer inneren Klarheit nicht in das Prokrustesbett unserer inhaltsarmen, dürren, atomistisch zersprengten *Begriffe* zwängen. Die ursprüngliche Philosophie *zerreißt* bei dem Versuch, sie auf den Rahmen unserer Sprache und unserer Darstellungsart zu spannen. Um sie darzustellen, muß man sich unbedingt einer epischen, gemessen feierlichen, in weiten Kreisen zu sich selbst zurückkehrenden Darlegung bedienen, und dies mit Hilfe von Bildern, konkreten Fällen, Beispielen und Beschreibungen. Nur in dieser ihrer unmittelbaren Form bewahrt die älteste Philosophie ihr wahres Gesicht, ihre wahre Tiefe. Angesichts der von mir zusammengetragenen Materialien erforderte eine solche Form der Darlegung einen ganzen Vorlesungskurs. Ich möchte Ihnen nun, nachdem ich Ihre Aufmerksamkeit auf die Philosophie der Namen gelenkt habe, einige ihrer Züge skizzieren.

Die Namen bringen die Natur der Dinge zum Ausdruck. Die Namen sind lediglich die vereinbarten Abzeichen der Dinge. Er-
192 kenntnis der Namen ist Erkenntnis der Dinge; die Dinge haben die Namen gemäß ihrer Natur - physei. Die Erkenntnis der Dinge erlaubt es, ihnen Namen zu geben; die Namen werden den Dingen nach menschlichem Ermessen - thesei - gegeben bzw. nach dem Gesetz - nomo. In der Gegenüberstellung von »aufgrund ihrer Natur« und »aufgrund von Autorität« - physei und nomo -, wie wir sie schon bei Plato (im »Kratylos«) in der Frage nach dem Wesen und der Herkunft der Namen finden, sind die weiteren Dispute über diesen Gegenstand bereits enthalten. An diesen beiden Extremen scheiden sich die Geister seit Plato und noch davor bis heute. Die Anhänger Heraklits und die Sophisten, Plato und die Skeptiker, die Realisten und die Nominalisten der scholastischen Philosophie, endlich der Idealismus und der Sensualismus - alles Echos des immer gleichen Grundwiderspruchs. Und wenn die neueren, reflektierenden Denker im allgemeinen dem Sensualismus zuneigen, so sind zweifellos die älteren, intuitiven Denker immer Anhänger des Idealismus gewesen. Was für ein außerordentlicher Denkgegensatz!

Wenn ein Intellektueller des 20. Jahrhunderts das Imaginäre eines Seins bezeichnen möchte, das Phantomhafte eines Seins, so sagt er, es sei »nur ein Name«. Und tatsächlich ist den *gängigen*, den sogenannten »wissenschaftlichen« Auffassungen zufolge der Name nur eine Losung, flatus vocis - »ein leerer Laut, nicht mehr«. »Name«, sagt der Dichter, »ist Schall und Rauch«.* Im Gegensatz

---

* Goethe, *Faust*, I. Teil, Marthens Garten.

dazu sieht die alte und mit ihr jede unmittelbare Vorstellung im Namen den eigentlichen Knotenpunkt des Seins, seinen im tiefsten Innern verborgenen Nerv; die Alten hielten den Namen für das Wesen, den spermatischen Logos des Objekts, die innere Vernunft, die Substanz des Dings. »Der Name ist der wahre Ausdruck des Eigenen des benannten Dings«, sagt *Pachymeres*. »Namen«, so sagt er, »sind die Erklärung der ihnen zugrundeliegenden Dinge«. Daher läßt sich der Name nicht in eine andere Sprache übersetzen; versuchten wir es, beraubten wir ihn seiner geheimnisvollen Kraft. Als Träger einer Substanz »wurde der Name als ein *Teil* des Wesens des Menschen angesehen, der ihn trägt, so daß man vermittels des Namens seine Persönlichkeit übertragen, sozusagen an andere Orte versetzen kann« (Tylor). Ein Mensch ohne Namen ist kein Mensch, ihm fehlt das Wesentlichste. »Mit Namen - Iwan, ohne Namen - ein Dummerjan.« »Ein Kind ohne Namen ist ein kleiner Teufel«, sagt der Volksmund. Der Name ist die Materialisierung, die Verdichtung segensreicher oder okkulter Kräfte, die mystische Wurzel, durch die der Mensch mit anderen Welten verbunden ist. Daher ist der Name das verletzlichste, empfindlichste Glied des Menschen. Doch damit nicht genug. Der Name ist die mystische Persönlichkeit des Menschen selbst, sein transzendentales Subjekt. Aber auch damit ist die ganze Wirklichkeitsfülle des Namens noch nicht ausgedrückt. »Demnach ist der Name ein von seinem Träger relativ unabhängiges, aber für sein Wohl und Wehe hochwichtiges Parallelwesen zum Menschen, das seinen Träger zugleich *darstellt* und *beeinflußt*.« (Giesebrecht)* Also, nicht der Name gehört zum Menschen, sondern der Mensch zum Namen. Der Name ist ein besonderes Wesen, ein Wesen neben anderen Wesen, etwas Lebendiges, das Leben spendet, das Leben überträgt, dem Menschen bald wohlgesonnen, bald feind. In vielen Vorstellungen wird der Name fast gleichgesetzt mit den *Feruers* oder *Fravashis* des Mazdaismus, den *Pitris* der indischen Theosophie, den *Seraphim* der Hebräer, den *Heroen* der Griechen, den *Manen, Genien* und *Junonen* der Römer, den *Engel-Logoi*

* Fr. Giesebrecht, *Die alttestamentliche Schätzung des Gottesnamens und ihre religionsgeschichtliche Grundlage*, Königsberg i. Pr. 1901, S. 94.

des Philo, den *Dämonen* des Neuplatonismus, den *Fylgien* der Skandinavier, den *Schutzengeln* aller Art und Gestalt. »Nomina - numina«, das ist nicht nur Aberglaube, sondern die wahre Definition dessen, was im Altertum die nomina waren, weil der Name als ein lebendiges Wesen verstanden wurde, als die Objektivierung des der Welt zugrundeliegenden mystischen Wesens, als eine einzelne Welle oder ein Spritzer des Ozeans des Weltwillens. Damit nicht genug. Der Name ist seiner Herkunft nach himmlisch. Er ist ein göttliches Wesen; sich dieses einverleibend, wird das Totemtier zum Gott-Tier und das himmlische Tier, das Gestirn, zum Gott-Gestirn, der Mensch aber zum wahren Menschen, zum animal religiosum.

Mit der Einverleibung des Opferfleisches des Totems wird der Mensch mit dem geheimen Wesen des Totems vereint, er erhält einen totemistischen *Namen* (Wolf, Nachtigall, Bock, Falk usw.) und wird für seine Nachfahren selbst so etwas wie ein Totem. Der Tier- und Pflanzenkult ist auf das engste mit dem Kult des Familienherdes verbunden und dieser mit der Ahnenverehrung. Mehr noch. Ich erlaube mir, Ihnen die Theorie von Frazer und Grant Allen in Erinnerung zu bringen, derzufolge die Domestizierung der Tiere und Pflanzen durchaus keine Sache des Nutzens ist, sondern etwas Religiöses, das den Kult im Auge hat und nicht den Vorteil. Alle diese Kulte verbindet *ein und dasselbe* - die Verehrung des Namens. Im Namen des Totems liegt die lebendige Einheit aller Familienangehörigen beschlossen. Ihr gleicher oder, richtiger, ihr *einer*, allen gemeinsamer Name, an dem sie alle teilhaben, dem sie alle nacheifern, den sie sich alle einverleiben, macht sie wesens*eins* (ich bitte, dieses Namensverständnis nicht mit dem gegenwärtigen zu verwechseln, wo die Gemeinsamkeit des Namens die an dem Namen Teilhabenden nur wesens*ähnlich* macht). Von da leitet sich die Einheit des Familiennamens her: der Wolkows, Solowjows, Sokolows, Baranows [der Wolfs, Nachtigalls, Falks, Bocks] usw. Im Grunde genommen ist jeder Name, selbst wenn er nicht der Name eines Gottes ist, etwas Göttliches. Göttlich sind insbesondere die Namen, die großen Göttern zugehören, die theophoren, d.h. gott-tragenden Namen, die Segen bringen, die ihre Träger verwandeln, sie eigene Wege führen, ihre Schicksale schmieden und sie beschützen und bewahren. Die Onomatophoren sind ihrem Wesen nach Theophoren: Namensträger sind Gott-Träger; Gott in sich tragend, sind sie selbst göttlich, sind sie selbst Götter. Je schärfer der Blick für den Namen (den eigenen und den fremden), desto größer die Bewußtheit des Selbst. In der Ekstase der Schöpfung wird sich der Theurg als Gott bewußt. Die ganze Welt ist von magischen und mystischen Kräften durchzogen, und es gibt kein Ding, das die Netze des Magiers nicht fingen. Die Götter herrschen über alles, weil sie die Namen aller Dinge wissen; ihre Namen aber weiß niemand. Erführe der Mensch die Namen der Götter, er hätte sie in seiner Gewalt.

In bezug auf seinen Träger erweist sich der Name als ein Zwiefaches. Erstens *vertritt* er seinen Träger, indem er darauf hinweist, wer einer ist, und dann auch, was er ist. Zweitens *tritt* er seinem Träger *entgegen*, indem er auf ihn einwirkt, bald als Vorzeichen von Künftigem, bald als Mittel der Besprechung, bald schließlich als Werkzeug des Anrufs. Diese Einwirkung kann gut und schlecht sein, je nach dem Willen seines Trägers und derer, die diesem Willen entgegenstehen.

Auf diese Weise erweist sich der Name als das alter ego seines Trägers, bald als Schutzgeist, bald als ein von feindlichen Kräften beherrschtes und daher verderbenbringendes Wesen. Hierin ist die allgemein verbreitete eigentümliche Namens-*Hygiene* begründet, die darin besteht, den Namen sorgfältig gegen Fremde zu schützen, das *Geheimnis* des Namens zu bewahren, was mit Hilfe eines fein ausgearbeiteten Systems von Schutzmaßnahmen wie Pseudonymen, Polynymen, Kryptonymen, Metonymen u.ä. erreicht wird.

Wenn aber der Name mystische Energien in sich birgt, dann kann man sich dieser Energien auch von außen bedienen. Wenn der Zauberer, der Rufer des fremden Namens, die höheren Wesen beschwört, dann bringt der Name ihm Glück und Macht; er kann ihm aber genauso den Tod bringen. Daher die Vielzahl von Tabus bei Namen, das Verbot, einen bestimmten Namen zu nennen. Darunter fallen die Namen von Krankheiten, die Namen der finsteren Mächte, die »ungehörigen« Worte. Man kann einen Namen anrufen und, wenn man mit ihm nicht fertigwird, zugrundegehen. Schließlich verleiht der allmächtige NAME GOTTES Macht über die gesamte

Natur, weil sich dem Anrufenden in diesem NAMEN Seine göttliche Energie und Seine göttliche Hilfe darbietet. Auf diese Weise hat der Name für die Urmenschheit »dämonischen Charakter« (Giesebrecht). »Der Name ist ein neckischer Doppelgänger seines Trägers, sei er Gott oder Mensch, den man mit größter Vorsicht behandeln muß. Hält man ihn auch noch so ängstlich unter Schloß und Riegel, so hat er stets die dämonische Neigung sich geltend zu machen. Einem grade im unrechten Moment zu entschlüpfen und sich dem Feind auf die Lippen zu drängen. [...] Am allermeisten scheinen die Götter ihren Namen zu fürchten, sie hüten ihn sorgfältig. [...] Aber auch die Menschen [...] fürchten nichts so sehr als ihren Namen und scheuen sich ängstlich ihn auszusprechen, und dieser Glaube ist durchaus nicht auf einzelne Teile der Erde beschränkt, sondern fast überall belegbar.«*

Der Name des Dings ist Idee-Kraft-Substanz-Wort, damit ist die Wesenseinheit dieses Dings in der Vielfalt seiner Erscheinungen gewährleistet, er ist das zusammenhaltende und formende Sein des Dings. Wenn das so ist, dann versteht es sich von selbst, daß die Veränderung des tiefsten Wesens - die Veränderung des religiösen Gehalts des Dings, die Veränderung des Situs des Dings in der ewigen Ordnung der *anderen* Welt - und die Veränderung des *Namens* des Dings notwendig einander entsprechen wie ein Gegenstand und sein Schatten. Für das Bewußtsein der Alten wie auch für *jede* unmittelbare Beziehung zur Welt hat das *ganze* Leben eine religiös-theurgische Verfassung; alles Alltägliche ist nur die sichtbare Oberfläche des Kults; in allen Lebensvorgängen leuchtet so oder anders das Licht des Jenseitigen auf. Von daher ist es verständlich, ja sogar unbedingt erforderlich, daß es bei der Vielzahl verschiedenartigster Veränderungen im Laufe des Lebens zu *Umbenennungen* kommt, selbst bei Veränderungen, die sich für ein intellektuelles Bewußtsein gar nicht mit solchen im *religiösen* Leben verbinden. Die Heirat eines Mädchens, die Thronbesteigung des Zaren oder sein Sturz, die Erreichung der Volljährigkeit, der Eintritt in ein Geschlecht durch Adoption, die Einweihung in die Mysterien, die Aufnahme in die Bürgerschaft, die Einbürgerung in ein anderes

* Fr. Giesebrecht, a.a.O., S. 91f.

Land, die Versklavung oder die Befreiung aus der Sklaverei, der Eintritt einer Frau in den Stand der meretrix, der Freundschaftsbund, die Taufe, die Mönchsweihe, die Ordination, eine ernsthafte Erkrankung, endlich der Tod, von der Gründung einer neuen Religion oder Sekte gar nicht zu reden - all das war für den Menschen des Altertums der Ausdruck von *Umbrüchen* im Transzendenten, ein wirklicher religiöser *Sprung*, der mit einer Veränderung in der kultischen Stellung der jeweiligen Person verbunden war und daher als ein Bruch in der Identität der Person, in der Kontinuität ihres inneren Lebens aufgefaßt wurde. Ein Mensch, der eine religiöse Umstellung erfährt oder der an einen anderen Ort versetzt wird, hört, mystisch gesehen, auf, dieser frühere Mensch zu sein,
und diese Veränderung seines religiösen Situs spiegelt sich auch im Namen wider. Ich sage: »spiegelt sich wider«. Doch so läßt sich das nur unter einem modernen Gesichtspunkt nennen, demzufolge der Name als etwas Sekundäres, als eine Beigabe zum Wesen erscheint. Für das Bewußtsein der Alten sind Name und Wesen nicht zwei einander bedingende Erscheinungen, sondern sie sind *eins*, Name-und-Wesen, so daß die Veränderung des einen ipsa re die Veränderung des anderen *ist*: Im Namen-Laut ist das Namen-Wesen geheimnisvoll anwesend. Der Laut des Namens ist ein *transsubstantiierter Laut*, so daß in ihm leiblich, physisch das Übersinnliche verkörpert ist. Daher ist es richtiger zu sagen, in der Veränderung des Namen-Lauts offenbart sich die Veränderung des Wesens des Namens.

Ich habe hier die mystisch-magische Weltanschauung in ihren allgemeinsten Zügen umrissen. Aber schon in dieser flüchtigen Skizze ist die frappierende Ähnlichkeit mit dem philosophischen System *Platos* nicht zu übersehen. Der Unterschied liegt einzig darin, daß der Philosoph abstrakter ist als das Volk. Wo die magische Weltanschauung sich auf unmittelbare Tatsachen und Erlebnisse stützt, ist der Philosoph um logische *Beweise* bemüht.

Auf Platos Streben nach einem ganzheitlichen Wissen, nach einer nicht zersplitterten Weltvorstellung ertönt das Echo ursprünglicher Weltschau in ihrer allumfassenden organischen Einheit. Platos grenzenloser Glaube an die Macht des menschlichen Geistes ist die unmittelbare Widerspiegelung des Glaubens des Volkes an die Möglichkeit von *Schöpfertum* kraft des Gedankens. Der Anerkennung der *mania* als einer bewußt-philosophischen Fähigkeit entspricht die Vorstellung des Volkes von der *Erkenntnis* des Zauberers in der Trance. Gnoseologisch entspricht der *Eros* als Mittel, das Wesen der Dinge zu erkennen und die höhere Wirklichkeit zu berühren, der Liebes*ekstase* des Zauberers, in der der Zauberer das Wesen der Natur erkennt und ihre höhere Wirklichkeit in sich aufnimmt. Das, was erkannt wird, Platos *Idee*, ist die genaue Entsprechung zum Namen, dessen innere Kraft der Zauberer in der Beschwörung erkennt. Diese vollgültigen Namen verhalten sich zu den gewöhnlichen Etiketten-Namen so wie Platos *Ideen* zu den leeren Begriffen der Ratio.

Die magische Weltanschauung läßt sich nicht auf der Ebene des Rationalen unterbringen. Daher führt der Versuch, sie abstrakt, systematisch darzulegen, zur Konstruktion vieler, nicht zu vereinbarender rationaler Schemata, zur Zersplitterung des ganzheitlichen Systems. Genauso ergeht es Platos System. Am bemerkenswertesten aber ist, daß noch die *Splitter* beider Weltanschauungen in ihrer Unvereinbarkeit einander analog sind. Vor allem haben die *Ideen*, der Verbindungsbolzen in der Platoschen Konstruktion, für den Verstand *zwei unterschiedliche* Stützpunkte. Sie sind die Werkzeuge der Erkenntnis des wahrhaft Seienden, aber ebenso die zu erkennende Wirklichkeit. Die Ideen sind das Allersubjektivste, aber ebenso das Allerobjektivste; sie sind ideal, sie sind aber ebenso real. In der *magischen* Weltanschauung besitzen (wie wir gesehen haben) die *Namen* genau diese Doppelnatur. Sie sind die *Werkzeuge* magischen Eindringens in die Wirklichkeit: Wer den Namen kennt, kann das Ding erkennen; die Namen sind aber ebenso die zu erkennende mystische *Realität*.

Noch deutlicher tritt die Übereinstimmung der beiden Weltanschauungen dort zutage, wo diese bestrebt sind, die Art der Koexistenz und der Wechselwirkung der beiden Welten, der diesseitigen und der jenseitigen, zu erklären. Sie wissen natürlich, daß Plato die Wechselbeziehung zwischen Idee und Erscheinung verschieden definiert; 1°, einmal ist das die *Ähnlichkeit* von Erscheinung und Idee und dann die *Nachahmung* der Idee durch die Erscheinung (mimesis); dabei werden die Ideen gedacht als die endlichen Ursachen der Erscheinungen, nach denen die Erscheinungen Verlangen tragen - wie in der Liebe. 2°, und dann ist das die *Teilhabe* (metechein) der Erscheinungen an der Idee; hierbei ist nur die *Idee* real, die Erscheinung dagegen nur insofern, als sie an diesem Wesen teilhat. 3°, hier ist es die *Anwesenheit* der Idee in der Erscheinung (parousia); die Erscheinungen werden der Idee *ähnlich*, wenn die Idee »zu ihnen kommt«, und sie verlieren diese Eigenschaft, wenn die Idee »sich von ihnen entfernt«; zugleich ist die Idee nicht mehr nur gnoseologisches Prinzip, nicht Grundlage der Erkenntnis, sondern ontologisches Prinzip, Ursache des Seins, aitia. Die Ideen erweisen sich als Kräfte (dynameis), mit deren Hilfe die Erscheinungen erklärt werden.

Allen diesen Arten der Wechselbeziehung von *Idee* und *Erscheinung* begegnen wir auch in der ursprünglichen Philosophie, nämlich angewandt auf die Wechselbeziehung von *Namen* und *Benanntem*. 1°, zwischen dem Träger des Namens und dem Namen wird eine *Ähnlichkeit* anerkannt, und diese Ähnlichkeit wird manchmal als *Nachahmung* des Namens durch den Benannten aufgefaßt. In diesem Sinn wird etwa einem Kind ein Name mit einer bestimmten Bedeutung gegeben, damit es den Namen nachahme, damit »die Vita dem Namen gemäß« verlaufe. Aber außer dieser, der *rationalen* Bedeutung hat der Name noch einen *mystischen* Inhalt, und diesen ahmt der Genannte unbewußt nach. 2°, der Benannte *ahmt* den Namen aber nicht nur *nach*, sondern *hat an ihm teil*. So haben alle Glieder eines Geschlechts teil an dem Familiennamen. 3°, man kann aber auch umgekehrt sagen, der Name ist in dem Benannten *anwesend*, er *geht* in ihn *ein* und ist in diesem Sinn so etwas wie die innere Form des Benannten. Wenn man vorher dachte, der Mensch sei selbständig und *ahme* den Namen *von sich aus nach*, so zeigt sich jetzt, daß er deshalb über das mystische Wesen des Namens verfügt, weil der Name ihn formt, in ihm anwesend ist. So verleihen die theophoren Namen ihren Trägern göttliche Eigenschaften.

Der Name stellt sich bald als ideales, bald als reales Prinzip dar; bald ist er transzendent, bald seinem Träger immanent; bald steht er neben dem Benannten, ist ihm *ähnlich*, wobei diese Ähnlichkeit etwas schlechthin Gegebenes ist, bald besteht zwischen dem Namen und dem Träger eine reale Wechselwirkung, und der Name ist die Ursache des mystischen Seins seines Trägers, entweder weil der Träger am Namen *teilhat* oder weil der Name im Träger *anwesend* ist. Trotz der Vielfalt meiner rationalen Definitionen, die die lebendigen Erfahrungen nicht ausschöpfen, ja nicht einmal teilweise adäquat wiedergeben, sehen wir doch die erstaunliche Ähnlichkeit zwischen der Lehre des Vaters unserer Akademie und dem Weltverständnis unserer noch weit älteren Vorfahren, deren Spur sich im Nebel des Altertums verliert. Dies ist eine Familienähnlichkeit; wenn die Zeit nicht drängte, wäre sie leicht bis in feinste Einzelheiten zu verfolgen.

Sie mögen mich fragen: »Wie kommt es zu dieser Ähnlichkeit?« Meine Antwort auf diese Frage wäre kurz: »Sie kommt aus der *Esoterik* der platonischen Schule.« Um das überzeugend entwickeln zu können, bedürfte es freilich einer besonderen Vorlesung.

Ich komme zum Schluß: Ich weiß, Sie können mir den Vorwurf machen: »Wie kann sich der Vortragende in einer Lobrede auf Plato erdreisten, seine Philosophie mit dem Glauben des Bauern an Zauberei zu vergleichen?!« Hochverehrte Zuhörer! Mir scheint diese Weltanschauung der Wahrheit viel näher zu sein als viele pseudowissenschaftliche Systeme. Wenn Sie aber (was zu vermuten ist!) mit mir nicht übereinstimmen, wenn sie diese bäuerliche Weltanschauung doch eher für so etwas wie Dung halten, so muß Sie die hier entwickelte Auffassung deshalb nicht kränken. Denn:

Licht aus Nacht! Auf schwarzen Schollen
Blühte nie der anmutsvollen
Rosen süße Pracht,
Würde nicht der Wurzel Drängen
Sich in dunkle Tiefen zwängen,
In des Erdreichs Nacht.*

Dies ist die Philosophie Platos, diese duftende Rose, die auf der allmenschlichen dunklen Schwarzerde gewachsen ist,

Des dunklen Chaos lichte Tochter.**

---

* Wladimir Solowjow, »Warum fanden wir zusammen?« Deutsch von Ludolf Müller.

** Wladimir Solowjow, »Na Sajme zimoj« (Auf dem Saimasee im Winter).

4.

Die Freundschaft

Im Zusammenhang mit seinen volkskundlichen Studien stieß Florenski auf Alexej Wetuchow (1869-1942?), Professor für Folklore und Pädagogik in Charkow. Mehrfach zitiert er in »Der Pfeiler und die Grundfeste der Wahrheit« dessen Buch »Zaubersprüche, Beschwörungen und andere Arten der Volksheilkunde, die sich auf den Glauben an die Macht des Wortes gründen (Aus der Geschichte des Denkens)«.

Als Redakteur des »Theologischen Boten« war Florenski das Bindeglied zwischen der Geistlichen Akademie und der jungen Generation der Moskauer Slawophilen, die in dem »Kreis der nach christlicher Erleuchtung Suchenden« und in der Moskauer »Religiös-Philosophischen Gesellschaft zum Gedenken an Wladimir Solowjow« zusammengeschlossen war. Besonders hingezogen fühlte sich Florenski zu Feodor Samarin, dem Sproß der bekannten Slawophilenfamilie. Hier begegnete er auch dem Philosophen Wladimir Koshewnikow (1852-1917), mit dem Florenski bis zu seinem Tod in Briefwechsel stand. In seinem letzten Werk befaßte sich Koshewnikow mit dem Verhältnis von Buddhismus und Christentum. Mit der Philosophie der Slawophilen hat sich Florenski mehrfach auseinandergesetzt, besonders in seiner Schrift über das Haupt der Slawophilenbewegung Alexej Chomjakow (1804-1860): »Um Chomjakow. Kritische Bemerkungen. Mit einer Tafel der verwandtschaftlichen Beziehungen der frühen Slawophilen von F.K. Andrejew«.

Sergej Bulgakow schrieb 1913 an Wassili Rosanow: »In dem Urteil über die Moskauer Jugend stimme ich vollkommen mit Ihnen überein. Daß Sie alles dem Einfluß von Vater Pawel zuschreiben, entspricht aber nicht den Tatsachen; auf F.K. Andrejew zum Beispiel hatte M.A. Nowosjolow einen nicht geringeren, wenn nicht gar größeren Einfluß. Das macht aber Vater Pawel nicht kleiner, er ist in seiner Art einzig, und ich weiß nicht, welches Gefühl in mir stärker ist: die Liebe oder die Verehrung, in die sich Erstaunen mischt. Er ist zweifellos einer von den Menschen, über die die Geschichte einst eine ›Lebensbeschreibung‹, wenn nicht eine ›Heiligenvita‹ verfassen wird, alles darin wird natürlich, logisch, selbstverständlich sein, so wie es natürlich erscheint, daß Plato das Leben Platos führte und nicht das eines gewöhnlichen Griechen, eines wie es ›alle‹ führten,

Pawel Florenski mit seinen Schülern an der Moskauer Geistlichen Akademie, 1912

oder wie Savonarola den Weg Savonarolas ging und nicht den eines gemeinen Adligen aus Ferrara. Ohne Zweifel ist das so. Gott gebe ihm Gesundheit, alles andere wird sich fügen!«[19]

Fünf Jahre später bekräftigte Wassili Rosanow dieses Urteil. Am 11. April 1918 schrieb er an Spassowski: »Er ist der Pascal unserer Zeit. Der Pascal Rußlands. Im Grunde ist er der Führer des ganzen Moskauer Slawophilentums, viele Köpfe und Herzen in Moskau, in Posad und auch in Petersburg stehen unter seinem Einfluß. Bei aller kolossalen Bildung und Belesenheit glüht er von Enthusiasmus für die Wahrheit. Wissen Sie, manchmal kommt er mir vor wie ein Heiliger: so ungewöhnlich ist sein Geist, so über jeden Begriff ... Ich denke, ja ich bin im tiefsten Herzen *sicher*, er überragt Pascal noch, eigentlich steht er auf einer Stufe mit dem Griechen Plato in dem *ganz und gar Ungewöhnlichen* seiner geistigen Entdeckungen, geistigen Kombinationen oder besser seiner Gesichte.«[20]

Von Dezember 1914 bis Ende Februar 1915 war Florenski als Regimentsgeistlicher im Sanitätszug des Gouvernements Tschernigow tätig. Außer dem Gottesdienst versah er auch Nachtdienst und leistete Erste Hilfe. Nach einem kurzen Aufenthalt in Sergijew Posad wollte Florenski wieder an die Front, aber Bischof Antoni verwies ihn auf sein Lehramt und seine wissenschaftlichen Forschungen.

Nach der Februar-Revolution 1917 wurde der Rektor der Geistlichen Akademie, Bischof Feodor, von seinem Amt entbunden. In diesem Zusammenhang legte Florenski seinen Posten als Redakteur des »Theologischen Boten« freiwillig nieder.

Im Bewußtsein des bevorstehenden Ausmaßes der Veränderungen in Rußland nach dem Thronverzicht des letzten Zaren Nikolaus II. begann Florenski im April 1917 mit der Niederschrift seines Testaments. Im Mai starb sein Freund Wladimir Ern und im Juli Wladimir Koshewnikow. Florenski hielt eine Gedenkrede auf Ern und plante mit Bulgakow zusammen einen Erinnerungsband für Ern und Koshewnikow.

Anfang 1918 schrieb Florenski seine autobiographische Skizze »Ungeordnete Notizen über meinen Vater Alexander Iwanowitsch Florenski«. Schon zwei Jahre zuvor hatte er begonnen, seine Erinnerungen niederzuschreiben. Als Fortsetzung seiner Arbeit an der Geistlichen Akademie, die im September 1918 geschlossen wurde, hielt Florenski in Moskau in privaten Kreisen Vorlesungen zur »Philosophie des Kults«. Mit dem Verlag Der Weg schloß er einen Vertrag über die Herausgabe seines Gesamtwerks ab, das auf 19 Bände geplant war, die ersten 5 Bände waren bereits festgelegt.

Die antireligiösen und antikirchlichen Grundsätze und Praktiken der Oktober-Revolution von 1917 hatten die Schließung der Klöster und Kirchen zur Folge. Im Oktober 1918 ging das Dreifaltigkeits-Sergi-Kloster in die Zuständigkeit des Volksbildungskommissariats über. Florenski schlug vor, die Struktur des Klosters und seiner Umgebung zu erhalten und es zu einem »Lebendigen Museum« zu machen, das außer Sergijew Posad auch das nahegelegene Abramzewo und Muranowo umfaßte. In seinem Aufsatz »Der Kultakt als Synthese der Künste« schrieb er: »Ich denke mir die Lawra als eine Art Versuchsstation und Laboratorium zum Studium der wichtigsten Probleme der modernen Ästhetik, in manchem ähnlich etwa dem heutigen Athen. Dann vollzöge sich die theoretische Erörterung der mit der Sakralkunst verbundenen Fragen nicht isoliert von der praktischen Beschäftigung mit eben dieser Kunst.«[21]

In gleicher Weise sorgte sich Florenski um die Erhaltung der Optina-Einsiedelei. Dazu hieß in einem Brief an N.P. Kisseljow, der als Emissär nach Optina geschickt wurde, im April 1919: »Es steht außer Zweifel, daß die geistige Kultur in ihrem ganzen Umfang nicht an Optina vorbeigehen darf, sondern durch Optina hindurchgehen und sich aus Optina nähren muß, indem sie in ihre Überlieferung auch diesen Faden mit hineinknüpft, unbedingt auch diesen, weil das der einzige Faden ist, der geschichtlich ohne abzureißen uns wirklich von Jahrhundert zu Jahrhundert zu den tiefsten Schichten der geistigen Überlieferung zurückführt.«[22]

Noch im Oktober 1918 wurde Florenski zum Wissenschaftlichen Sekretär der Kommission zum Schutz der Kunst- und Altertumsdenkmäler des Dreifaltigkeits-Sergi-Klosters ernannt.

In seiner Arbeit »Das Dreifaltigkeits-Sergi-Kloster und Rußland« bestimmte er den geistigen Ort des Klosters: »Hier begegnet uns nicht nur Ästhetik, sondern das Gefühl für Geschichte, das Empfin-

Pawel Florenski mit Sergej Bulgakow (vorn Mitte), dessen Kindern Natalija und Fjodor (links) und Michail Nowosjolow (hinten rechts), 1913

Optina-Einsiedelei

den der Volksseele, die Wahrnehmung der russischen Staatlichkeit als Ganzes und der schwer erklärbare, aber unbeugsame Gedanke: daß hier in der Lawra, besonders hier, obwohl unverständlich wie, im ideellen Sinne die öffentliche Meinung entsteht, hier wird das Urteil der Geschichte geboren, hier wird absolutes Gericht über alle Seiten des russischen Volkslebens gehalten. Das gerade bildet die umfassende, lebendige Einheit der Lawra als Mikrokosmos und Mikrogeschichte, im gewissen Sinne als Konzept des Wesens unserer Heimat; das gibt der Lawra den Charakter eines Noumenon. Spürbarer als irgendwo sonst schlägt hier der Puls der Geschichte, hier führen die Nervenstränge zusammen, hier macht sich Rußland in seinem ganzen Wesen bemerkbar.«[23]

Weitere Arbeiten Florenskis aus dieser Zeit und diesem Umkreis sind: »Die Ikonostase«, »Die Gebetsikonen des Hl. Sergi«, »Die umgekehrte Perspektive«, »Himmlische Zeichen. Gedanken über die Symbolik der Farben«.

Sergej Fudel (1901-1977), der Sohn eines russischen Priesters, der Florenski schon als Kind begegnete, schreibt in seinen Erinnerungen: »Begegnungen zwischen meinem Vater und Vater Pawel waren selten, aber ich erinnere mich gut an sein ganz besonderes Lächeln, wenn er von Florenski sprach. Man erzählte mir, ein meinem Vater nahestehender Mensch, Verehrer Chomjakows wie er, Fjodor Dmitrijewitsch Samarin, sei tief bewegt gewesen von der Erscheinung Florenskis als eines neuen Denkers und auch als Persönlichkeit, und er habe gesagt: ›So einen haben wir noch nicht gehabt‹; Samarin habe ihn als ein neues Glied in der ›goldenen Kette des russischen Denkens‹ empfunden. In dem Lächeln meines Vaters fand ich das alles wieder - Zustimmung, Erstaunen und Freude. [...] Zum ersten Mal sah ich ihn noch vor Erscheinen seines großen Buches, aber schon nach seiner Priesterweihe, vermutlich 1911 oder 1912. Mein Vater, der mich zu den Mönchen nach Optina mitzunehmen pflegte, nahm mich auch zu Florenski nach Posad mit. Der wohnte damals noch auf der Schtatnaja Straße hinter dem Kloster; dunkel erinnere ich mich an ihr Gespräch über so etwas wie Eugenik und dann über Berdjajew. Ich kam wohl erst beim Abendbrot zu mir, bei dem es, wie ich mich erin-

Optina-Einsiedelei, Blick auf den Skit Johannes der Täufer

nere, Rotwein in kleinen Gläsern gab; wie er eingeschenkt wurde, ließ auf einen strengen, täglich geübten Brauch schließen und auf etwas nicht aus unserer Geschichte Stammendes. Eine Petroleumlampe erleuchtete den Tisch. Nach dem Abendbrot begleitete uns Vater Pawel in das Klostergasthaus. Es war Winter, aber die Nacht war nicht kalt. Wir gingen die leere Straße entlang, leicht bergauf, an den kleinen Häuschen von Posad vorbei, auf die mächtigen, klaren Konturen des Klosters zu. Ringsum lag tiefer Schnee, und es herrschte die Stille jenes jetzt so weit entfernten Rußland, des Rußland meiner Kindheit. An der Brücke drangen Bruchstücke des Gesprächs an mein Ohr: erst etwas von dunklen Mächten, die jetzt in Rußland einbrechen (es war der Beginn der Rasputin-Zeit), und dann etwas von der Symbolik der Farben auf den Ikonen der Gottesmutter. Sechs, sieben Jahre später, 1918 oder 1919, als man im Kloster den goldenen Godunowschen Ikonenbeschlag von Rubljows Dreifaltigkeit abnahm und die stillen Farben des göttlichen Werks im Feuer des Unvergänglichen Lichts, des Lichts der göttlichen Dreifaltigkeit, aufleuchteten, erinnerte ich mich dieses zweiten Gesprächsfetzens über die Farben der Verkündigung als einer nächtlichen Einweihung, als eines Freudengeleits für das ganze Leben.«[24]

Pawel Florenski an Alexej Wetuchow

1910, 9. April, Sergijew-Posad

Teurer Alexej Wassiljewitsch!

»Heinrich Schliemann war ein Dilettant, aber seine Ausgrabungen haben bekanntlich eine gewaltige Bedeutung für die Wissenschaft« etc. Dieser Satz des jungen Gelehrten J.G. Kagarow (Hermes 1909, Nr. 17) ließ mich denken: Wenn Schliemann, der sein ganzes Leben der Erforschung Trojas widmete, der gelesen und geradezu auswendig gelernt hatte, was er nur immer zu fassen bekam, und der seine enthusiastischen Anschauungen unmittelbar durch Ausgrabungen bewiesen hat, wenn der ein Dilettant ist und J.G. Kagarow mit seinen wenigen kompilativen Artikelchen ein Gelehrter, beweist das dann nicht die Überflüssigkeit des Titels »Gelehrter«, seine Bedingtheit, seinen *atavistischen* Charakter?

Was sind die »wissenschaftlichen« Theorien anderes als die Theorien dieser Schliemanns, nur eben ohne deren Inspiration, entpersönlicht und jeder geistigen Wirklichkeit bar. Vor dreißig Jahren war Schliemann eine »unwissenschaftliche« Größe, doch jetzt, da alle (im grundsätzlichen) seinen Auffassungen folgen, dabei weder seine Inspiration noch seine Glut besitzen, erweisen sich diese Auffassungen als »wissenschaftlich«, und es wird erklärt, Schliemann war noch nicht so weit. Diese (diese?) Gedanken, über denen ich einschlief, riefen in mir nach dem Aufwachen den Wunsch hervor, Ihnen in meinen konfusen und verworrenen Worten endlich auf Ihre alte Frage zu antworten: Worin soll nach meiner Meinung die neue Richtung im Studium der Religion bestehen?

Das *erste* methodologische Charakteristikum muß wie bei jeder Richtung das moralische sein. Dem Studium der Religion muß die lebendige Überzeugung zugrundeliegen, daß, wenn die Menschen gelebt, gelitten und sich über etwas gefreut haben, es a priori feststehen muß, daß dieses »etwas« einen Sinn hatte und daß die Aufgabe des Studiums darin besteht, diesen *Sinn* des religiösen Werts (»Heiligtums«) zu begreifen. Mit anderen Worten, insofern sich jede Wissenschaft auf Postulate gründet, gründet sich auch die Religionswissenschaft auf ein Postulat, das Postulat des *konkreten*, das heißt sich im Leben entfaltenden Wertes der menschlichen Persönlichkeit - das Postulat des Gottesbildes im Menschen oder, noch anders gesagt, auf die Überzeugung, »daß der Mensch immer und auf der ganzen Welt ein Mensch ist und ›kein Vieh‹« (übrigens fallen wohl auch die Tiere nicht unter diese »wissenschaftliche« Kategorie).

Diese »Grundlegung« einer Wissenschaft von der Religion hätte zur Aufgabe, die bewußt oder unbewußt von den herrschenden Theorien akzeptierte Grundlegung zu verdrängen, daß nämlich »jeder Mensch ein Vieh ist (ich, der Verfasser dieser Arbeit, ausgenommen)«. »Der Mensch ist immer und überall ein Vieh«, und weiter: »Siehst du, Iwanuschka, mein Freund« etc. (Mme Prostakowa);* wenn es auch scherzhaft ausgedrückt ist, teurer Alexej Wassiljewitsch, ist es mir doch ernst mit meiner Überzeugung, daß diese Voraussetzung, in welch prächtige wissenschaftliche Gewänder sie sich immer kleidet, tatsächlich der Eckpfeiler der wissenschaftlichen Theorie ist - entgegen allen marktschreierischen Losungen von »Gleichberechtigung« und einer größeren oder kleineren Anzahl von »Freiheiten«.

1910, 11. April, Palmsonntag

Wer die religiöse Seele eines Volkes, einer Epoche verstehen will, muß sich diesem Volk und seinem Selbstverständnis vor allem als Mensch nähern, das heißt seinen Worten vertrauen. Damit steht auch das *zweite* Prinzip einer Wissenschaft von der Religion fest, man darf den Bereich der *religiösen* Tatsachen nicht verlassen, nicht in einen außerreligiösen Bereich übergehen, nicht allegorisieren; mit anderen Worten, die religiöse Tatsache ist als eine Größe sui generis zu nehmen und zu studieren, die nicht auf fremde Größen

* Anspielung auf Denis Fonwisins (1745-1792) Komödien »Der Brigadier« (V,1) und »Der Landjunker«.

zurückzuführen ist. In diesem Sinne kann man sagen, die Religionswissenschaft muß den dogmatischen Standpunkt aufgeben, es existiere ein »Wesen der Religion«, das man finden könne, das heißt eine fremde, nichtreligiöse Größe, die die Religion angeblich erklärt, und man muß sich kritisch fragen: »Kann dieses Wesen gefunden werden?« Die Erfahrung der Geschichte hat ja gezeigt, wie fruchtlos, phantastisch und widersprüchlich die Versuche sind, dieses Wesen der Religion aufzufinden: Die theoretische Untersuchung ergibt, daß es anders gar nicht sein kann. Daraus resultiert das erwähnte zweite Prinzip, nämlich: die Religion als Religion zu studieren und nicht als maskierte Naturwissenschaft oder als Politik oder Moral und so weiter.

Wie aber studiert man nun die Religion als Religion? Darauf kann es, glaube ich, nur eine Antwort geben: »religiös«.

Diese lakonische Antwort enthält zugleich das *dritte* Prinzip der Wissenschaft, das ich als das Prinzip des *vergleichenden* Studiums bezeichnen möchte, aber nicht eines von außen, sondern eines von innen vergleichenden. Nur aus dem Bereich des persönlichen Erlebens, aus religiöser Kongenialität kann das Material für die Erklärung oder, genauer gesagt, für die Interpretation, für die Rekonstruktion der religiösen Erscheinungen des Altertums gewonnen werden. Die Frage ist, wie kommt man zu Klarheit und Schärfe solchen Erlebens? Darauf antwortet das *vierte* Prinzip: »asketisch«. Praktisch heißt das, man erforscht die Erscheinung des religiösen Lebens, indem man es lebt. Erstens muß man durch die Askese eine *allgemeine* Empfänglichkeit für religiöse Erscheinungen überhaupt erwerben, zweitens muß man teils durch die entsprechende Umgebung und teils durch seine Lebensweise eine besondere Sensibilität für einen bestimmten Kreis von religiösen Erscheinungen entwickeln ... Mit einer gewissen Selbstgerechtigkeit erlaube ich mir zu sagen, daß die meisten Bücher über die Religion an das bekannte Sprichwort über die Schmackhaftigkeit von Gänsefüßen erinnern. Seltsam, während jeder Physiker ausgelacht würde, wenn er die Versuche, die er beschreibt, nicht selber verfolgt hätte, dürfen die Erforscher der Religion durchweg ungestraft verkünden, daß sie die Erscheinungen, von denen sie großartig sprechen, nicht mit der

Spitze ihres kleinen Fingers berührt haben, wo doch bei der Feinheit und Unfaßbarkeit der religiösen Regungen der Seele die persönliche Erfahrung unendlich viel wichtiger ist als bei den groben und leicht festzustellenden Erscheinungen der physischen Welt.

Na, und so weiter - zu diesem Thema kann ich endlos schreiben, aber ich denke, daß ich Ihre Frage in den Grundzügen beantwortet habe.

Es fällt mir schwer, Ihnen zu sagen, teurer Alexej Wassiljewitsch, wie dankbar ich Ihnen für Ihre gütige Zuwendung bin. Ihren Brief habe ich erhalten. Ich bin mit Arbeit überhäuft - die Semesterarbeiten der Studenten, der Druck, die Vorbereitung des Buches über den Archimandriten Serapion Maschkin und seine Philosophie und noch ein paar andere literarische Dinge, die sich abzeichnen. Gott beschütze Sie.

In Liebe

Pawel Florenski

Pawel Florenski an Alexej Wetuchow

1910, 24. April/15. Juli

Teurer Alexej Wassiljewitsch,
es vergeht kein Tag, an dem ich nicht in Liebe an Sie denke und reumütig feststelle, daß ich Ihnen wieder nicht geschrieben habe. Sie wissen vermutlich selber, wie es einem auf dem Dorfe ergeht, noch dazu, wenn man Gast ist. Gast zu sein auf dem Dorfe bedeutet, zur Untätigkeit verurteilt zu sein. In der Tat: Den ganzen Tag habe ich keine freie Minute, und wenn ich mich frage, was ich gemacht habe, weiß ich keine Antwort. Sie wissen ja, wie außerordentlich groß das Feiervermögen von uns Russen ist, und von einem Gast auf dem Dorfe wird je nach Stellung und Etikette ein Maximum an Feiervermögen erwartet.

Freilich *denke ich nach* - viel und unbeirrt. Doch es scheint mir, als sei alles Denken fruchtlos. Ich denke, die Beziehungen zwischen den Menschen, die uns umgeben, sind unmöglich; dies hinzunehmen, selbst wenn man es wollte, fehlt einem die Kraft, es muß doch einen Ausweg geben. Wie man diesen aber praktisch finden soll, sehe ich nicht, weiß ich nicht. Ich habe die ganze Zeit über das Gefühl, als lebte ich in einem luftleeren Raum: Mir ist zum Ersticken, obwohl ich sagen muß, daß die Menschen meiner Umgebung jetzt wie auch früher gut, aufmerksam und schlicht sind und vom Standpunkt der »Wirklichkeit« aus nichts zu wünschen übriglassen. Alle Gedanken, die wir uns über die Wissenschaft machen, sind vielleicht ganz vergeblich, und zwar aus dem folgenden Grunde: Die Wissenschaft ist zweifellos nur der Rand, die Oberfläche des Lebens, und sie kann von keiner anderen Beschaffenheit sein als die *gesamte* Tiefe dieses Lebens. Von »wirklicher« Wissenschaft zu sprechen ist unmöglich, solange es kein »wirkliches« Leben gibt: Jede Gesellschaft hat die Wissenschaft, die sie verdient. Wenn in unserer Gesellschaft die »professorale« Wissenschaft herrscht, dann geschieht es der Gesellschaft recht: Wer den Wind sät, wird den Sturm ernten.

Wenn Sie mir erlauben, Ihnen zu sagen, was mir am Herzen liegt, und ein wenig zu phantasieren, so will ich Ihnen schildern, was für ein »Gelehrtenkollegium« mir vorschwebt. Eine kleine Gemeinde, in der das Leben nicht von der Wissenschaft getrennt ist und die Wissenschaft nicht von der Erziehung; ein Etwas, das keine »Differenzierung und Spezialisierung« kennt, sondern einfach der lebendige Ausdruck der individuellen Temperamente, Interessen und Fähigkeiten ist. An der Spitze der Gemeinde stehen Presbyter, »Eingeweihte«. Um sie herum in konzentrischen Kreisen die Hörer, die bis hin zu den Kindern zu erziehen sind. Sie alle verfolgen die Arbeit der Älteren. Nach Maßgabe ihrer Kräfte nehmen sie an dieser Arbeit teil; die ganze Gemeinde verbindet ein Interesse, nämlich gemeinsam zu arbeiten; ihre Wirtschaft führt sie selbst und erhält sich aus eigener Kraft. Das Leben wird jeden Augenblick aufs neue zeigen, womit man sich befassen und wie man vorgehen muß. Der Antrieb für alle ist einzig das geistige Leben, dessen sich die Glieder der Gemeinde in verschiedenem Maße und in verschiedenem Grade befleißigen. Mit einem Wort teils Kloster, das Familienleben nicht ausschließt, teils pythagoräischer Bund, teils mittelalterlicher Kreis von Schülern um einen Meister ... Nun werde ich doch nicht fertig mit dem Brief: Gerade die »Okkasion«, ihn mit auf die Post zu geben, wer weiß, wann wieder eine kommt. Meine Adresse ist vorläufig: Station »Sholobowo (Sysran-Wjasma-Regionalbahn)«, Dorf Kutlowy Gorki, an W.M. Giazintow zu meinen Händen, aber bitte keine Einschreiben senden. Ich hoffe, wenn sich nur die kleinste Möglichkeit bietet, Sie Mitte August, vielleicht auch schon früher, besuchen zu können. Ich möchte Sie sehr gern sehen, komplizierte Umstände (sittlicher Natur)* allein hindern mich am Reisen.

In Liebe Ihr Pawel Florenski

Dorf Troizkoje, Gouvernement Rjasan. Ich weiß nicht mehr, ob ich Ihnen die »Tschastuschki« und andere Hefte geschickt habe.

---

* Gemeint ist die Verlobung und Hochzeit mit Anna Michailowna Giazintowa, der Schwester seines Schülers an der Geistlichen Akademie Moskau, W.M. Giazintow.

Sehr verehrter Vater Pawel Alexandrowitsch!

Gestern erhielt ich Ihren Brief. Die Frage nach der Gemeinde ist von zweitrangiger Bedeutung. Das wichtigste ist Ihre Gesundheit, die Gesundheit Ihrer Frau und Ihres Sohnes. Ob die Gemeinde der Gesundheit Ihrer Familie zuträglich ist oder nicht, darüber läßt sich nur bedingt urteilen. Modus est in rebus, man muß Maß halten, in allem, besonders was die Beanspruchung des Nervensystems angeht, es ist das Lebenszentrum, je weniger man es belastet, desto besser für die Gesundheit, für die Seele und für den Körper; je weniger Eindrücke, desto tiefer und ernster der Gedanke. Wenn die Menschen ihr Nervensystem mißbrauchen, dann kommt es infolge übermäßiger Nervenanspannung zu Erschöpfung und sogar zu Lähmung.

Und was denkt Ihre Frau über die Gemeinde und das Heim?* Ihre Meinung ist sehr wichtig. Denn sie muß ja für ihre Gesundheit genauso sorgen wie für die Ihre und die Ihres Sohnes. Gott gebe ihr Gesundheit wie auch Ihnen und Ihrem Sohn.

Wieso haben Sie mir über Ihre Gesundheit nichts geschrieben? Ich bin gottlob gesund. Im Juni hoffe ich, nach Simbirsk und in die Solowki-Einsiedelei zu fahren.

Bischof Antoni.
7. Mai 1912. Moskau. Donskoi-Kloster.

---

* Weil seine Gemeinde zu weit entfernt lag, hatte man Pawel Florenski angeboten, in der Kirche des Heims des Roten Kreuzes in Sergijew Posad Gottesdienst zu halten.

*Für F.D. Samarin**

Stille Gespräche unter Freunden zog der verewigte Feodor Dmitrijewitsch mehr feierlichen und damit weniger innigen öffentlichen Erörterungen vor. Seiner gedenkend sollten wir den Ton des Gesprächs beibehalten, wenn wir jetzt auch mehr sind, als gewöhnlich in einem Freundeskreis beisammen zu sein pflegen. Einige meiner Eindrücke von Feodor Dmitrijewitsch wiederzugeben - das ist alles, wozu ich mich in unserer Versammlung entschließen kann. Zumal sich weder Geist noch Sprache dazu verstehen wollen, von einem Menschen, der soeben erst aufgehört hat, ein unlängst Verstorbener zu sein, systematisch zu denken und zu sprechen wie von einem weit entfernten, dessen geistiges Antlitz wissenschaftlich wiederhergestellt werden müßte. Da ich mich hier an die Freunde des Verstorbenen wende, erübrigt es sich zu erklären, zu welch unerwartetem Schmerz sein Tod in den Herzen all derer führte, die ihn kannten und für die es - ich vermeide das nichtssagende Wort *Glück* und sage - eine große *Erbauung* war, einen Blick in sein inneres Leben zu tun. Die Nachricht von seinem Tod in der Zeitung war so bestürzend, daß im ersten Moment keine Trauer aufkam; erst viele Stunden später, als der Schlag nicht mehr so fühlbar war, begann der Schmerz über den Verlust in der Seele zu bohren. Wenn hier etwas der Erklärung bedarf, dann eher das genau Entgegengesetzte: Woher kam überhaupt dieser Eindruck des Unerwarteten und des Schmerzes, was war das für ein Faden, der in der Seele der Menschen seiner Umgebung zugleich mit dem Lebensfaden von Feodor Dmitrijewitsch abgerissen war? Ja, wahrhaftig. Nimmt man die Verwandten und engsten Freunde des Verstorbenen aus, so stellt sich die Frage in vollem Umfang. Krank, halb blind, vorzeitig gealtert,

* Mitteilung des Priesters P.A. Florenski auf der Sitzung der Brüderschaft der Moskauer Priester am 1. Dezember 1916.

leidgebeugt stand Feodor Dmitrijewitsch allem fern, was man gewöhnlich Leben nennt. Rechnet man das Fehlen dienstlicher Beziehungen, seine Verschlossenheit, die Zurückhaltung im Äußern seiner Gefühle und Gedanken und endlich seine seltene Bescheidenheit hinzu, dann ist erst recht unverständlich, was eigentlich die Menschen, die ihm nicht sehr nahestanden, so fest an Feodor Dmitrijewitsch binden konnte. Auch persönliche Begegnungen und ein Briefwechsel mit ihm waren aus diesem Grunde schwierig und von vornherein begrenzt. Äußerlich erschien er bei den relativ seltenen Begegnungen, die man mit ihm hatte, zu kühl und allzu distanziert, als daß sich Vertraulichkeit hätte einstellen können. Und doch muß er etwas an sich gehabt haben, daß es bei dieser Distanz und der Seltenheit einer unmittelbaren Beziehung zu ihm zu einer derart festen Bindung kam, wenn diese Bindung sich auch erst nach seinem Tod als etwas so Festes erwies. Der Tod ist der leidenschaftsloseste Richter. Wie häufig kommt es vor, daß Tode beinahe unbemerkt bleiben, die einen nach allem erschüttern müßten! Hier ist es gerade umgekehrt: Man hätte nur die gebührende Trauer erwartet, aber es war, als hätte einen selber in etwas Lebenswichtigem der Tod ereilt.

Ich spreche von mir und in meinem Namen; aber ich weiß, daß meine Worte nicht nur auf mich allein zutreffen, ich weiß, daß sich dem, was ich sage, auch andere anschließen würden. Auch in seinen Beziehungen zu einem einzelnen hat sich Feodor Dmitrijewitsch ganz ausgedrückt; daher muß man die natürliche Scheu überwinden und von sich sprechen, um über den etwas sagen zu können, um dessentwillen wir uns heute hier versammelt haben.

Ich wiederhole, die erste Schicht von Eindrücken in der Bekanntschaft mit Feodor Dmitrijewitsch ließ ihn einem fremd erscheinen. Feodor Dmitrijewitsch schien vielem Grenzen zu setzen, ohne dessen Ausdruck Unmittelbarkeit nicht möglich ist. Diesen Eindruck begünstigte eine Besonderheit seines Gesichts, eine Falte auf der linken Seite, die ihm ein teils bitteres, teils skeptisches Lächeln verlieh. Dieser Zug war rein körperlich, aber er konnte jemanden, der nicht daran gewöhnt war, zurückstoßen.

Aber unter dieser ersten Schicht leuchtete eine andere und zwang einen, seine Haltung nicht nur zu Feodor Dmitrijewitsch zu ändern, sondern auch zu dem, was einen eben noch an ihm verwirrt hatte ... Erlauben Sie bitte, daß ich meinen Gedanken an einem Beispiel erläutere.

Die moderne Literatur ist bekanntlich reich an *Plagiaten*, die Fremdes für Eigenes ausgeben. In der antiken Literatur war die umgekehrte Erscheinung verbreitet - *Pseudoepigraphe*, die Eigenes für Fremdes ausgaben. Wenn man die Begriffe *Plagiat* und *Pseudoepigraph* erweitert und darunter nicht nur abgeschlossene Werke, sondern Tätigkeiten und Bestrebungen versteht, dann ist, scheint mir, jedes literarische Werk einer dieser beiden Kategorien zuzurechnen: Alles, was nicht Pseudoepigraph ist, ist Plagiat. Wenn man nun von den Werken zu ihren Schöpfern übergeht und weiter zu den Menschen allgemein, dann kann man sagen, daß es hinsichtlich ihrer Bestrebungen *Plagiat-Menschen* und *Pseudoepigraph-Menschen* gibt.

Wo das »Ich« im Mittelpunkt der Aufmerksamkeit steht, wird *Wahrheit* unweigerlich zu einem der Mittel, das »Ich« erblühen und die Wahrheit zu seinem Schmuck werden zu lassen. Wichtig ist dann nicht, daß etwas wahr ist, sondern daß es *meine* Wahrheit ist. Fällt die Betonung einmal auf *meine*, dann ist es unausbleiblich, daß einer danach strebt, jede Wahrheit für die seine auszugeben.

Umgekehrt ist es bei der Konzentration der Aufmerksamkeit auf die *Wahrheit*. Fällt die Betonung auf die Wahrheit, dann ist es kaum noch interessant, wessen Wahrheit es ist; und weiter, wenn das Bewußtsein dafür geschärft wird, daß die Wahrheit niemandem gehören kann, sondern durch eine gemeinschaftliche Bewußtseinsanstrengung erkannt wird, muß das Eigentumsgefühl in bezug auf die Wahrheit verstummen. So entsteht das Pseudoepigraph, d.h. die Erkenntnis wird einer beliebigen Person zugeschrieben - nur nicht einem selbst; so entsteht auch die sittliche Begleiterin des Pseudoepigraphs, die Bescheidenheit.

Ich bitte, diesen Exkurs zu entschuldigen, doch anders ist es mir schwer möglich, mein Verständnis der Persönlichkeit Feodor Dmitrijewitschs zu verdeutlichen. Mir scheint, er gehörte zur zweiten Menschenklasse, zur Klasse derer, denen die Wahrheit teurer ist als alles; so erklärt sich seine Furcht, eine vielleicht übertriebene Furcht, mehr Gefühl und Verständnis zu zeigen, als in Wirklichkeit vorhanden ist, und sich damit etwas zuzuschreiben und sich mit etwas zu schmücken, das gelebt werden muß. Ihnen allen ist seine ungewöhnliche Bescheidenheit bekannt, selbst bei der Beurteilung von Fragen, mit denen er sich gründlich beschäftigt hatte, deren Geschichte er ausgezeichnet kannte und kritisch zu werten wußte. Ihnen allen ist die außergewöhnliche Akribie in seiner wissenschaftlichen Arbeit wie in der Bewertung von Alltagsdingen bekannt.

Nicht weniger bekannt ist Ihnen auch seine Wahrhaftigkeit, die mit seiner Behutsamkeit wetteiferte. Ich denke, daß man alle diese Eigenschaften Feodor Dmitrijewitschs auf eine einzige zurückführen kann, eine überhaupt seltene und in unserer Zeit besonders seltene Eigenschaft, nämlich Ehrlichkeit im Denken. Feodor Dmitrijewitsch erinnert an einen Kaufmann, der so ehrlich ist, daß er aus Furcht, seine Ware über Gebühr anzupreisen, seine Vitrinen möglichst nicht öffnet; daß seine wirkliche Kenntnis und sein kritisches Denken zutage kamen, war reiner Zufall. Ich sagte »Denken«. Richtiger wäre es, noch weiter zu gehen und auch Willen und Gefühl einzuschließen. Sein Wille wie auch sein Gefühl waren geprüft und gewogen.

Das ist der Grund, warum die Behutsamkeit seines Denkens nicht den Eindruck von Schwäche, sondern von gebändigter Kraft machte; und das ist auch der Grund, warum man nicht die Empfindung hatte, hinter seinem kühlen Äußeren verberge sich innere Gebrechlichkeit, vielmehr spürte man einen starken Impuls, der aber bewußt beherrscht war. Hinter dem wenigen, was nach außen drang, war es nicht schwer, die großen, nicht nach außen dringenden Bewegungen wahrzunehmen. Das veranlaßte einen, ihn nicht nach dem Offenbaren zu bewerten und zu schätzen, sondern nach dem Maß dessen, was in dem Offenbaren aufleuchtete.

Unvergeßlich ist mir die Begegnung, die einst meine innere Hinneigung zu ihm bestimmte. An einem der Donnerstage bei Michail Alexandrowitsch Nowosjolow, als ein Teil der Besucher schon gegangen war, wurde das Gespräch besonders lebhaft. Es ging dabei wohl um gesellschaftliche und politische Fragen, sie langweilten mich, und da ich an der Seite von Feodor Dmitrijewitsch saß, begann ich, mich in sein Gesicht zu vertiefen. Von dem Gespräch in Anspruch genommen, bemerkte Feodor Dmitrijewitsch mein Interesse nicht, er wurde sozusagen bei Gedanken und Empfindungen ertappt, von denen er nicht vermutete, daß sie sich auf seinem Gesicht widerspiegelten. Ich beobachtete Feodor Dmitrijewitsch, und ich bereue es nicht: Außer Gutem habe ich bei ihm nichts gesehen. Was ich sah, war ein großes und tiefes Sinnen über Leid und Schmerz, ein Erdrücktsein, würde ich beinahe sagen, vom Walten des Schicksals, wäre dieses Erdrücktsein nicht durch Ergebenheit gegenüber der Vorsehung gereinigt und durch ein Gefühl für die objektive Wahrheit geheiligt gewesen. Das schneidende Mitleid mit dem, der gelitten hat und der leidet, und die Ehrfurcht beim Anblick eines seinem Herrn ergebenen Knechtes Gottes wurden so stark bei mir, daß ich fürchten mußte, mir könnte sich ein unpassendes Wort auf die Zunge drängen, und so ging ich wohl in ein anderes Zimmer. Alle weiteren Eindrücke, die ich von Feodor Dmitrijewitsch hatte, waren von dem beschriebenen zwiefachen Gefühl, Mitleid und Ehrfurcht, geprägt: Einmal erblickt, durchwärmte das geistige Antlitz Feodor Dmitrijewitschs sein Gesicht auch unter Bedingungen, die für einen Anblick weniger günstig waren.

Von hier wird verständlich, welche Bedeutung für seine Freunde Feodor Dmitrijewitschs Urteile, seine Äußerungen über andere Menschen und insbesondere über sie selbst hatten. Verständlich auch, wieviel ihnen seine Billigung bedeutete und wie sehr sie sich seine - ich will nicht sagen Mißbilligung, denn aus Bescheidenheit hat er etwas derartiges so gut wie nie geäußert - seine Warnungen, seine Fragen, seine Zweifel zu Herzen nahmen. Man konnte nicht anders, man mußte sein Wort in seinem Herzen bewegen. Gibt es viele Menschen, mit deren Worten wir wirklich rechnen? Hatten Feodor Dmitrijewitschs Urteile auf allen Gebieten Gewicht, so insbesondere auf sittlichem und gesellschaftlichem Gebiet; da war er ein unbestechlicher Richter. Alle die ihn kannten, wußten, daß er keine Winkelzüge machte und jede Angelegenheit nach seinem Gewissen entschied. Man konnte auf ihn bauen. In dieser Gewißheit wurde man auch durch die äußeren Bedingungen seines Lebens bestärkt.

Fern von dem geschäftigen Treiben der Gesellschaft und daher beinahe unberührt von den gesellschaftlichen Zwängen, die unsere

Freiheit einschränken, frei von äußerem finanziellen oder dienstlichen Druck, nicht gebunden durch literarischen oder sonstigen professionellen Ehrgeiz, durch Krankheiten und schmerzliche Erfahrungen von vielen Leidenschaften, die andere Menschen gefangen halten, gereinigt, schien dieser halbblinde Greis vom Schicksal selbst das Recht auf sittliche Autorität erhalten zu haben.

Für uns wurde Feodor Dmitrijewitschs Autorität noch verstärkt und befestigt durch den geschichtlichen Platz, den er einnahm, seinen Platz in der Geschichte der Slawophilie. Einst der jüngste unter den Alten war er nun der älteste unter den Jungen. Das machte seine besondere Bedeutung für uns aus. Die Gemeinschaftlichkeit des Bewußtseins, dieses wichtigste Glied im Glaubensbekenntnis der Slawophilie, stellt sich in der Zeit als Überlieferung dar. Wenn für die Slawophilie Überlieferung im Denken und in der Kultur allgemein eines der Hauptmerkmale für wahres Denken und wahre Kultur ist, dann muß bei einem solchen Lebensverständnis die Überlieferung der Slawophilie selbst etwas Unbedingtes sein, so etwas wie das Kriterium für Authentizität. Die lebendige Überlieferung der Slawophilie erlebten wir in Gestalt Feodor Dmitrijewitschs. Er reichte uns, seinen Enkeln, den Faden, der uns mit unseren Großvätern, mit der Slawophilie des Goldenen Zeitalters, verband.

Nicht daß Feodor Dmitrijewitsch uns irgendwelche Geheimnisse mitgeteilt hätte, die anderen vorenthalten, die ungedruckt geblieben wären. Darum geht es nicht, sondern um das Gefühl der Sicherheit und Verläßlichkeit: Da sieht man mit eigenen Augen, was man bislang nur aus Büchern kannte, da ist das Gefühl einer Wirklichkeit, das die Stärke jeder lebendigen Überlieferung ausmacht, da ist Stetigkeit in der Überlieferung. Die lebendige Überlieferung der Slawophilie, das Bindeglied, das dieser Überlieferung Stetigkeit verlieh, war für uns Feodor Dmitrijewitsch. Aufgrund seiner einstigen Beziehungen zu Menschen, die schon lange gestorben sind, aufgrund endlich der geistigen Traditionen seiner Familie verfügte Feodor Dmitrijewitsch über das, was uns fehlte - die lebendige Berührung mit den uns teuren Toten und ihren Lehren; von all dem konnten wir bei ihm zehren.

In diesem Sinne gewannen viele Seiten seiner Persönlichkeit für uns besondere Bedeutung, sie wurden zum Symbol. Durch Feodor Dmitrijewitsch *hindurch* wurden viele Dinge, ja viele Menschen der Vergangenheit für uns sichtbar. An die erste Stelle will ich hier einen Zug setzen, der vielleicht gar nicht so selten ist, der aber bei Feodor Dmitrijewitsch von größter Bedeutsamkeit war: Freundlichkeit, Aufmerksamkeit gegenüber Freunden. Das ursprüngliche Slawophilentum, das im Kern freundschaftlich-verwandtschaftlich war, betonte zurecht die Bedeutung der Freundschaft, die für die Slawophilen etwas Gnoseologisches, ja beinahe Dogmatisches hatte. In dem späteren Slawophilentum lockerten sich die freundschaftlichen Bande, und es kam sogar zu Feindseligkeit; verständlich, daß parallel auch das Denken der Slawophilen verfallen mußte, das einst betont hatte, wie wesentlich die Freundschaft sei. Doch Feodor Dmitrijewitsch blieb diesem ursprünglichen Element der Slawophilie treu. Er suchte den freundschaftlichen Umgang, er wollte die ihn interessierenden theologischen, philosophischen und kirchlich-gesellschaftlichen Fragen freundschaftlich erörtern, er traute dem Denken in der Einsamkeit nicht und verließ sich nicht auf den Austausch über das Gedruckte, das den persönlichen Umgang nicht kennt. Aber sein Interesse war nicht auf den geistigen Bereich beschränkt. Ungeachtet seiner Zurückgezogenheit beschäftigten ihn die persönlichen Dinge seiner Freunde, und er kümmerte sich da auch um Kleinigkeiten, besonders wenn jemand erkrankte oder Unannehmlichkeiten hatte und Unglücksfälle zu bestehen waren. Hier ein Beispiel seiner Anteilnahme:

Im Jahre 1913 erkrankte Michail Alexandrowitsch Nowosjolow an einem Herzleiden. Feodor Dmitrijewitsch schrieb ihm bei dieser Gelegenheit:

25. Februar 1913

Teurer Michail Alexandrowitsch,
mir war die Nachricht von Ihrer Krankheit zu Ohren gekommen, und auf meine Anfrage hin hat mir dann Wladimir Alexandrowitsch per Telegramm Genaueres mitgeteilt und mich zugleich be-

ruhigt; es gehe Ihnen jetzt schon bedeutend besser. Ich wollte Ihnen eigentlich nicht schreiben, bevor ich den von Wladimir Alexandrowitsch im Telegramm versprochenen Brief mit den Einzelheiten erhalten hätte, aber der Brief ist bisher nicht angekommen, und ich wollte Ihnen sagen, daß ich um Sie und Kapitolina Michailowna sehr in Sorge war, ich danke Gott, daß Sie sich schon auf dem Weg der Besserung befinden. Ich möchte Sie aber doch dringend bitten, sich nicht zu früh für gesund zu erklären und alles Erforderliche für eine vollständige, radikale Heilung zu tun. Ich weiß nicht, was Ihnen die Ärzte raten, aber danach zu urteilen, was mir Wladimir Alexandrowitsch mitgeteilt hat, denke ich, Sie werden noch lange völlig bewegungslos liegen müssen. Wenn das so ist, dann flehe ich Sie an, revoltieren Sie nicht dagegen, befolgen Sie alles peinlich genau und so lange wie irgend möglich. Nur unter dieser Bedingung kann Ihre Krankheit vorübergehen, ohne Spuren zu hinterlassen, und werden Sie in der Lage sein, Ihr Leben wie früher fortzusetzen. Dies ist mir von den Fällen her bekannt, die ich miterlebt habe. Doch um so weit zu kommen, bedarf es großer Geduld, man muß sich auf eine lange Zeit einstellen, und es ist unerläßlich, für eine gewisse Dauer auf all das gänzlich zu verzichten, was von Ihren früheren Gewohnheiten für Ihre Gesundheit schädlich sein kann. Diese Entscheidung zu treffen, obliegt Ihnen jetzt - um aller derer willen, die Sie lieben, und vor allem um Kapitolina Michailownas willen. Ich verstehe, daß Ihnen das schwerfällt, aber dieser Verzicht auf Ihre unermüdlich sorgende Tätigkeit wird ja *nur für eine gewisse Zeit* nötig sein, selbst wenn es sich dabei um eine längere Zeit handelt. Danach werden Sie, das gebe Gott, wieder Treppen steigen, Telefongespräche führen und sich um alles kümmern können. Nehmen Sie es als eine vorübergehende Prüfung, als eine Art Glaubenstat oder Fasten. Es ist gerade die rechte Zeit dafür. Wladimir Alexandrowitsch habe ich schon ausführlich geschrieben und ihm die Maßregeln mitgeteilt, die meiner Ansicht nach zu beachten sind, um Ihnen den Übergang zu der neuen Lebensweise zu erleichtern. Vielleicht irre ich mich, weil mir nicht genügend Einzelheiten über Ihren Gesundheitszustand bekannt sind. Mir scheint aber, daß man entschlossen und streng vorgehen muß. Halbe Maßnahmen führen zu nichts und sind eher schädlich. Von der Tätigkeit, die Ihre Kräfte verschlungen und letzten Endes verbraucht hat, müssen Sie zum Schreibtisch zurückkehren, Ihre Devise muß sein: maßvoll und regelmäßig. Ich weiß, das ist leichter gesagt als getan, doch einer, der gegen diese Regel verstoßen hat, ist um so mehr verpflichtet, andere vor dem Verstoß zu warnen. Die eigene bittere Erfahrung sollte dem Rat das nötige Gewicht geben. Also leben Sie wohl, werden Sie gesund, aber spielen Sie um Gottes willen nicht zu früh den Gesunden. Ich umarme Sie freundschaftlich und sende Kapitolina Michailowna einen herzlichen Gruß. Der Herr beschütze Sie.

Von Herzen Ihr

Fjodor Samarin.

»Später«, erzählt M.A. Nowosjolow, »litt ich an der gleichen Krankheit, nämlich Herzerweiterung und Herzschwäche. Feodor Dmitrijewitsch befand sich zu der Zeit im Ausland, er begleitete einen Kranken. Selbst krank und in schwierigen familiären Umständen, sorgt er sich wieder um mich und schreibt, um mich vor einem übereilten, unvorsichtigen Schritt zu warnen, den er in seinem freundschaftlichen Verhältnis zu mir übrigens ganz zu unrecht befürchtete, einen Brief an den mich behandelnden Arzt, einen gemeinsamen Bekannten. In den Brief an den Arzt legte er einen zweiten, an mich gerichteten Brief, bittet aber, mir diesen nur zu übergeben, wenn es mein Gesundheitszustand erlaube: Feodor Dmitrijewitsch hatte Angst, sein Brief könnte mich aufregen und mir schaden. Der für mich vorgesehene Brief wurde mir übergeben, er war mir ein neuer Beweis der herzlichen Freundschaft und sorgenden Liebe Feodor Dmitrijewitschs. Aus Furcht, mich zu beunruhigen, behandelte er eine mich damals quälende Frage sehr milde und rücksichtsvoll. Ich wiederhole, diese Sorge und Aufmerksamkeit läßt er mir, selbst von Krankheit und persönlichem Kummer geplagt, vom Ausland her zuteil werden.

Ich werde auch nie vergessen, wie er in seiner freundschaftlichen Sorge um den Zustand meiner Gesundheit überall herumhorchte, um mich nicht etwa durch Anrufe oder durch einen persönlichen Besuch zu stören.«

Ich erinnere mich, daß er sich auch bei mir mehrfach mit der gleichen Besorgtheit nach dem Gesundheitszustand unserer gemeinsamen Freunde erkundigte, wenn einer von ihnen oder jemand in ihrer Familie erkrankt war. Wenn er auch nicht mehr unter den Lebenden weilt, will ich doch mit Rücksicht auf die Feodor Dmitrijewitsch eigene Bescheidenheit keine weiteren Fälle anführen, die von seinem Charakterzug, auf das Leid seiner Nächsten einzugehen, zeugen.

Ich habe hier nur ein Zeugnis angeführt; die Zahl ließe sich leicht vermehren.

Feodor Dmitrijewitschs Freundlichkeit machte ein Gespräch

mit ihm behaglich und fruchtbar. Trotz des Altersunterschieds erlaubte er, daß man mit ihm stritt, und obwohl in jedem Streit, besonders wenn man jung ist, viel Überflüssiges in nicht sehr beherrschtem Ton gesagt wird, war Feodor Dmitrijewitsch über die Hitzigkeit seines Gesprächspartners nie gekränkt, er wußte mit seinem feinen und treffend formulierten Urteil den Streit, wenn nicht beizulegen, so doch wenigstens zu völliger Klarheit darüber gelangen zu lassen, worin die Meinungsverschiedenheit eigentlich bestand. Wenn es erlaubt ist, sich hier eigennützig zugunsten *unserer* Interessen zu äußern, so muß unbedingt die Unersetzlichkeit Feodor Dmitrijewitschs für unsere Gespräche betont werden. Wie nötig wäre er jetzt und in Zukunft, da es gilt, eine Vielzahl theologischer, philosophischer und gesellschaftlicher Fragen zu beantworten ...

So Gott will, werde ich künftig einmal den Inhalt meiner Gespräche mit Feodor Dmitrijewitsch dartun; ich gedenke, in Kürze einige seiner Briefe zu veröffentlichen, um seine Empfänglichkeit für die aufkeimenden Fragen des kirchlichen Lebens und des kirchlichen Lebensverständnisses zu zeigen. In diesem Moment wage ich nicht, Ihre Aufmerksamkeit mit dem Vortrag dieser Briefe noch weiter in Anspruch zu nehmen. Erlauben Sie mir, meine flüchtige Skizze mit einem Gedanken abzuschließen, der sich auf uns alle bezieht.

Gegenwärtig wird viel von der Teilnahme der Laien am Werk der Kirche gesprochen; mir scheinen diese Gespräche um die Erneuerung der Kirche von geringem Nutzen zu sein. Wenn dagegen viele Laien auch nur einen geringen Teil jener Ergebenheit gegenüber der hl. Kirche besäßen, die das Leben des verstorbenen Feodor Dmitrijewitsch auszeichnete, wenn sie sich auch nur mit einem Teil seiner Kenntnisse, seiner Selbstlosigkeit und seiner Demut an dem kirchlichen Leben beteiligten, dann wäre, glaube ich, das Gespräch über die Zulässigkeit ihrer Teilnahme hinfällig, denn dann gingen diese Laien als Tätige in das kirchliche Leben ein, als Söhne der Kirche und nicht als Gegner, die vom Kirchenbesitz etwas für *sich zu* gewinnen trachten.

Möge das reine Bild des unvergessenen Feodor Dmitrijewitsch uns, die wir weiter unter den Lebenden weilen, eine Mahnung sein, einträchtig und in freundschaftlicher Verbundenheit daran zu arbeiten, Klarheit über unser kirchliches Lebens- und Weltverständnis zu erlangen. Möge die Erinnerung an ihn uns dazu anhalten, uns mit mehr Entschiedenheit von Zeit zu Zeit der Geschäftigkeit des Tages zu entziehen, um den freundschaftlichen Austausch im kirchlichen Denken und Tun nicht immer auf morgen zu verschieben, damit es nicht so komme, wie es in dem lateinischen Sprichwort heißt: Cras, cras, cras, et semper cras et sic consumitur aetas, s. FN S. 234 wie es mir Feodor Dmitrijewitsch einmal in düsterer Vorahnung schrieb.

Pawel Florenski an Feodor Samarin

1. August 1912. Sergijew Posad

Sehr verehrter Feodor Dmitrijewitsch!
Nachdem ich Ihren gütigen Brief erhalten hatte, schwankte ich lange, ob ich Ihnen schreiben sollte; der Wunsch wich der Furcht, die Schüchternheit neuem Verlangen. Jetzt aber, da mir Michail Alexandrowitsch* erlaubt hat zu schreiben, greife ich zur Feder, ohne doch genau zu wissen, was ich mit ihr eigentlich schreiben

will. Dieses »Was« kreist etwa um den Gedanken, warum ich trotz Ihrer »Absage« nicht ohne Ihre Ermunterung bleiben möchte. Sehen Sie, Sie sind in meiner Vorstellung nicht einfach ein Mensch, den ich verehre, sondern der Träger einer bestimmten kulturellen Überlieferung, ein Mittler, der Vertreter jener geschichtlichen Richtung, die mir nach dem antiken Griechentum die teuerste und am meisten »meine« ist.

Die Slawophilie in ihren frühesten Stadien ist die Erinnerung an etwas unendlich Teures, lange Bekanntes und Vergessenes, etwas wie eine Kindheitserinnerung. Über die Frage, ob die slawophilen Anschauungen, vom heutigen Standpunkt oder genauer von den heutigen Standpunkten aus gesehen, standhalten, habe ich weiter nicht nachgedacht. Ich *räume ein,* daß sie weder philosophisch noch gesellschaftlich noch ökonomisch usw. im ganzen aufrechterhalten werden können. Und doch, als *Symbol* ist die Slawophilie ewig, denn sie ist der symbolische Ausdruck des russischen Selbstbewußtseins. Das sagt nichts gegen sie, denn *alles* Gute - Plato, die Kunst usw. - ist auch nur in diesem Sinne ewig und noch weniger beständig in dem anderen, dem mechanischen Verständnis, das es der Prüfung unterzieht, indem es mit dem Stein darauf schlägt. Das beste, was über die russische Kultur gedacht wird, wächst stets organisch mit der Slawophilie zusammen, obwohl es more geometrico nicht aus ihr abgeleitet werden kann. Deshalb sind die slawophilen

---

* Nowosjolow

Ideen als Symbol in meinem Bewußtsein immer der Kristallisationspunkt aller geistigen Regsamkeit.

Entschuldigen Sie die wortreiche Erläuterung meines Gedankens. Ich weiß nicht, wie ich mich kürzer fassen soll, um zu erklären, daß Sie als einer der bedeutendsten Erben der Slawophilie - durch persönlichen Umgang, Blutsbande, Erziehung, Interessen, ja in allem mit den Schöpfern dieses kulturellen Symbols verbunden - in meinen Augen zu einer geistigen Aristokratie gehören und allein kraft dieser Zugehörigkeit das Recht haben, kulturell »zu binden und zu lösen«. Daher halte ich es für meine Pflicht, in die Billigung oder Mißbilligung der legitimen Erben der Besten im russischen kulturellen Selbstverständnis tiefer einzudringen als in andere Billigungen oder Mißbilligungen, selbst seitens strenger und feinsinniger Menschen: Am wenigsten behagt mir in der Kultur Hochstapelei und Selbstherrlichkeit.

Was die Sophia angeht, möchte ich unmittelbar daran erinnern, daß wir durch Gottes Willen ganz sophianisch sind, einfach weil wir Orthodoxe sind. Der hl. Konstantin-Kirill, der Philosoph, der die Russische Kirche geistig gebar, wählte sich im Traum als Siebenjähriger die königliche Sophia zur Freundin; ihr sein ganzes Leben dienend, erfuhr er ihre Gnade und empfing von ihr seine Begabung. Die *russische* Orthodoxie ist in ihrem Wesen ein Geschenk der Sophia; dies zu vergessen, wozu die Mehrheit neigt, ist schwärzester Undank gegenüber der Sophia, ein Undank, der mit religiösen Wirren und mit Niedergang bestraft wird. A.P. Golubzow, ein Professor unserer Akademie, hat mir erzählt, daß im Altertum alle heutigen Maria Himmelfahrts- und Maria Verkündigungs-Kirchen (die Erzengelkirchen auch?) Sophien-Kirchen gewesen seien und - das füge ich von mir aus hinzu - erst ein späteres Denken spezielle religiöse Momente aus der sophianischen Ordnung der Menschheit herausgelöst hat. Die Ikone der Sophia ist die älteste russische Ikone und *vielleicht* die erste russische Ikonenschöpfung überhaupt. Mit einem Wort, wir sind ein sophianisches Volk, wir sind Untertanen der Sophia, und wir müssen treue Ritter unserer Gebieterin sein. Das ist die Gewähr für unsere Existenz, denn »Rußland« und das »Russische« ohne die Sophia ist eine contradictio.

Umriß einer der ältesten russischen Sophien-Ikonen in der 1052 geweihten Nowgoroder Sophien-Kathedrale: In der Mitte die Sophia, links die Gottesmutter, rechts Johannes der Täufer, über der Sophia Christus der Allerbarmer

Entschuldigen Sie diesen langen unordentlichen Brief, sehr verehrter Feodor Dmitrijewitsch. Nachdem ich ein ganzes Jahr mit Korrekturen und ähnlichen halbmechanischen Beschäftigungen zugebracht habe, bin ich geistig und sittlich betäubt und kann im Moment keine zwei Sätze ordentlich miteinander verbinden. Wie immer Sie über die Slawophilie und die Sophia denken mögen, glauben Sie mir bitte, daß mir Ihre Zuwendung sehr sehr teuer ist, um so mehr, als heute alle »Ideen« so recht ein Mittel zur Entzweiung sind und daher alle unter den Bedingungen kultureller Einzelhaft arbeiten, von religiöser Vereinsamung spreche ich erst gar nicht. Der Herr schütze Sie und spende Ihnen Trost.

Ihr aufrichtig ergebener unwürdiger
Priester Pawel Florenski

Feodor Samarin an Pawel Florenski

Sestrorezk. 24. August 1912
Moskauer Adresse: Powarskaja, 38

Ich stehe ganz und gar in Ihrer Schuld, hochverehrter Vater Pawel, weil ich mit meiner Antwort auf Ihren Brief, der mir eine große Freude war, so lange gezögert habe. Ich schätze Ihre Aufmerksamkeit außerordentlich und danke Ihnen von Herzen, daß Sie mitten in Ihren dringenden und ermüdenden Arbeiten Zeit für ein Gespräch mit mir gefunden haben. Ich wollte Ihnen so gründlich wie möglich antworten und verschob deshalb den Brief an Sie von einem Tag auf den anderen, um mich ihm in Muße widmen zu können; aber es kam, wie das Sprichwort sagt: »Cras, cras et semper cras et sic consumitur aetas«;* in meinem Fall verging bzw. vergeht die Zeit meines Aufenthalts in Sestrorezk. Morgen fahre ich nach Moskau; um den Brief an Sie nicht noch länger aufzuschieben und aus Furcht, es könnte mir erst in Moskau und dann auf dem Lande auch nicht gelingen, meine Korrespondenz zu führen, sende ich Ihnen diese Zeilen, nur um Ihnen zu sagen: Entschuldigen Sie mein Säumen und nehmen Sie es um Gottes willen nicht für Gleichgültigkeit. Ich bin glücklich, daß ich in etwas engeren Kontakt zu Ihnen gekommen bin, und wenn dies zu einem Teil durch die Liebenswürdigkeit Michail Alexandrowitschs** geschah, so sage ich ihm dafür meinen innigen Dank.

Der gütige Michail Alexandrowitsch hat Ihnen offenbar nicht genau ausgerichtet, was ich ihm über Ihr Buch*** gesagt habe. Wie ich Ihnen schon früher schrieb, halte ich mich nicht für berechtigt, über Arbeiten wie die Ihre ein Urteil abzugeben, denn auf dem Gebiet der Philosophie bin ich völlig unwissend, ich bin unfähig, mich in abstrak-

---

*(lat.) »Morgen, morgen, immer morgen, und so verstreicht das Leben.«

** Nowosjolow

*** Gemeint ist die Magisterdissertation *Über die religiöse Wahrheit*, Vorläufer seines Buches *Der Pfeiler und die Grundfeste der Wahrheit*, aus der Kapitel im »Theologischen Boten« erschienen waren.

ten Fragen zurechtzufinden. Zu Michail Alexandrowitsch habe ich nur gesagt, daß Ihre Abhandlung (oder genauer die Teile, die ich lesen konnte), soweit ich sie verstehe, auf mich einen außerordentlich tiefen und wohltuenden Eindruck *sittlicher Art* gemacht hat und daß ich lange nicht erlebt habe, was ich bei der Lektüre Ihres Buches erlebte.

Ich kann Ihnen gar nicht sagen, wie mich das freut, was Sie über die Slawophilie und über Ihr Verhältnis zu ihr schreiben. Meiner Meinung nach haben Sie die Bedeutung der Slawophilie im Geistesleben unserer Gesellschaft völlig richtig bestimmt. Ihre Kraft liegt tatsächlich darin, daß sie die erste deutliche Offenbarung des russischen nationalen Selbstbewußtseins war. Erst jetzt beginnt man das zu begreifen, und daher ist auch jetzt erst die Zeit gekommen, das richtig zu werten, was die Slawophilen gesagt und getan haben. Es gibt aber leider auch jetzt nur wenige Menschen, die in der Lage wären, sich mit Chomjakows Denken in seinem ganzen Umfang vertraut zu machen und es selbständig zu beurteilen. Auch Berdjajew hat das nicht vermocht, obwohl er offenbar mit Chomjakow stark sympathisiert und eine nicht geringe Mühe auf das Studium verwandt hat. Gerschenson will bei all seinem literarischen Talent und seinem Interesse für die Slawophilie von dem Begründer dieser Richtung überhaupt nichts wissen, und er hätte, wenn er sich um ihn gekümmert hätte, auch nichts von ihm verstanden.

Ich muß Ihnen nicht sagen, daß ich Ihrem Gedanken über die Bedeutung der Überlieferung im geistigen Leben und Ihrer Ablehnung der Selbstherrlichkeit in der Kultur tiefe Sympathie entgegenbringe. Losgerissen von der Überlieferung ist die Tätigkeit einer einzelnen Persönlichkeit, selbst wenn sie außerordentlich begabt ist, großenteils unfruchtbar; das ist meine tiefe Überzeugung. Darin sehe ich den Grund der bei uns nicht selten zu beobachtenden Erscheinung, daß begabte, gebildete und arbeitsfreudige Menschen im geistigen Leben keine tiefen Spuren hinterlassen. Die kulturelle Tradition ist bei uns, wenn sie nicht ganz fehlt, äußerst schwach, dazu kommt, daß die einzelne Persönlichkeit ständig nach völliger Unabhängigkeit strebt und ihr Werk auf diese Weise zugrunderichtet. Als charakteristisches Beispiel kann meiner Meinung nach K.D. Kawelin dienen.

Indem Sie Ihre geistige Verwandtschaft mit Chomjakow und seinen nächsten Freunden gestehen, schließen Sie sich, ohne Ihre Selbständigkeit zu opfern, jener geistigen Strömung an, die sich als die gesündeste und lebensfähigste aller unserer sogenannten Richtungen erwiesen hat. Noch unlängst schien es (und viele waren aufrichtig davon überzeugt), als sei die Slawophilie tot und begraben und werde nie mehr auferstehen. Jetzt getrauen sich selbst Menschen einer ganz anderen Denkrichtung nicht, dies zu sagen; im Gegenteil, man sucht und findet bei diesen »hoffnungslosen« Slawophilen vieles, was der Wiedergeburt des geistigen Lebens in unserer Zeit, die so voller Enttäuschungen ist, förderlich sein kann. Diese mächtige Strömung, die so ihr Lebensrecht bewiesen hat, wird uns einmal, davon bin ich fest überzeugt, aus jenem Strudel heraustragen, der uns erfaßt hat und uns mit geistigem Untergang bedroht.

Ich wollte Sie eigentlich noch um einige Erklärungen zu dem bitten, was Sie über die Bedeutung der »Sophia« für das russische Leben schreiben, aber mein Brief ist so schon zu lang geworden: Meine Seite ist zu Ende und die Zeit auch. Erlauben Sie mir daher, über diesen wichtigen Gegenstand ein andermal zu sprechen. Mich für heute von Ihnen verabschiedend, danke ich Ihnen noch einmal und bitte Sie, mir mein langes Schweigen nicht zur Last zu legen.

In tiefer Verehrung Ihr Ihnen herzlich ergebener

Feodor Samarin

Pawel Florenski an Wladimir Koshewnikow

1912. 15.III.
Sergijew Posad

Sehr verehrter, teurer Wladimir Alexandrowitsch!
Ich habe zwar heute schon einen Brief an Sie abgeschickt, aber nachdem ich nun Ihren Brief erhalten habe, verdrießt mich doch mein leichtfertiger Ton und ich fühle mich verpflichtet, Sie noch mit den unten stehenden Zeilen zu behelligen.

Zunächst zu der »Sache«. Mir scheint, Sie mischen da vergebens zwei ganz verschiedene Gesichtspunkte zusammen, wenn ich auch begreife, daß jeder Mensch sie im Angesicht der Ewigkeit unvermeidlich zusammenmischt. Die »Sache«, über die wir korrespondieren, gehört in den Bereich des *Bedingten*. Es geht mir jetzt nicht um ein unbedingtes Werturteil über Ihre Tätigkeit (dazu weiter unten), sondern ich nehme sie comme tout le monde.* Die unbedeutende »Auszeichnung«, die für Sie in Aussicht genommen ist und mit der jeder Professor gewürdigt wird, der in den Ruhestand tritt (und Sie hätten in der Akademie schon vor 10 bis 15 Jahren, wenn nicht noch früher, in den Ruhestand treten müssen), diese »Auszeichnung« ist selbstverständlich *auch im Bereich des Bedingten* etwas sehr Geringes im Verhältnis zu Ihrer Tätigkeit, selbst wenn diese ihrerseits bedingt ist. Sie haben bis zu Ihrem 60. Lebensjahr gearbeitet, Sie haben zum Nutzen der Kirche und Rußlands gearbeitet (und da habe ich nur das Gedruckte im Auge); Sie haben nicht für ein Gehalt gearbeitet, nicht für Orden, Rang oder Pension; Sie haben die Religion gegen den Unglauben verteidigt, die Kultur gegen die Barbarei, die Gewissenhaftigkeit gegen die Gewissenlosigkeit. Die »Auszeichnung« ist für Sie etwas ebenso Natürliches, wie es für mich etwas Natürliches ist, mit 30 oder 31 Jahren den Grad eines Magisters zu erwerben, wie es etwas Natürliches ist, Sie mit Vatersnamen anzureden und nicht mit Kosenamen, und wie es etwas Natürliches ist, daß wir, die Jungen, Ihnen als einem Älteren

* Wie alle Welt.

begegnen und nicht als einem Gleichen. Ehrlich gesagt, verstehe ich nicht, was es da noch zu besprechen gibt. Ich sage offen, daß es *wider*natürlich ist, wenn Studenten, die im Juni 1912 ihr Studium abgeschlossen haben, schon im September oder Oktober des gleichen Jahres ihre Dissertationen einreichen, und das weder aus Not noch gezwungen durch äußere Umstände, sondern einzig aus Gewissenlosigkeit und Selbstüberhebung (so etwas geschieht bei uns bis auf den heutigen Tag). Auf Sie trifft das doch aber nicht zu. Sie sollten es leichter nehmen. Wenn die Sache nicht gelingt, wird das nicht für Sie beschämend sein, sondern für uns, nur für uns.

Und jetzt zum Wesen der Sache, zu Ihrer Arbeit. Vor allem kann ich nicht entscheiden, ob Ihre nur im Manuskript vorhandenen Bände wirklich totgeborene Kinder sind oder nicht; vorübergehend nehme ich einmal an - ja. Ich muß Ihnen aber doch nicht sagen, daß in einer sündigen Welt jede Entwicklung, jedes Wachstum ein Abschneiden, ein Absterben, eine Verschwendung ist, ein Kräfteverschleiß durch *nutzlose* Reibungen.

Im Paradies konnte sich jede Möglichkeit vollkommen verwirklichen, aber in unserer Welt muß jede Energie, um sich zu verwirklichen, einen Teil ihrer selbst auf feindliche Widerstände verschwenden. So ist das in der Physik und in der Mechanik, so ist das in der Wirtschaft (Ausgaben für Reklame, für den Unterhalt unproduktiver Kassierer etc.). Und so ist das auch im sittlichen und geistigen Bereich. Um einen einzigen Schritt zu tun, muß man sich stundenlang am Ort aufladen und konzentrieren. Ist es da verwunderlich, wenn nur Broschüren und Artikel auf den Gräbern (wirklich Gräbern?) Ihrer Folianten und dicken Bände gewachsen sind? Weiß man denn, ob sie anders hätten wachsen können? Und wenn Sie diese Vorbereitungsarbeit (wenn das tatsächlich nur Vorbereitungsarbeit sein sollte und nicht weit mehr) nicht geleistet hätten, wären Sie dann nicht statt des unvoreingenommenen ehrlichen Arbeiters des Denkens einer von jenen unverschämten Schreihälsen geworden, die jetzt die Literatur überschwemmen und die vielleicht *nicht* einmal *ohne Talent* sind. Wenn ich mich auf Einzelheiten einlasse, dann aus *taktischen* Erwägungen und Stimmungen, »der Ordnung halber«, ich werde dies und jenes angreifen, wie ich das bisher getan habe. Aber wenn es *um Sie überhaupt* geht, dann ist es, wie wenn ich von mir spräche, und ich fühle, daß Gottes Hand uns leitet. Gott ist keine Idee, keine natürliche oder transzendentale oder was immer für eine Idee, sondern Lebendiger Geist, unser Vater, und Er leitet uns; selbst wenn wir »unsere eigenen Wege« gehen, verläßt Er uns nicht, und wenn Er uns nach unserem eigenen Willen gehen läßt, lenkt Er uns doch in die bessere Richtung. So oder anders, auf dem direkten Königsweg oder auf den Seitenwegen dieser Welt, früher oder später, führt Er uns, wenn wir nur den Gott des Lebens nicht verfluchen und nicht wie Kinder eigensinnig und ungehorsam sind, zur Ehre der »himmlischen Berufung« [Phil. 3, 14]. Das weiß ich aus Erfahrung, das empfinde ich mit meinem ganzen Wesen; wie schlecht *ich* immer war, das Gefühl der Gegenwart Gottes habe ich nie verloren, sie ist das ens realissimum.

Sie beklagen die nutzlos verbrachten Jahre. Meinen Sie nicht, teurer Wladimir Alexandrowitsch, daß diese Klage, abgesehen von der jedem von uns bewußten *Sündigkeit* unseres ganzen Lebens, der Sündigkeit des Lebens der Welt, daß diese Klage eine Aberration der *abstrakten* Vernunft ist? Was heißt »nutzlose« Jahre? Abstrakt gesehen ist es natürlich nützlicher, 1000 Nächte auf einem Stein zu beten* als 1000 Nächte die Renaissance zu studieren. Aber jeder vollbringt *seine* Tat und trägt sein Kreuz. Warum über die »versäumten« 1000 Nächte klagen, wenn Sie W.A. Koshewnikow sind und nicht der hl. Serafim von Sarow. Gott wußte, was Er tat, als Er *Sie* in diese Welt sandte, und Er wußte, daß Ihr Ruhm nicht der Ruhm der »Sonne« und nicht der Ruhm des »Mondes« sein würde, sondern der Ruhm eines »Sterns«,** ich weiß nicht welcher Größe. Warum wollen Sie Ihren Willen nicht vor der Weisheit demütigen und suchen etwas, was Ihnen nicht bestimmt ist - den Ruhm der Sonne? 1000 Nächte im 7. Himmel sein ist »nützlicher« als 1000 Nächte auf einem Stein beten; und 1000 Nächte auf einem Stein beten ist »nützlicher« als 1000 Nächte die Renaissance studieren; aber 1000 Nächte die Renaissance studieren ist nützlicher als

* Gemeint ist hier der hl. Serafim von Sarow.

** 1. Kor. 15, 41 nach der russischen Bibelübersetzung.

1000 Nächte im Jar* zu vertrinken, und 1000 Nächte im Jar zu vertrinken ist »nützlicher« als 1000 Nächte Gott zu lästern und zu sagen, Er hätte das Leben so und so einrichten müssen (wie das die Intell. tun). Sis ut es, aut non sis! Et lauda Deum Realissimum ...** Selbstverständlich, auch Lesen und auch das Streben nach Wissen, wenn es mit *Leidenschaft* geschieht (wobei *»Leidenschaft«* und Pathos, zwar philologisch identisch, im geistlichen Leben jedoch etwas ihrem Wert nach Entgegengesetztes sind), ist Sünde, hat etwas Verwesliches an sich, ist *»vermischt«* mit den elementaren Kräften dieser sündigen Welt. Aber Sie und ich, die wir beide sündig sind in unserem Streben und vermutlich *leidenschaftlichen* Streben nach Wissen, in unserer Wißbegier, dürfen, da wir ja nicht »ökonomisch« im Sinne der Haushaltung, sondern kontemplativ, »theoretisch« über uns nachdenken, nicht die Sündlosigkeit im Auge haben, sondern nur den Weg, der als der uns eigene der direkteste zum anderen Ufer ist.

Die *Maxime* unseres Verhaltens kann nicht sein: »Hab' keine Leidenschaften«, denn das hieße: »Höre auf zu sein«, sondern nur: »Wende die Leidenschaft an das Höchste.« Das lehrt uns Plato, und im Grunde lehren das auch die hl. Glaubenshelden. Wie wir uns auch »bemühen«, wir fügen unserer Größe nicht eine Elle hinzu [Luk. 12, 25]; wenn wir uns aber in der Richtung entwickeln, in die zu entwickeln uns gegeben ist, können wir in das Reich Gottes gelangen. Das ist nicht Humanismus, sondern eine letzte Demut: »Ich will den Herrn loben allezeit und zu jeder Stunde« [nach Ps. 34, 2]. *Wir* können gar nicht anders als leidenschaftlich sein; aber wir bemühen uns darum, daß diese Leidenschaften schöpferisch und nicht zerstörerisch sind. Konkret gesagt, *für Sie* war Lesen, selbst wenn es »nutzlos« war, natürlich nützlicher als geizig zu sein oder ein ausschweifendes Leben zu führen usw. Ja, wenn Sie sich auf Ihren Bänden ausgeruht und stolz gesagt hätten: »Liebe Seele ..., habe nun Ruhe« [Luk. 12, 19], das wäre schlimm; aber da Sie, wiederhole ich, nun einmal nicht der hl. Serafim sind, bleiben Sie

* Name eines für seine Gelage berühmten Restaurants außerhalb von Moskau.

** (lat.): Sei der du bist, oder du bist nicht! Und lobe Gott den Höchsten.

Wl. Alex. Koshewnikow, der, wenn er auch nicht wagen darf aufzuhören, »vor dem furchtbaren Tag des Gerichts zu zittern«,* nicht vergessen soll, daß der Herr, der uns auf die Erde gesandt hat und vorher weiß, was alles mit uns geschehen wird, uns das Gute und nicht das Böse wünscht und daß Sein Wohlwollen größer ist als unsere Gebrechen, Schwächen und sündigen Neigungen.

1912. 17.III.

Unser aller Sünde, die wir das Gute zuviel studieren und zu wenig schaffen, liegt, wie ich denke, nicht so sehr in der Sinnlichkeit, Leidenschaftlichkeit oder gar im Unglauben als vielmehr in der zu geringen Entfaltung der *Hoffnung*. Hoffnung ist keinen Schwäche, sondern eine *Tugend*. Insgeheim denken wir, daß *nicht* hoffen besser ist als hoffen, wir schämen uns der Hoffnung. Und das ist der Grund, warum wir uns nicht Gott anvertrauen, wie wir sollten, wie sich ein Kind der Mutter anvertraut.

Die Klage, die Sie vorbringen, möchte auch ich vorbringen; auch bei mir haben sich zahllose Notizen, Manuskripte, Daten, Projekte, halbfertige Arbeiten angesammelt, und ich weiß, daß es mir nicht nur an Kraft gebricht, sie zu beenden, sondern daß ich gar nicht den Wunsch habe, sie zu beenden. Aber ich fürchte, daß die Klage über all dieses Unvollendete nicht dem Wunsch entspringt, Gott zu dienen, sondern dem eitlen Bestreben, sich ein »Mausoleum« zu errichten, und zwar noch zu Lebzeiten. Ich glaube, vom Haushalt des Denkens her gesehen ist das alles nicht verloren, aber für mich, für Sie, für den »Ruhm« (!) ist das wirklich verloren. Doch für den »Ruhm« von Menschen, nicht von Gott. Ich will es an meinem Beispiel zeigen. Ich verschwende meine Kräfte an die Studenten, ich lasse sie teilnehmen an meinen Gedanken, an meinem Wissen und an meinen Kräften, aber sie nehmen 9/10 davon gar nicht wahr, das geht an ihrem Ohr vorbei. Und es besteht kein Zweifel, daß selbst das 1 Zehntel nicht einfach für mich verloren ist, sondern von denen, die es aufnehmen, auch noch für *ihres* ausgegeben wird. Ist das nun

* Aus dem Fasten-Triodion: Sonntag des Zöllners und Pharisäers, nach dem 50. Ps. in der russischen (dem 51. Ps. in der deutschen) Bibelübersetzung.

verloren oder nicht? Ist es nicht besser, es wird von den jungen Leuten zerlegt, aufgelöst und eingesaugt, als daß es in Büchern *vermodert*, die sowieso keiner liest?

Ich habe auch meinen Fjodorow - den Vater Serapion. Wie auch immer, es konnte Sie doch bei Fjodorow nicht irgendein Kanzlist ersetzen oder mich bei Serapion. Sie waren nötig, und ich war nötig. Ja, das ist Klosterdienst; aber ist es nicht besser, demütig der Zellendiener eines ordentlichen Menschen zu sein als stolz seine Zeit und seine Kräfte auf 1000 Hochstapler zu verschwenden? Um ehrlich zu sein, wenn ich mir die Menschen näher ansehe, tun sie mir leid, und ich empfinde eine solche Gleichgültigkeit gegen ihr Lob und ihren Tadel (mit Ausnahme einiger weniger, vielleicht zwei Dutzend), daß all das, was *»Ruhm«* heißt, mir wie Marktgeschrei vorkommt und mich nur reizt und verstimmt. Mir scheint sogar, daß der Lärm um einen Namen einen dunklen Schatten auf den Träger des Namens wirft und die Persönlichkeit selbst etwas Marktschreierisches bekommt. Sie brauchen keine Bekanntheit, aber wir, Rußland, brauchen Ihre Bekanntheit. Das ist eher eine Prüfung als eine Genugtuung.

1912. 19.III.

Ihre Beziehung zur Akademie sollte wohltuend auf unsere Sitten wirken. Sehen Sie, die Leute bekommen es fertig, in einem Jahr eine Doktordissertation zu schreiben und fast noch zu drucken, eine Arbeit, in der sich alles auf Dinge gründet, von denen sie bislang keine Ahnung hatten und die eigentlich sehr viel Zeit beanspruchen (wie z.B. Hieroglyphen). Ich werde damit schwer fertig, nicht weil sie zu »Doktoren« usw. werden (die stören mich nicht), sondern weil sich da ein zynisches Verhältnis zur Kultur und zur Wissenschaft breitmacht. Ich kann nichts dagegen haben, wenn ein Einsiedler in der Wissenschaft nicht Bescheid weiß. Er drängt sich aber auch nicht in die Wissenschaft und macht sie nicht zu seiner Milchkuh. Diese Angeberei mit der Kultur, wenn auf ihre Kosten gelebt wird und nichts weiter dahintersteckt als ein prätentiöses Gehabe, ist ekelhaft. Sie können mehr als jemand sonst in Rußland, *ohne* auch nur ein Wort zu verlieren, einfach durch die

Tatsache Ihrer Existenz, diesem schamlosen Treiben entgegenwirken. Ich wiederhole, Ihre Beziehung zur Akademie ist für uns, für die kirchliche Wissenschaft unerläßlich, und es wäre für mich bedrückend, bei Ihnen in einer so wichtigen Sache auf Unverständnis oder Uneinsichtigkeit zu stoßen.

Entschuldigen Sie meinen langen Brief, sehr verehrter Wladimir Alexandrowitsch, der Sie vermutlich schon längst ermüdet hat. Glauben Sie mir, ich habe es nur deshalb gewagt, Sie damit zu behelligen, weil ich mich auf meine tiefe Verehrung für Sie stützen kann. Der Herr beschütze Sie und gebe Ihnen Seinen Frieden und Freude!

Ihr ergebener
Priester Pawel Florenski
1912. 19.III.
Ostermontag

1913. 7.VI. Sergijew Posad

Was Sie schreiben, teurer Wassili Wassiljewitsch, ist vortrefflich, nur verstehe ich nicht, was den Anlaß dazu gegeben hat. Entweder habe ich mich, was den »Neid« angeht, nicht richtig ausgedrückt, oder Sie haben da etwas mißverstanden; ich weiß einfach nicht mehr, worum es ging. Das ist aber nicht wichtig. Die Moskauer »Kirchenfreundschaft« ist wirklich das Beste, was wir haben, diese Freundschaft zeichnet eine vollendete coincidentia oppositorum aus. Alle sind frei, und alle sind gebunden; jeder verfährt auf seine Weise, und jeder verfährt »wie die anderen«. Sie schreiben von dem »Neuen«, das wir in die Theologie bringen, vergessen Sie den von Ihnen aufgezählten Personen nicht Nowosjolow und Bulgakow hinzuzufügen sowie Samarin u.a., die nicht literarisch in Erscheinung treten, aber originelle Gedanken haben und mit ihren Gesprächen und Ratschlägen, mit ihrer Freundschaft und mit ihren Büchern zu der gemeinsamen Arbeit beitragen. Die Bedeutung der Moskauer Bewegung besteht darin, daß für uns der Sinn des Lebens nicht in der literarischen Fixierung unserer Auffassungen liegt, sondern in der Unmittelbarkeit der *persönlichen* Beziehungen. Wir schreiben nicht, wir sprechen, ja wir sprechen nicht nur, wir verkehren miteinander. Wir schreiben einander Briefe, wir unterhalten uns, wir trinken Tee; Nowosjolow kommt eines *einzigen Kommas* wegen nach Posad, um sich zu beraten, oder lädt einen zu sich nach Moskau ein. Das sind keine Flaubertschen Kommas, die die Nachwelt in Erstaunen setzen sollen, das ist die Suche nach einem Anlaß sich zu sehen. Sie wundern sich über den fehlenden Neid. Wir können gar nicht aufeinander neidisch sein, denn wir machen mehr oder weniger alles gemeinsam, nur daß der größte Arbeitsanteil jeweils auf einen fällt. Was einer, sagen wir Nowosjolow, Bulgakow, Andrejew, Zwetkow usw. usw., macht, ist für mich und für jeden von uns nichts *Fremdes*, nicht die Arbeit eines Rivalen - also »je schlechter, desto besser«, sondern *meine* Arbeit, zu einem Teil auch meine Arbeit. An ihrer Vollendung sind alle interessiert, und an ihrem Erfolg hat jeder Anteil. Daher ist es ganz natürlich, wenn jeder in dieses Nest wenigstens ein Hälmchen mit einflechten, einen Fehler bei der Korrektur verbessern oder sonst behilflich sein möchte. Im Grunde weisen die Namen »Nowosjolow«, »Florenski«, »Bulgakow« usw. über diesen Arbeiten nicht auf den *Eigentümer*, sondern den Stil, die Sorte, das Aroma der Arbeit hin. »Nowosjolow« bedeutet, die Arbeit ist im *Stil* Nowosjolows ausgeführt, d.h. im Stil »strenger Orthodoxie«, von etwas klösterlichem Zuschnitt; »Bulgakow« bedeutet professoralen Stil, mehr nach außen gerichtet, apologetisch usw. Sie haben sich häufig darüber gewundert, wie wenig ich mache, d.h. veröffentliche. Dabei bin ich den ganzen Tag beschäftigt. Dem einen ist bei einer Korrektur zu helfen, bei einem zweiten ist eine Übersetzung zu verbessern, für einen dritten muß man Quellen heraussuchen, einem vierten einen ausführlichen Brief schreiben, mit einem fünften ein Gespräch führen, ein sechster liest einem seinen Aufsatz vor oder entwickelt einem seinen Arbeitsplan usw. Die Vorlesungen, die ich halte, die Semester- und Kandidatenarbeiten, die ich die Studenten schreiben lasse, die praktischen Übungen und häuslichen Gespräche mit den Studenten, die Unterhaltungen zwischen den Vorlesungen - all das ist *sehr* ermüdend, denn das ist nicht einfach Unterricht, das ist ein ununterbrochener *Kampf*; ich kann nicht einfach etwas aufbauen, sondern muß dauernd die positivistischen Einstellungen bekämpfen. Genauso ergeht es Bulgakow, Nowosjolow, uns allen. Aber wenn man, selten genug (jeweils bei einigen Studenten im Studienjahr), einen wirklichen Sieg erringt, fühlst du doch, daß du alle *erreicht* hast und sie nachdenklich geworden sind und daß sie sich, wenn ihnen Gott ein Unglück schickt, entsinnen werden. Aber, Sie verstehen, dieser ewige Kriegszustand zehrt an den Kräften. Ruhe findet man nur in der Kirche und bei den Altertümern - den Zeichnungen, den Münzen usw. [...]

Pawel Florenski vor dem Lazarettzug, 1915

1914. 31.XII. Lazarett des Roten Kreuzes. Sergijew Posad.

Übertragen 1915. 8.II., Lazarettzug.

Die Soldaten singen. Die Lichter am Tannenbaum brennen. Aber ich bin traurig, mir ist zum Weinen zumute.

Es ist erstaunlich: Je lustiger und ausgelassener es um mich zugeht, desto trauriger werde ich und desto trauriger in ihrem Innern kommen mir alle in meiner Umgebung vor. Je wilder es zugeht, desto entfernter ist die Seele von allem Irdischen. Lustigkeit ist dem Menschen nicht eigen; auch wenn er lustig ist, ist er traurig; wilde Ausgelassenheit ist ihm nicht eigen - beim Anblick dieser Wildheit entfernt er sich nur noch weiter von allem.

Hören wir in ein Lied hinein, wir werden auf seinem Grund tiefe Trauer vernehmen. Hören wir hinein in die Begräbnisgesänge - wir werden auf ihrem Grund Freude finden.

Trauer und Freude sind vermischt. Keiner weiß, was er wo findet und wo er was verliert.

Kneipenlieder sind im Grunde unendlich traurig, herzzerreißend. Zuweilen erinnern sie an unterdrücktes Schluchzen. [...]

Was man beschreiben muß.

1915. 24.I.

1.

Kirchliche Befreiung. Das gewöhnlich Unmögliche wird erreichbar und real. Ich gehe durch die Stadt, über der Brust die Altardecke, in den Händen die heilige Welt, und fühle *mich* als Kirche. Nicht die Kathedrale, nicht die Mauern, sondern das lebendige Geschöpf, lebendige Geschöpfe sind die Träger der Kirchlichkeit. Viele Vorschriften müssen verletzt werden, aber das Gewissen ist ruhig und rein. Das ist sie, die christliche Freiheit! Das altkirchliche Gefühl, *selber* Träger der Gnade zu sein. Frei zu sein von Frömmelei, Bedingtheit, Schicklichkeit, Gewohnheit. *Die Fesseln zerrissen* - und »das Leben lebt«.

2.

Der Zug steht in ... hinter ..., weit weg von den Menschen. Man fühlt sich von der Welt verlassen und fühlt die Verlassenheit der Welt. Man fühlt sich *außerhalb der Welt*. Aber dafür als ein Sohn Gottes. Ein verlorener Sohn, aber ein Sohn. Waisenschaft. Das Schlagen irgendwelcher Ventile im Wassertrakt in der Stille verstärkt das Gefühl von Stille: Etwas schlägt, ein scharfer, nichtmetallischer Laut, und man weiß, das ist kein Mensch, kein lebendiges Wesen. Das Sausen des Windes in den Lüftungsklappen. Die Signale der Lokomotiven. In der Ferne Hundegebell. Selten Laute, aufreizend, weil sie die Stille zu verletzen scheinen, aber sie unterstreichen die Stille nur noch.

Jetzt wird *Holz* abgeladen, ein *dumpfer*, dichter Laut.

1915. 29.I.

Bei uns hier geschieht nichts Besonderes. Aber die Luft durchzieht ein feinstes Todeswehen, man spürt eine feierliche Opferbereitschaft in den Soldaten, die mit ihren Teekesseln herumlaufen oder kühn von Zug zu Zug springen. Sie sind unansehnlich. Die Uniform sitzt irgendwie nicht richtig; und wie sie über die Trittbretter in ihre Waggons kriechen, das ist ganz und gar nicht »militärisch«. Ihre Reden haben auch nichts Begeistertes und Hochgestimmtes, aber hinter allem erkennt man eine allgemeine, *nicht* persönliche Vergeistigung und sittliche Kraft, man erkennt hinter den Soldaten etwas, was ich nicht anders bezeichnen kann als den ENGEL des russischen Volkes.

Diese kleinen und schwachen Eindrücke lehren einen mehr als die großen und starken: Man lernt das Leben in seiner Tiefe, in seinen Wurzeln verstehen.

1915. 4.-5.II.

Nachtdienst Lazarettzug.

Ich ging zu dem Soldaten in Koje N° 11 im Waggon 6. Auf meine Frage nach der Wunde antwortete er mir ungefähr mit folgender Geschichte:

»Die Wunde ist nicht weiter schlimm, die heilt zu [...], wahrscheinlich habe ich mich erkältet, ich habe Schmerzen im Bauch und im Kreuz. Als wir die Deutschen aus unseren Schützengräben angriffen, wurde ich verwundet ... Ich kroch zu ihnen hin und rief: ›Holt mich in euren Graben.‹ Aber sie wehrten ab, so wie: ›Wir können dich nicht gebrauchen. Kriech zurück in euren Graben.‹ Sie durften nicht mit mir sprechen. Da rief ich ihnen zu: ›Nicht schießen!‹ Sie gaben zu verstehen: Wir schießen nicht. Ich kroch auf unsere Seite zurück. *Bestimmt haben meine Kinderchen für mich gebetet.*«

1915. 4.-5.II. Nacht, im Dienst.

Gespräch mit einem Reservisten, einem Bauern aus Woronesh. Er sehnt sich nach dem Friedensschluß und dem Ende des Krieges. Er klagt: Wir sind so schwach, und die Deutschen so stark, bei uns ist alles schlecht. Besser sterben als so ein schweres Leben. »Sterben, ja, aber es kommt darauf an, mit welchem Gewissen«, sage ich, doch mein Gesprächspartner läßt diese Einschränkung nicht gelten. Mit großem Eifer beweist er mir, daß Gott dem Bauern seine Sünden nicht anrechnet, weil der Bauer sein Leben lang arbeitet. Auf meine Bemerkung, daß nicht nur die Bauern arbeiten, reagiert er ungläubig; er denkt, alle Städter sind wohlversorgt und kennen weder Kummer noch Sorgen. Immer wieder spricht er vom Boden: »Er müßte aufgeteilt werden.« Alle seine Gedanken drehen sich um das Irdische, die transzendente Seite des Lebens ist seiner Seele fremd; er ist ganz durchtränkt von den Dreikopekenbroschüren über alle möglichen Freiheiten u.ä.

6. Februar 1915.

Lazarettzug.

Nach dem gewöhnlichen Nachtdienst (von 3 Uhr an) um 9 Uhr morgens zurück, trinke ich wie immer Tee und beeile mich, ein paar Notizen zu machen. Diese Morgenstunde ist die einzige Gelegenheit, etwas aufzuschreiben, sonst findet man dazu keine Zeit.

Ich komme von einem Gespräch mit einem Reservisten aus Woronesh. Übrigens sind in unserem Zug fast ausschließlich Leute aus Woronesh [...] und aus Bogutscharow, zwei Regimenter, die an der Schlacht vom 20. auf den 21. Januar teilgenommen haben. Die

Regimenter hatten schreckliche Verluste. Mit den Resten sind wir auf dem Weg nach Petrograd.

Der Reservist, mit dem ich sprach, ist ein hübscher Bursche, blond, mit regelmäßigen Gesichtszügen. Er hat mir sein Leben erzählt. Nach dem Tod der Mutter waren die *zwei* Brüder beim Vater. Der Vater heiratete eine andere Frau und hatte mit ihr noch einmal *drei* Jungen. Die Stiefmutter war eine richtige Stiefmutter. Sie begannen zu trinken: der Vater und seine zweite Frau. Der älteste Sohn, der, mit dem ich sprach, wurde zum Militär geholt. Während seiner Dienstzeit vertranken der Vater und die Stiefmutter die ganze, früher gutgehende, ja sogar reiche Wirtschaft. Vom Militär

zurück, fand der älteste Sohn das Haus ruiniert vor. Die älteren Söhne versuchten, den Vater vom Trinken abzubringen, und bemühten sich um ihr Vaterhaus. Sie schlugen dem Vater vor, Geld für ihn zu verdienen - 70 Rubel im Monat [...] ; wenn der Vater nur aufhören würde zu trinken, wollten sie sich bei einem deutschen Kolonisten verdingen. Und das taten sie auch. Aber der Vater trank weiter, bedrohte seine Söhne mit dem Messer und verlangte von ihnen Geld für Wodka. »Ich habe geweint, er hätte mich erstochen. Mit dem Vater kann man sich doch nicht schlagen«, sagte mein Reservist in tiefer Trauer, fast unter Tränen.

Nach vielen vergeblichen Versuchen entschlossen sich die beiden ältesten Brüder, aus dem Haus zu gehen. Der Vater entließ sie mit leeren Händen, ohne eine einzige Kopeke. Meinem Reservisten schloß sich damals noch ein kinderloser Schwager an, ein Kosak, Schneider von Beruf. Ihre Schwestern lebten in Eintracht. Der schneidernde Kosak verdiente seinen Lebensunterhalt mit der Nadel und führte die Wirtschaft, mein Bekannter arbeitete bei einem Deutschen und kam schnell auf die Beine. Er baute für sich und seinen Schwager eine Hütte, kaufte ein Pferd und eine Kuh. Da holte ihn der Krieg.

Sanft, ohne Murren, ganz demütig nimmt er alles an, leichthin aber nicht: Er hat eine klare Vorstellung von den Dingen und weiß um die Niederlagen im Leben. Es fiel schwer, ihm ohne Tränen zuzuhören. Auf einen Sieg hat er wenig Hoffnung, weil die Deutschen nach seinen Worten den Bajonettkampf vermeiden, sie haben sehr viele Maschinengewehre, so daß man gegen sie nichts ausrichtet: Sie mähen uns nur so nieder. Trotz aller Verzweiflung sagt er aber doch immer wieder: »Das ist wohl unser Schicksal ...«, d.h. zu kämpfen und zu sterben; kein Wort über die Beendigung des Krieges, über seine Sinnlosigkeit, nicht einmal über den Frieden. Ich konnte meine Tränen nicht zurückhalten, als er den Untergang seines Regiments schilderte, den Tod von *siebenhundert* Mann. Die Deutschen haben sie niedergemäht, mit ihren Maschinengewehren.

Dieser Reservist wurde auch verwundet, zudem leidet er an Rheumatismus. Daran krankte er auch früher schon, aber der Arzt hat dem keine Beachtung geschenkt. Er erkrankte schwer, als er einmal einen Tag und eine Nacht im Schützengraben im Wasser stehen und schießen mußte. Er sorgt sich aber nicht so sehr um sich, als vielmehr darum, daß, wie er meint, die Zahl der doch erfahreneren Reservisten abnimmt; die jungen Soldaten seien zu verschüchtert, nach einigen Schüssen bekämen sie Angst und seien dann nicht mehr in der Lage anzugreifen. Er befürchtet, daß unsere Truppen bald viel schlechter sein werden als die früheren.

Zu Hause hat er eine Frau und drei Kinder, 7 Jahre, 3 Jahre, 1 Jahr.

1915. 9.II.

Lazarettzug (anläßlich der Gespräche mit Wl.N. Tichomirow). Die Intelligenzschicht ist im Grunde ein Produkt des Seminars, sowohl was ihre *Ideen* als auch was die Ausbildung der Mehrzahl ihrer Vertreter angeht (man zähle einmal die Nihilisten, die aus dem Seminar hervorgegangen sind). Wenn man sich das Intelligenzlertum genauer ansieht, erkennt man an ihm alle schlimmen Eigenschaften des Seminars. Intelligenzlertum gleich Seminaristentum: doktrinär, das Konkrete verachtend, (daher) ewig unzufrieden mit dem Konkreten, das es umgibt, undankbar gegen das Leben, rationalistisch, von falschem Pathos erfüllt. [...]

Das Positive des Seminars hat sich die Intelligenz *nicht* angeeignet, gerechterweise müßte man sie *Abfälle des Seminarwesens* nennen.

Der erste russische Intellektuelle, der erste Nihilist und Revolutionär ist *Peter der Große*. Er war es, der bei uns den Geist des Kritikastertums, den Geist der Mißachtung geschichtlicher Gegebenheiten, den Geschmack am Amerikanismus einführte, die Gewohnheit (praktisch und, wenn das nicht, wenigstens geprächsweise), mit dem historisch gegebenen Zustand nach Gutdünken zu verfahren und Kirche, Staat und Alltag nach dem Lineal »umzumodeln«. Peter hatte auch schon vom Seminaristentum gekostet, bei Simeon Polozki und, noch schlimmer, bei den Lutheranern und verschiedenen protestantischen Sektierern. Und was ist der ganze Protestantismus anderes als ein einziges riesiges Seminaristentum?

1915. 9.II.
Wir überlegen: Die Soldaten dürfen nicht rauchen (die Verwundeten in den Gemeinschaftssälen, denn das verdirbt die Luft usw.). Und doch wird an allen Ecken und Enden geraucht, im Eßraum, in der Küche, auf den Korridoren, in den Waggons mit den Verwundeten, im Operationsraum und beinahe noch in der Kirche. Von diesem beißenden Rauch, der viel unangenehmer ist als der Geruch von den Soldaten, tut einem ständig der Hals weh, man hustet, hat starken Schnupfen, man ist ganz dumm im Kopf. Da sitzen sie und rauchen und rauchen und rauchen, die Herodesse.

Wirklich erstaunlich: Das, worin einer sündigt, wirft er dem anderen vor. Rosanow und Glagoljow - das sind diejenigen, die andere am meisten kritisieren. Überhaupt, wollte ich auf jeden meiner Freunde hören, müßte ich mich mit allen anderen verzanken, denn jeder verdammt alle anderen und ahnt nicht, daß die anderen ihn verdammen. Ich sehe natürlich die Schwächen, bei jedem einzelnen, aber ich liebe sie alle. Was soll ich tun?

Gestern standen wir in Baranowítschi, wie die einen sagen, oder Baranówitschi, wie die anderen sagen. Hier ist das Hauptquartier (der Stab) des Oberkommandierenden. Nacht, unzählige elektrische Lampen. Sehr viele Züge, zum großen Teil Militärzüge, die auf ihren weiteren Einsatz warten. Von allen Seiten Gesang. Die Soldaten sind lustig. Fragt man den einen oder anderen, ob ihm nicht traurig zumute sei: »Nein, die Sache ist entschieden, wir sind zu allem bereit.« Aber im Ton tief verborgen Traurigkeit. Man sieht ihnen an, sie langweilen sich. Sie laufen hin und her oder sitzen in den Waggons. Spricht man einen an, strömen von allen Seiten gleich Dutzende herbei; begierig lauschen sie jedem Gespräch, besonders, [...] wenn sie die Krankenschwestern mit jemandem sprechen sehen.

1915. 20.-21.II. Nacht. Dienst.
Jeder Wagen hat seinen eigenen Geruch. Jeder hat seine eigene Stimmung. Freundliche Blicke in dem einen, abweisende in dem anderen; in dem einen ist man entgegenkommend, in dem anderen zeigt man sich unabhängig. In dem einen möchte man sich unterhalten, in dem anderen schweigt man sich aus.

Während der Fahrt hat sich der Eindruck des Individuellen deutlich bestätigt. Bemerkenswert ist, daß auch Temperatur, Luft und Sitten in den Wagen jeweils anders sind. Es gibt religiöse Wagen, es gibt indifferente und, das empfinde ich, insgeheim kirchenfeindliche. Es gibt naive Wagen, es gibt »bewußte« Wagen. In manchen spürt man den Geist der Fabriken, in anderen, und das ist die Mehrzahl, bäuerlichen Geist. In einem Wagen führte ich heute einen richtigen Disput über *Schuld*. Beschuldigung der Vorgesetzten insgesamt und Lob der Soldaten insgesamt; die Führung fehlt, es gibt zu wenig Vorgesetzte. Die Offiziere sind alle tot, und kaum taucht ein Leutnant auf, wird er erschossen oder verwundet. Andererseits: »Die Vorgesetzten verkriechen sich, sie fürchten den Tod, uns traktieren sie, sie selber sitzen irgendwo herum, und wir wissen nicht, was wir machen sollen ...« (Oder, wie mir einer sagte: »Wir kämpfen, und die Offiziere trinken in Warschau Tee.«)

Die Vorgesetzten, die Vorgesetzten ... Aber in ihrer Naivität verraten sich die Soldaten (die aus den Fabriken). Das Essen ist gut, aber der Koch, aus Angst unter Beschuß zu geraten, schüttet den Kessel auf dem Feld aus und behauptet dann: »Ich habe es ihnen hingebracht.« Nachdem ich mir ihre Klagen angehört hatte, stritt ich mit den Soldaten und brachte sie dazu zuzugeben, daß, wenn schon von Schuld gesprochen wird, dann von der Schuld aller [...], daß wir alle schuld sind an den Unannehmlichkeiten unseres Lebens.

Es gibt aber auch berechtigte Klagen. Einer klagte über die verheerende Behandlung im Warschauer Militärhospital (dem 2ten). Keine Grütze, keine Fleischportion, irgendeine dünne Brühe ...

Auf die Bitte, ihn gesund zu machen, hatte man dort einem gesagt: »Die Kugel wird euch gesund machen.«

»Die Leute verbluten«, erzählt man mir von einem der Warschauer Hospitäler, »Stöhnen, Sterben, und die Krankenschwester ordnet an, auf dem Grammophon lustige Lieder zu spielen. Wir sagen: ›Was machen Sie da, Schwester, es ist Fastenzeit, wir sollten Gott bitten, daß er uns den Sieg schenkt, und hier werden Lieder gespielt ...‹ ›Wieso Fastenzeit: Wenn wir die Lieder hören, werden wir lustiger, und dann siegen wir ...‹« Was soll das für ein Sieg sein, schlossen die Soldaten, ohne Gott!

Oder aber die Worte eines anderen: »Ich habe mein Bestes gegeben, ich habe mir das Georgskreuz verdient und die Unteroffizierstressen. Jetzt bin ich verwundet, und man läßt mich nicht zu Frau und Kind. Ich müßte nach Smolensk, aber man bringt mich an Smolensk vorbei nach Moskau. Ich wäre bereit, mit der Wunde direkt wieder an die Front zu fahren, wenn man mir nur erlaubte, meine Familie zu sehen. Ich desertiere doch nicht, warum hält man mich fest, wenn ich gar nicht gebraucht werde ...«

Was soll man auf diese bescheidenen Klagen erwidern?

Pawel Florenski an Alexandra Mamontowa

1917. 30.VII. Serg. Pos.

Sehr verehrte Alexandra Sawwischna!

Ihr Brief, den ich heute nach dem Mittagsgottesdienst erhielt, hat mich betrübt. Sie schreiben von Ihrer Apathie, gar Gleichgültigkeit dem gegenüber, was sich so lange in ihrer Obhut befand. Wenn Sie erschöpft sind, wenn Sie sich rein körperlich geschwächt fühlen, verstehe ich Sie: Jeder »Bürger« unseres lieben Vaterlandes hat tatsächlich Grund genug, erschöpft zu sein. Aber diese Erschöpfung hat ihre Zeit und wird wieder vergehen.

Wie Ihre Worte klingen, bedeuten sie wohl mehr. Sie lassen, das entnehme ich Ihrem Brief, die Gleichgültigkeit in Ihr Herz ein, das ist eine tiefere Gleichgültigkeit als die, die von nervlicher Erschöpfung herrührt. Aber warum?

Alles, was um uns herum vorgeht, ist natürlich quälend für *uns*. Aber ich glaube und hoffe, daß der Nihilismus, wenn er sich erschöpft hat, seine Nichtigkeit erweisen, allen übersein und Haß gegen sich herausfordern wird, und dann, nach dem Untergang all dieser Scheußlichkeit, die Herzen und Hirne nicht mehr wie früher lau und furchtsam sein, sondern sich ausgehungert der russischen Idee, der Idee Rußlands, der heiligen Rus zuwenden werden.

Alles, was Ihnen an Abramzewo teuer ist, wird einmal mit solcher Macht erstrahlen, wie es das noch nie gegeben hat, weil unsere Intelligenz immer 1/2, 1/3, 1/4 und so weiter nihilistisch war, dieser Nihilismus muß durchgemacht werden, so wie eine Krankheit die Krise durchlaufen muß. Ich bin überzeugt, daß das Schlimmste noch *bevor*steht und nicht hinter uns liegt, daß die Krise noch *nicht* vorüber ist, aber ich glaube daran, daß die Krise die russische Atmosphäre reinigen wird, ja sogar die Atmosphäre der ganzen Welt, die eigentlich schon seit dem 17. Jahrhundert verdorben ist. Dann wird »Abramzewo« und wird Ihr Abramzewo gewürdigt werden; dann wird man jeden noch so kleinen Balken des Aksakowschen Hauses, jedes Bild, jede Tradition in Abramzewo und bei den Abramzewoern hüten. Sie müssen sich um das alles um der Zukunft Rußlands willen kümmern, gegen alle Hetze und alles Geschrei.

Ja, und die Heuwiesen - Gott mit ihnen - Sie werden auch ohne diese Heuwiesen weiterleben. Abramzewo ist nicht wesentlich mit den Heuwiesen verbunden, zumindest nicht in meinem Bewußtsein. Ich verstehe, daß menschliche Gewissenlosigkeit schwer zu ertragen ist. Aber es gab sie, es gibt sie und wird sie geben; solange wir auf der Erde leben und nicht im Himmel, wird es Ehrlosigkeit, Roheit, wird es Räubereien und Kriege geben, man muß in seiner Seele von vornherein damit rechnen und sich ein für allemal vornehmen, es nicht zu bemerken. Mit anderen Worten, wenn wir uns der anderen wegen aufregen, riskieren wir, die eigene, schon jetzt erstrahlende geistige Kultur unserer Heimat aus den Augen zu verlieren, riskieren wir, vom Lebensnerv der Rus abgeschnitten zu werden. In Ihrem tiefsten Innern zweifeln Sie doch gar nicht daran, daß das, was Ihnen teuer ist - Ihre warme Empfindung für die von uns Gegangenen, der Duft der Vergangenheit, der das Leben der Heimat ausmacht, Ihr Gefühl für den Zusammenhang mit der Geschichte -, daß all das Wirklichkeit ist und daß Sie die Bewahrerin von etwas weit Feinerem und Geistigerem sind als es die Heuwiesen, der Wald und selbst das Haus sein können, daß dieses Ihnen so teure Abramzewo vor allem eine geistige Idee ist, die man nicht zerstören kann. Ich will das Schlimmste aussprechen. Sollte Abramzewo physisch vernichtet werden, dann ist trotz dieses ungeheuren Verbrechens der Vernichtung für das russische Volk noch nicht alles verloren, wenn die Idee von Abramzewo lebendig bleibt. Doch wenn Sie innerlich erkalten und kein Gefühl für das Aroma der Geschichte mehr haben, dann steht es schlimm. Und dann wird Ihre Schuld, die Schuld eines Menschen, der die Seele Abramzewos kannte, unvergleichlich größer sein als die Schuld derer, die, ohne die Seele von Abramzewo zu kennen, seinen Leib zugrunderichten. Entschuldigen Sie meine Gedanken, sehr verehrte Alexandra Sawwischna, sie haben sich über Ihrem Brief unwillkürlich bei mir eingestellt.

Ihr ergebener Priester
Pawel Florenski

Meinen Kindern: Anna, Wassili und Kirill und Oletschka - für den Fall meines Todes

1917. 11.IV. Sergijew Posad

1. Ich bitte Euch, meine Lieben, an demselben Tag, an dem Ihr mich zu Grabe tragt, das Hl. Abendmahl zu empfangen, und ist das durchaus nicht möglich, dann an einem der nächsten Tage. Und überhaupt bitte ich Euch, in der Zeit nach meinem Tode *öfter* zum Abendmahl zu gehen.

2. Trauert nicht um mich, und grämt Euch nach Möglichkeit nicht. Wenn Ihr froh und zuversichtlich seid, werde ich Ruhe finden. Meine Seele wird immer bei Euch sein, und wenn der Herr es erlaubt, werde ich häufig zu Euch kommen und Euch anschauen. Ihr aber vertraut auf den Herrn und auf Seine Allreine Mutter und trauert nicht.

3. Das Wichtigste, worum ich Euch bitte, ist, daß ihr stets des Herrn eingedenk seid und in Ihm lebt. Damit habe ich alles gesagt, was zu sagen ist. Das übrige sind entweder Einzelheiten oder zweitrangige Dinge. *Dies* jedoch dürft Ihr nie vergessen.

4. Vergeßt Euer Geschlecht nicht, Eure Vergangenheit, lernt Eure Großväter und Urgroßväter kennen, sorgt für die Bewahrung ihres Gedächtnisses.

1917. 8.V.

Bemüht Euch, möglichst alles über die Vergangenheit unseres Geschlechts, der Familie, aufzuschreiben, über das Haus, seine Einrichtung, seine Gegenstände, seine Bücher usw. Bemüht Euch, Porträts, Autographen, Briefe, gedruckte und handschriftliche Arbeiten all derer zu sammeln, die mit unserer Familie, unserem Geschlecht in Beziehung gestanden haben, von Bekannten, Verwandten, Freunden. Möge die ganze Geschichte des Geschlechts in Eurem Hause bewahrt werden, und möge alles um Euch herum von Erinnerung gesättigt sein, so daß es nichts Totes, Dingliches, Undurchgeistigtes gibt.

5. Haus, Bibliothek und Einrichtung verkauft nicht, es sei denn in äußerster Not. Vor allem möchte ich deshalb gern, daß das Haus lange in unserem Geschlecht bleibt, damit Ihr und Eure Kinder und Enkel unter der Obhut des Ehrw. Sergi lange, lange Sicherheit und festen Halt habt.

1917. 6.VII., Sergijew Posad

6. Es ist meine Überzeugung, daß unser Geschlecht am Altar Gottes vertreten sein muß. Mein Gefühl sagt mir, tausend Göttliche

Ermahnungen und tausend feindlich lauernde Augen lenken unser Geschlecht auf ein Ziel hin - nicht zu weichen von dem uns zugewiesenen Platz am Altar des Herrn. Eine Abkehr von diesem Platz, die Flucht vor dem Altar wird unserem Haus ein schweres Schicksal auferlegen. Ich denke, das Schwere, das unser Geschlecht durchgemacht hat, vom Großvater angefangen, ist die Folge der Abkehr vom Altar des Herrn. Möge in jeder Generation wenigstens einer Priester sein, am besten einer, wie ich es bin, das heißt ein Priester für sich, ein Priester des Gottesdienstes, der sein eigenes Handwerk hat! Bedenkt das, meine Söhne!

7. Ich denke, daß die Aufgaben unseres Geschlechts nicht im Praktischen, nicht im Administrativen liegen, sondern im Kontemplativen, im Denken, in der Organisation des geistigen Lebens auf dem Gebiet der Kultur und der Bildung. Strebt danach, Euch in diese Aufgaben unseres Geschlechts hineinzudenken, Euch ihrer unmittelbaren Erfüllung nicht zu entziehen und nach Möglichkeit die uns anvertraute Arbeit mit Festigkeit zu tun.

8. Strebt nicht nach Macht, Reichtum, Einfluß ... Das ist uns nicht eigen; in geringem Maße kommt es von selbst, in dem Maße, in dem es nötig ist. Andernfalls wird Euer Leben öde und bedrückend sein.

1919. 26.VI., Sergijew Posad, alt. St.

9. Meine lieben Kinder. Diese Revolutionszeit war so schwer, wie man es sich nur vorstellen konnte; sie war schwer, und sie ist

Pawel Florenski mit seiner Familie in Sergijew Posad, um 1917
Von links nach rechts: Sitzend Florenskis Schwiegermutter Nadeshda Petrowna Giazintowa, seine Frau Anna, Florenski mit seinem Sohn Kirill, stehend in der Mitte Florenskis Sohn Wassili, rechts neben ihm Florenskis Schwager Alexander Michailowitsch Giazintow mit Tochter Nina, vor ihm seine Frau und seine Tochter Katja

schwer, und Gott weiß, wie lange das noch dauern wird. Epidemien, Hunger, unvorstellbare Teuerung, Rechtlosigkeit, Drohen jeglicher Gewalt - an allem, was man Schweres sich nur vorstellen kann, hat es um uns herum nicht gefehlt. Aber Gottes Barmherzigkeit, der Schutz der Allreinen Jungfrau und die Hilfe des Ehrwürdigen Sergi, dazu auch die Gebete des Priestermönchs Isidor und des Bischofs Antoni, vielleicht auch des Archimandriten Pimen haben uns nicht allein gelassen, und wie durch ein großes Wunder haben wir keinen Mangel gelitten, wenn wir auch nach menschlichem Ermessen tausendfach an Hunger, Kälte und Krankheit hätten zugrundegehen und alle Arten von Gewalt hätten erleiden müssen. Meine lieben Kinder, der

Herr hat Euch behütet, wir sind nicht ohne seinen Schutz geblieben. Ich bitte Euch, und das sei mein Vermächtnis, vergeßt diese Zeit Eurer Kindheit nie und wendet Euch immer um Hilfe an den Herrn, an die Gottesmutter, an den Knecht Gottes Sergi und weiter an den Heiligen Nikolai den Wundertäter, den ehrwürdigen Serafim und Eure Engel. Wendet Euch mit Eurem Gebet und mit inniger Bitte um Hilfe an die Freunde und Beschützer unseres Hauses, an den Priestermönch Isidor und den Bischof Antoni und den Archimandriten Pimen. Vergeßt das nicht, denkt daran, viele Male habe ich mich, haben wir uns von der Wirksamkeit der Gebete und Bitten überzeugen können. Und ich sage es noch einmal, vergeßt das nicht, meine Lieben, wendet Euch in jeder Not an sie, denkt daran, daß Ihr in ihrer Person die Beschützer unseres Hauses vor Euch habt, die uns kannten und liebten und sich zu Lebzeiten um uns gekümmert haben.

1920. 3.VI.

10. Meine Lieben, in dieser schweren Zeit haben uns Freunde und Bekannte sehr geholfen, ohne ihre Hilfe hätten wir nicht überlebt. Von vielen Seiten haben wir Güte und Aufmerksamkeit erfahren, obwohl wir das gar nicht verdient haben. Seid auch Ihr, meine Guten, immer gütig und aufmerksam gegen die Menschen. Man muß nicht um sich werfen mit seinem Hab und Gut, seiner Liebe, seinem Rat; Wohltätigkeit ist nicht nötig. Aber bemüht Euch, genau hinzuhören und rechtzeitig denen wirksam zu helfen, die Gott Euch als der Hilfe bedürftig sendet. Seid gütig und großherzig.

Wenn es Euch selbst schlecht geht, ruft Gott an, wendet Euch an die Gottesknechte, an Nikolai den Wundertäter, an den ehrw. Sergi und den ehrw. Serafim, wendet Euch an die Beschützer unseres Hauses, von denen ich Euch schon gesprochen habe. Glaubt mir, meine Lieben, ich spreche aus reicher Erfahrung, sie werden Euch nicht ohne Hilfe lassen.

Viele, viele Male habe ich mich von der Wirksamkeit der Gebete überzeugt, und es ist nicht vorgekommen, daß ich nicht erhört wurde, wenn ich sie um Hilfe anflehte. Also, meine Teuren, meine Liebsten, vergeßt nicht zu beten und Euch um Hilfe an die himmlischen Beschützer zu wenden. Von den Freunden, die uns geholfen haben, nenne ich besonders: Natalja Alexandrowna Kisseljowa, Sofija Sergejewna Tutschkowa, Sofija Iwanowna Ognjowa und einige meiner Schüler aus der Akademie.

11. Meine Lieben, die Sünde, die bei Euch zu sehen mir besonders schmerzlich wäre, ist der Neid. Seid nicht neidisch, meine Lieben, neidet keinem etwas. Seid nicht neidisch, das verkleinert den Geist und macht platt und schal. Wenn Euch sehr nach etwas verlangt, dann erarbeitet es Euch und bittet Gott, daß Ihr das Gewünschte bekommt. Nur, seid nicht neidisch. Eine spießige Seele, Kleinlichkeit, üble Nachrede, Bosheit, Intrigen - das alles kommt vom Neid. Seid nicht neidisch, tröstet mich darüber, und ich werde Euch beistehen und den Herrn, soviel ich kann, um Hilfe für Euch bitten.

Und dann - rechtet nicht mit denen, die älter sind als Ihr, verurteilt sie nicht, tadelt sie nicht, bemüht Euch, die Sünde zu verhüllen und sie nicht zu bemerken. Sagt Euch: »Wer bin ich, daß ich urteilen dürfte, kenne ich denn die inneren Beweggründe, um verurteilen zu können?« Verurteilung kommt größtenteils vom Neid und ist etwas Abscheuliches. Erweist jedermann die gebührende Ehre, seid nicht unterwürfig, erniedrigt Euch nicht, aber urteilt auch nicht über Dinge, die Euch von Gott nicht anvertraut sind. Achtet auf Eure eigenen Dinge, bemüht Euch, sie so gut wie möglich zu tun, und tut alles, was Ihr tut, nicht für andere, sondern für Euch selbst, für Eure Seele, und strebt danach, aus allem Nutzen, Erbauung und Nahrung für die Seele zu ziehen, damit nicht eine Minute Eures Lebens ohne Bedeutung und ohne Inhalt verfließt.

Moskau. 1921. 19.-20.III., Nacht. Bei W.I. Lissew.
Von Sonnabend zu Sonntag †

12. Meine lieben Kinderchen, mein Herz sehnt sich nach Euch. Wenn Ihr groß seid, werdet Ihr erfahren, wie sich das Vaterherz und das Mutterherz nach den Kindern sehnt. Und es sehnt sich nach meiner armen Mutter, sie ist einsam, und mir fehlt die Kraft, mich ihr innerlich zu nähern. Vieles, vieles möchte ich Euch schreiben. Die Gedanken und Empfindungen kommen in Scharen zu mir, aber ich habe weder die Kraft noch die Zeit, sie festzuhalten. Eines dringt besonders darauf, niedergeschrieben zu werden:

Gewöhnt Euch daran, haltet Euch dazu an, bei allem was Ihr tut, auf Klarheit, Eleganz und eine gute Gliederung zu achten; duldet nichts Verschwommenes, tut nichts ohne Geschmack und irgendwie. Bedenkt, im »Irgendwie« kann sich das ganze Leben verlieren, und, umgekehrt, ein gewissenhaftes, rhythmisches Tun, selbst bei Dingen und Arbeiten, die gar nicht besonders wichtig sind, kann Euch vieles geben, was sich später vielleicht als tiefste Quelle neuen Schöpfertums erweist. Um Oletschka mache ich mir in dieser Hinsicht keine Sorgen und um Kira im Grunde auch nicht, am meisten fürchte ich, daß mein Erstling Wasjenka die Dinge laufen lassen könnte und seine Ärmel nicht hochkrempelt. Gebe Gott, daß es nicht so kommt. Aber ich fürchte, Wasja gerät seinem Onkel Schura nach.

Und noch etwas.

Wer seine Sache irgendwie macht, der wird auch so sprechen, aber das nachlässige Wort, das verschwommene, das konturenlose, zieht in seine Undeutlichkeit auch das Denken hinein. Meine lieben Kinder, erlaubt Euch keine Unachtsamkeit im Denken. Das Denken ist eine Gabe Gottes, und man muß sorgfältig mit ihm umgehen. Klarheit und Gewissenhaftigkeit in seinem Denken ist die Gewähr für geistige Freiheit und Freude am Denken.

1922. 14.VIII.

Schon lange wollte ich dieses aufschreiben: Betrachtet, so oft Ihr könnt, die Sterne. Wenn Euch schwer ums Herz ist, betrachtet die Sterne oder bei Tage den blauen Himmel. Wenn Ihr betrübt seid, wenn man Euch beleidigt, wenn Euch etwas nicht gelingt, wenn ein Sturm in Eurer Seele tobt, tretet hinaus ins Freie und bleibt allein mit dem Himmel. Dann wird Eure Seele zur Ruhe kommen.

1923. 19.III. alt. St.

Vor der Abreise nach Moskau. Ostermontag.

Mik, mein liebes Kleines, Du bist immer so krank, die Krankheiten und Leiden nehmen kein Ende. Gib die Schuld nicht Mama, mein Liebes; sie litt und leidet mehr als Du - Deine Zeit ist es, die Dich quält. Mögest Du in Ewigkeit unter dem Schutz der Gottesmutter stehen, mein strahlender Engel! Du sollst wissen, mein liebes Söhnchen, daß wir Dich aus ganzer Seele lieben und über Dich weinen. Mögest Du Dir und allen zur Freude leben, der Herr beschütze Dich, mein Kind.

Wladimir Ern

Wladimir Franzewitsch Ern zum Gedenken

Sonne - Herz ...!
*Wjatscheslaw Iwanow**

Lieber Freund!

Ich habe darüber nachgedacht, was ich an diesem Abend, der deinem Gedenken gewidmet ist, über dich sage. Unter den vielen Erinnerungen, die ich hier mitteilen könnte und sollte, eine auszuwählen ist mir unmöglich, das Denken zerfließt und bemüht sich vergebens, sich zu sammeln und auf etwas zu beschränken. Du weißt, wie das ist: Wenn man die Hinterlassenschaft eines Verstorbenen, den man liebte, sichten und sich zur Erinnerung eines der Dinge auswählen, die übrigen aber weggeben soll, fällt die Wahl schwer. Und da handelt es sich um Dinge. Erinnerungen sind dem Herzen näher, und die Aufmerksamkeit auf nur eine zu richten, könnte für die anderen kränkend sein; hält man sie für schlechter? Wie aber sollte ich nicht viele Erinnerungen haben? Die lange Zeit unserer Bekanntschaft, dann unserer Freundschaft sagt das Gegenteil. Gemeinsam haben wir von der zweiten Klasse an das Gymnasium besucht, wir waren häufig zusammen, in der Universitätszeit wohnten wir in einem Zimmer, und auch später haben wir uns oft gesehen und besucht; für vieles, was uns teuer war, haben wir uns gemeinsam begeistert, gemeinsam haben wir uns Träumen hingegeben, aus denen dann unsere späteren Lebensüberzeugungen erwuchsen; vermutlich gibt es nur wenige Gedanken, die wir nicht zusammen erörtert haben. Unser gemeinsames Leben war erfüllt von philosophischem Interesse und dem glühenden Gefühl der Nähe; unsere Freundschaft hatte nichts Mattes - wir waren entzückt, und manchmal stritten wir auch in der Überfülle jugendlicher Gedanken. Wir liebten es, durch die Wälder zu streifen und auf die Berge zu steigen, gemeinsam lasen wir Plato auf Waldlichtungen und sonnendurchglühten Felsvorsprüngen. Beide schätzten wir das edle Pathos des Fürsten S.N. Trubezkoi und

* »Sonne - Herz der Herzen-Sonnen!«
Schlußzeile des Gedichts »Sonnenchor« (1906).

die kritische Schärfe von L.M. Lopatin, wir machten uns über die pseudogelehrten Attitüden unserer wichtigtuerischen Kommilitonen in der Philosophie lustig. Wir beobachteten wechselseitig, häufig ohne darüber zu sprechen, die Brüche, die geheimen Umwälzungen in den Tiefen der Seele des anderen, trauerten beide in der Ohnmacht zu helfen und hofften beide auf andere Kräfte, auf Hilfe aus der Ewigkeit.

Ist es verwunderlich, lieber Freund, wenn ich mich nicht entschließen kann, aus dem geschlossenen Bild der Erinnerung, aus den zu einem Ganzen sich verknüpfenden Eindrücken - von Sonnenglut, glühendheißen Felsen, grauen, schmutzig-grünen und

rostroten Flechten, tiefen blauen Fernen, feiner Steinmetzkunst halbverfallener alter Kathedralen, versengten Feldern, irgendwo über Steilhänge kletternden Bergziegen, tiefblauem Himmel, im heißen Wind davonfliegendem trockenen Steppengras einer mit dem strengen Geruch des Feld-Quendels, Unserer lieben Frauen Bettstroh, des Bergwermuts und der Minze, der zerbrechlichen Immortellen und anderer Bergkräuter erfüllten Luft und endlich von Strömen blendenden Lichts -, wenn ich mich nicht entschließen kann, aus all diesen Eindrücken, die sich mit meinen Eindrücken von dir zu einem unlöslichen Ganzen verbinden, einzelne Stücke herauszureißen. Nicht aus Mangel, sondern aus Überfluß kann ich mich nicht entschließen, und ich werde es gar nicht erst versuchen.

Besser, ich erzähle dir von einem neuen Eindruck bei deinem Weggang von hier. Am Sonnabend, dem 29. April des Jahres 1917, feierte ich bei mir in der Kirche des Roten Kreuzes die sonntägliche Mitternachtsmesse. Wir sangen die Verse »Herr, ich rufe zu dir«,* da geriet ich in einen seltsamen Zustand, äußerlich war es wie eine Erstarrung, wie ein vorübergehendes Vergessen, ein Vergessen all dessen, was mich umgab. Wie lange diese Erstarrung dauerte, weiß ich nicht, sicher nicht lange, denn noch vor Beendigung der Verse war ich wieder zu mir gekommen und stellte fest, daß meine Augen von Tränen naß waren. Von innen her gesehen war dieser Augen-

* Aus der »Göttlichen Liturgie der Vorgeweihten (Gaben) des heiligen Gregorios Dialogos« nach dem 141. Ps. (dem 140. Ps. nach der russischen Bibelübersetzung).

blick reich, und man hatte die Empfindung langer Dauer. Vor mir erschienen deutliche Bilder gleich Traum-Bildern, rasch vorüberziehende Visionen, Erinnerungen an unsere Bekanntschaft, an unsere Spaziergänge, unsere Gespräche, an all unseren Umgang miteinander. Sie entrollten sich wie ein Lebensfilm; der Reihenfolge erinnere ich mich nicht, weiß aber, daß du in manchen dieser Visionen ein Knabe warst, der mich noch kaum kannte; du gingst auf einer sonnigen Straße und trugst Hühner unter dem Arm, denen du dich mit der gleichen Ausschließlichkeit widmetest, mit der du dich später jeder Leidenschaft hingabst. Mir erschienen noch andere Dinge, die dich begeisterten, deine Gespräche, deine Kämpfe, deine Tränen, wenn man dich beleidigt hatte, alles, was du warst und was sich auf dich bezog. Mit einem Wort, mir erschien dein ganzes Leben, soweit ich es kannte, hintereinander und gleichzeitig, in einer einzigen Schau.

Doch durch die Vielfalt deines Lebensbildes hindurch spürte ich die eine, primäre Intuition: Alles, woran ich mich erinnerte, bezog sich auf sonnige Tage, auf die heiße Zeit in Transkaukasien und besonders auf den glutheißen, gleißenden Sommer. Dein Bild erschien meiner Phantasie, wenn das Phantasie war, in der luftigen Perspektive durchsichtig blauer Bergluft, in der gleißenden, glühenden Sonne, wie man sie nur in den Bergen antrifft. Ich weiß nicht, ob ich dich in meiner Erinnerung je im Zimmer oder in winterlicher Natur gesehen habe, wenn ja, dann hat es nicht das Bewußtsein erreicht: Alles Klare, Prägnante ist von Sonnenstrahlen durchdrungen. Wie ein Wirbelsturm rasten die Erinnerungen dahin und in noch rasenderem Wirbel die mit den Bildern verwobenen Gedanken. Es war, als werde etwas gesucht. Aber sobald dieses Wort »von Sonne durchdrungen« da war, war der Gedanke gefunden. Das ist es also!

Der Sturm ließ nach. Ich erinnerte mich nun deines letzten Besuchs dieses Jahr in Posad auf der Masljanaja, als du eben deinen Aufsatz über Plato beendet hattest und ihn mir vor dem Druck zu lesen gabst, um meinen Rat einzuholen. Ich erinnerte mich, wie du die Bedeutung dieser Arbeit, des ersten Kapitels oder Teils aus dem geplanten Buch über Plato, für dich hervorhobst. Du sagtest, du hättest bisher eigentlich noch nichts geschrieben, dies sei die erste Arbeit, die deinen Gedanken ziemlich adäquat wiedergäbe, und du hieltest sie für gelungen. Du meintest, du existiertest bisher gar nicht als Schriftsteller, und erst mit dieser Arbeit begänne deine literarische Laufbahn. Du sagtest auch, in diesem ersten Teil deiner Arbeit sei bereits das ganze Buch enthalten, das Buch werde die Entfaltung und Verdichtung jener Gedanken darstellen, die hier in der Einleitung ausgesprochen seien. Deshalb wolltest du, daß wir dieses erste Kapitel erörtern, um auf diese Weise Fehler im Aufbau des Buches zu vermeiden. Ich erinnerte mich gut deiner These, daß dir das Grundlegende an dieser Untersuchung, die Intuition Platos, nach langer Suche und vielen Studien im Sommer 1916 in Krasnaja Poljana, mitten in den Bergen plötzlich aufgegangen sei und daß diese Intuition den gesamten Plan und Charakter deines Buches bestimme. Übrigens war es nicht schwer, das im Gedächtnis zu behalten: Du hattest nach deiner Rückkehr aus Krasnaja Poljana mehrmals davon gesprochen und, glaube ich, von dort auch geschrieben, daß dir der Sommer 1916, dein letzter Sommer, Plato offenbart habe, du habest seine Ursprungs-Intuition gefunden. Offenbart, denn du habest selbst etwas Ähnliches erlebt. Und auch bei deinem letzten Besuch in Posad wiederholtest du das mit schon vergiftetem Organismus und heftigen Kopfschmerzen immer wieder.

Formal war der von dir entwickelte Gedanke ein uns beiden gemeinsamer Gedanke, den wir viele Male erörtert hatten, daß nämlich Platos philosophische Ansichten die dialektische Bearbeitung seiner eigenen mystischen Erfahrung sei. Wenn das so ist, sagtest du dir, dann wird der Charakter des gesamten Denkens Platos von dieser Urerfahrung, die Plato zuerst in das Reich des ewigen Seins führte, bestimmt, sie sei im Keim das gesamte Denksystem Platos. So jedenfalls deine Überlegungen. Ich will jetzt nicht mit dir streiten, wie ich damals mit dir darüber stritt, denn diese Überlegungen sind mir wichtig als *deine* Überlegungen. Wenn es also solch eine Urerfahrung gegeben hat, solch eine *Einweihung*, dann war es für dich ganz natürlich, in seinen Dialogen ein direktes, persönliches Zeugnis dieser Urerfahrung in seiner exakten und authentischen *Niederschrift* zu suchen. Diese Niederschrift zu entdecken, bedeutete für dich, die Tür zu finden, die in das Denken Platos führt, die Tür, durch die der Schöpfer des Systems selbst gegangen war; es bedeutete für dich, das System Platos von jenem einzigen Standpunkt aus zu betrachten, in seiner wahren Perspektive, in der es der Philosoph selbst zum ersten Mal im ganzen gesehen hat. Diese Urnotiz der Einweihung Platos und damit die ursprüngliche Darlegung platonischen Denkens in seiner Ganzheit fandest du im »Phaidros«, in dem, was du *»Platos Sonneneinweihung«* nanntest. Du warst davon überzeugt, daß Plato in eben dieser konkreten Situation, die mit protokollarischer Genauigkeit in dem Dialog »Phaidros« geschildert ist, den ekstatischen Zustand unter den blendenden Strahlen der attischen Mittagssonne inmitten glühender Felsen und versengter Felder darstellt, den er erlebt hat. In dieser Ekstase, in diesem »Sonnenentzücken«, harpagmos heliakos, erfuhr Plato die lichtspendende Sonnen-Natur der himmlischen Welt. Dies war der Anfang des Platonismus. Alles, was du auf dem Wege sagtest, ist sowohl für Plato als auch für dich selbst bedeutend und wichtig, denn deine Untersuchung über Plato war, ungeachtet des geschlossen-objektiven Charakters der Darstellung, deutlich autobiographisch und stützte sich auf persönliches Erleben. Was du über Plato nicht sagtest, ist noch charakteristischer für dich. Du sahst die Nachtseite des Platonismus nicht, du leugnetest das Dionysische an ihm; ich stritt viel mit dir über diesen Punkt, damals hatte ich Plato im Auge. Jetzt streite ich nicht, da ich dich im Auge habe: Wie das Leben gezeigt hat, hatte ich recht. Das Autobiographische deiner Arbeit in seiner einseitig sonnenhaften Deutung Platos bereitete mir Pein; vielleicht war es vor allem pädagogische Absicht, die mich damals mit dir streiten ließ und dich davon etwas abzubringen suchte. Man kann nicht allein mit einem sonnendurchstrahlten Herzen leben; wo es nicht das schöpferische Dunkel der Höhleneinweihung gibt, wird die Sonne - Apoll - zum Moloch, versengt und vernichtet. Wie konntest du nur nicht verstehen, daß das von dir beschriebene Sonnenentzücken in seiner Einseitigkeit schon die Störung des mystischen Gleichgewichts, schon den Sonnentod bedeutete. Ich erinnere mich, daß du mir formal zustimmtest, daß aber meine Worte dein Bewußtsein nicht erreichten; du kanntest das Tödliche des Sonnenflugs, kanntest es aus Erfahrung; und doch hast du es nicht einberechnet. Erinnere dich der Erfahrung, die dir den Zugang zu Plato eröffnete: Im Juli 1916, ich glaube am 25., d.h. auf dem »Scheitelpunkt« des Sommers, wie das Volk sagt, zu Anna-simo-ukasniza, stiegst du von Krasnaja Poljana aus auf den Gipfel des Atschisch'cho. Das die Schneefesten überflutende triumphierende Sonnenlicht, das in den Bergen - diesmal ganz besonders - gleißte, rief in dir eine Sonnenekstase hervor, wie du selber erzählt hast. Erst später, als sich der Eindruck abgeschwächt hatte, im Herbst, erzähltest du von diesem Erlebnis, und du nanntest es »schrecklich«, »weil«, wie du sagtest, »es unmöglich ist, so viel Schönheit zu sehen und nicht zu sterben«. Und die Gedanken, die halbbewußt in dir kreisten, kleideten sich in einen dich erregenden Traum, den du einige Zeit vor deinem Tod träumtest. Du sahst dich, wie du in der linken Hand dein Herz hieltest, das du mit etwas Spitzem, was du in der rechten Hand trugst, durchbohren solltest, sehr vorsichtig durchbohren; vom Erfolg des Durchbohrens hing alles ab. Dieses Spitze, denke ich, war der Pfeil des Apoll. Es ist wie ein Widerhall; auf deine Sonnenekstase auf dem Atschisch'cho antwortet dein Traum, den du vor genau 16 Jahren, am 25. Juli in Tiflis geträumt hast. Dunkel erinnere ich mich an die Erregung, mit der du mir von dem Traum und seinem Inhalt erzähltest. Ich kann hier die damalige Niederschrift des Traums wiedergeben, ich fand sie in deinem Tagebuch. Dies ist sie:

»25. Juli 1900. Heute hatte ich einen schrecklichen Traum. Ich wurde auf irgendeine Weise zum Selbstmord verurteilt. Ich verstand sehr gut, daß ich mich von diesem Leben trennen und in eine andere Welt übersiedeln sollte, ich nahm es irgendwie mit düsterer Gelassenheit auf. Deutlich stellte ich mir vor, wie ich den kalten Lauf des Revolvers an mein *Herz* setze und mir mit dem Druck auf den Abzug in einem Augenblick das Leben nehme. Von jenem anderen Leben war ich überzeugt. Der Gedanke an meine Sünden tauchte auf, und mich überkam wiederholt Verzweiflung darüber, daß ich das Vergangene nicht wiedergutmachen kann. Da wollte ich denjenigen, von dem mein Leben abhing, um Gnade anflehen, aber der schreckliche Gedanke, es könnte umsonst sein, hielt mich davon ab. Da erinnerte ich mich an das Allverzeihen Gottes, an Seine Gnade und Barmherzigkeit, und in diesem Gedanken fand ich Halt und Trost ... Vor dem Tod sollte ich mich von Papa und Mama verabschieden. Unter Tränen küßte ich Papa, aber Papa, mit der Lektüre eines Briefes von Kolja (meinem Bruder) beschäftigt, beachtete mich nicht weiter und verabschiedete sich von mir, als ob ich in die Stadt ginge. Mama bekreuzigte mich dreimal, weinte aber nicht. Dann blieb ich mit dem Gedanken an das Unausweichliche meines Todes allein. Dieser Gedanke war schrecklich. Ich hatte das Gefühl, daß etwas auf meiner Brust lastete, und begann schon, mich in das Unabänderliche zu fügen, als ich plötzlich merkte, wie ich aufwache ... Was bedeutet das? (Ich habe fast nie Träume.)«

Als ich in kürzester Zeit dein Leben erlebte, fühlte ich, daß es der Weg zur Durchbohrung deines Herzens mit dem Sonnenstrahl war, die du mit freudigem Entzücken erlebtest, und ich weinte nicht um dich, sondern um uns, die wir dich entbehren müssen. Ich will nicht sagen: »Du hast getan, was du tun konntest.« Nein, ich habe dich von Kind an beobachtet, und ich weiß sehr genau, daß du zu denen gehörst, die das Gegenteil des frühreifen Genies sind. Du hast dich ganz allmählich und ungewöhnlich langsam entwickelt. Ich weiß, daß du deine Möglichkeiten nicht ausschöpfen konntest und eben erst zur Reife gekommen warst, ich werde nicht mich und meine Freunde mit dem falschen Trost beruhigen, du hättest genug geleistet, denn ich zweifle nicht, daß du, geschichtlich gesehen, in unserem Umgang miteinander, in unserer gemeinsamen Arbeit erst jetzt das volle Maß deiner Fruchtbarkeit erreicht hattest. Doch es gibt andere Ordnungen und andere Rechnungen. Und auf dieser anderen Ebene höre ich dich sagen: »Mein Herz ist bereit, Herr, mein Herz ist bereit.« Und wenn es bereit ist, dann kann, dann darf ich dich nicht zurückhalten von dem Aufstieg zu einem anderen Licht, durch dessen Vorboten du dich zu dem letzten Entzücken bereitet hast.

Bei diesem inneren Beschluß riß der Strom meiner Bilder und Gedanken ab, zugleich erfüllte mich die feste Gewißheit, daß diese Minuten in mir von dir hervorgerufen waren, der du diesen meinen Beschluß nicht mehr abgewartet hattest. Als ich nach dem Gottesdienst und einigen anderen Geschäften nach Hause kam, las ich das in meiner Abwesenheit eingegangene Telegramm, das am 29. [April] 5 Uhr 23 aufgegeben worden war: »Ern ist tot.«

Priester Pawel Florenski
1917. 26.V. Sergijew Posad.

Vater Alexej Metschow

I

Im Ausland kennt und versteht man das innere Leben der Russischen Kirche wenig. Daher richtet sich das Interesse gewöhnlich auf äußere Ereignisse und auf die Gesetzgebung. Doch selbst große derartige Ereignisse berühren die Seele der Kirche nicht, weil ihr äußere Formen überhaupt fremd sind. Reformen, gute wie schlechte, bleiben außerhalb des Gesichtsfeldes des Kirchenvolks, und spricht man von ihnen, so nicht aus geistlichen, sondern höchstens aus politischen Motiven. Die Russische Kirche und das gesamte Kirchenvolk haben keine Reformen im Auge, sondern die Verwandlung und Vergeistigung der Persönlichkeit und des Lebens. Daher kann den Lebenspuls der Russischen Kirche nur fühlen, wer mit ihren tätigen Trägern in Berührung kommt, in denen das kirchliche Bewußtsein besonders lebendige und vergeistigte Organe sieht.

Für die russische Kirchengeschichte des 20. Jahrhunderts, insbesondere während der Revolutionszeit, war Vater Alexej Metschow, der Vorsteher der Kirche des Hl. Nikolai auf der Marossejka in Moskau, eines dieser Organe. Ungeachtet der Unscheinbarkeit dieser sich in der lauten Handelsgegend der Stadt verlierenden Kirche gewann die Marossejka-Gemeinde außerordentlich große Bedeutung für die Gläubigen, nicht nur von Moskau, sondern weit über Moskaus Grenzen hinaus von ganz Rußland; man kann sogar so weit gehen, daß sie auch für Nichtgläubige Bedeutung erlangte. Die Zeit ist noch nicht gekommen, den Einfluß von Vater Alexej gebührend zu würdigen und eine genaue Biographie dieses bemerkenswerten Menschen zu schreiben. Doch einige Seiten über ihn dürften für die Freunde des geistlichen Rußlands von Interesse sein.

II

Vater Alexej Metschow wurde am 17. März 1859 in Moskau geboren. Hervorzuheben ist seine Beziehung zu dem Moskauer Metro-

Vater Alexej Metschow beim Gottesdienst im Hof seiner Kirche in Moskau, Marossejka 5, um 1905

politen Filaret, von dem sich überhaupt die Mehrzahl der leuchtenden Erscheinungen im russischen Kirchenleben des 19. und 20. Jahrhunderts herleitet. Alexej Metschows Vater, Alexej Iwanowitsch, war in seiner Kindheit Chorknabe in dem berühmten Tschudowo-Chor. Einmal wäre das Kind beinahe erfroren, wurde aber von dem Metropoliten Filaret gerettet. Dieser Vorfall führte die beiden zusammen, und der Knabe wurde ein Zögling des Metropoliten, der über ein halbes Jahrhundert Rußlands geistlicher Führer war. Später machte ihn der Metropolit zum Leiter des Chors, und zwar als dieser sich auf dem Höhepunkt seines Ruhms befand. Der Metropolit begleitete das Leben der Familie Metschow und bewies mehrmals seine Hellsicht in bezug auf Alexej, den künftigen Kirchenmann, der damals noch ein Kind war. Ehrfurcht und Liebe gegenüber Filaret erfüllten ihn von Kindheit an, er hat auf ihn immer als das große Beispiel eines Hirten hingewiesen; von ihm lernte Vater Alexej auch die Selbstaufopferung und den bis zur Unbarmherzigkeit sich selbst gegenüber gehenden Anspruch in bezug auf seine Hirtenpflicht.

Vater Alexej besuchte anfangs die Saïkonospas-Schule und anschließend das Moskauer geistliche Seminar. Er wollte Arzt werden, wurde aber, seiner Mutter gehorchend, Psalmenleser in der Kirche des Zeichens auf der Snámenka. Hier hatte er unter dem groben Vorsteher der Kirche viel zu leiden, der seinen Psalmenleser malträtierte, beleidigte und sogar schlug. »Manchmal, wenn man zu ihm kam«, berichtet der Bruder von Vater Alexej, »lag er auf dem Sofa und weinte«. Doch Vater Alexej ertrug alles mit Geduld und dankte später dem Herrn, daß Er ihn diese Schule hat durchmachen lassen, und er gedachte seines Vorstehers Vater Georgi als seines Lehrers mit großer Liebe.

Im Jahre 1884 heiratete Alexej Metschow, und am 19. März 1893 wurde er in einer der kleinsten Kirchen Moskaus, der Kirche des Hl. Nikolai auf der Marossejka, zum Priester geweiht. Eine arme Gemeinde, eine kleine leere Kirche, ein verfallenes, verkommenes Gemeindehaus, errichtet über einer Grube, in die das Wasser des Hofs ablief: Das erwartete ihn in seiner neuen Gemeinde. Dazu kam eine sehr ernste chronische Krankheit seiner über alles geliebten Frau. Jahrelang mußte der neue Kirchenvorsteher seine bewegungslos daliegende Frau pflegen, sich um die Kinder kümmern und zugleich das Leben der Gemeinde aufbauen, einer Gemeinde, die nur juristisch existierte. Den Maßnahmen, die er ergriff, begegneten die Priester in der Nachbarschaft mit Spott und die jüngeren Glieder der Geistlichkeit mit Abfälligkeit. Es bedurfte eines starken Glaubens an seine Sache und großen Pflichtbewußtseins, um täglich den Gottesdienst, den ihm niemand abverlangte, zu halten, und zwar mit besonderer Sorgfalt und strikt nach den Vorschriften. »Acht Jahre habe ich jeden Tag vor leerer Kirche die Liturgie zelebriert«, erzählte Vater Alexej später und fügte betrübt hinzu: »Einer meiner Oberen sagte zu mir: ›Jedesmal, wenn ich an deiner Kirche vorbeikomme, wird bei dir geläutet. Wenn ich aber hineingehe, ist sie leer. Es hat keinen Zweck, du läutest umsonst.‹« Aber Vater Alexej hielt unerschütterlich seinen Gottesdienst weiter ab, und die Menschen kamen.

Parallel zum kirchlichen Gottesdienst ist Vater Alexej in dieser Periode seines Lebens in der Gesellschaft für Volkslektüre tätig, er liest in Gefängnissen, in Eßhallen. In seiner Wohnung richtet er eine kirchliche Schule für die ärmsten Kinder seiner Gemeinde ein.

III

Nach sieben Jahren unermüdlicher Arbeit meinte er, schon etwas erreicht zu haben. Doch da erhielt er einen heilsamen Stoß, der ihn, wie er sich ausdrückte, »seine ganze Armseligkeit« erkennen ließ. Diesen Stoß erhielt er von Vater Ioann von Kronstadt, mit dem Vater Alexej einmal die Liturgie zelebriert hatte. Wenn Filaret im kirchlichen Leben Rußlands das Prinzip der weisen Organisation verkörpert, so hält das russische Volk mit nicht geringerem Recht Vater Ioann von Kronstadt für den typischen Vertreter des charismatischen Prinzips, das heißt der Prophetie und Inspiration. Der Einfluß dieser beiden sich kreuzenden Prinzipien der Geistigkeit, die aufeinander nicht zurückzuführen, aber für ein gesundes Leben der Kirche gleichermaßen nötig sind, auf Vater Alexej war gleich stark.

Mit dem erwachten Bewußtsein wuchsen auch die Alltagsschwierigkeiten Vater Alexejs: Die Krankheit seiner Frau verschlimmerte sich, die Mittel für die Ernährung und die Behandlung waren knapp, Schulden lasteten auf ihm, das alles in dem quälenden Bewußtsein, daß das Gemeindehaus die Quelle des Untergangs der ganzen Familie ist; hinzu kam die äußerst harte und teilnahmslose Haltung der gesamten Obrigkeit, einschließlich ihres Hauptes, des Moskauer Metropoliten Wladimir. Der Tod seiner Frau am 29. August 1902 bringt Vater Alexej an den Rand der Verzweiflung, und in seinem furchtbaren Schmerz fleht er den Mann um Hilfe an, an dem er Kühnheit und echtes Gebet wahrgenommen hatte - Ioann von Kronstadt. »Du beklagst dich und meinst, auf der ganzen Welt gäbe es kein größeres Leid als deins, so schwer erscheint es dir. Halte dich an das Volk, versenke dich in sein Leid, *nimm* fremdes Leid *auf dich*, dann wirst du sehen, daß dein Leid, verglichen mit diesem Leid, klein und leicht ist, und dir wird leichter werden.« So antwortete ihm der Hirte von Kronstadt.

Dieser Rat ist der Schlüssel zum Verständnis der Tätigkeit von Vater Alexej: Von diesem Tage an versenkt sich Vater Alexej ganz in fremden Schmerz, in fremdes Leid. Er löst sein Leid auf in der allgemeinen Trauer. Er entsagt für immer einem Leben für sich persönlich: »Ein Hirte muß fremde Trauer und fremdes Leid abladen«, hat er, gestützt auf die Erfahrung seines Lebens, später viele Male mit Nachdruck verkündet. Nun, da er sich vom Morgen bis zum Abend den zu ihm Kommenden widmet, ist er nie mehr allein. Die ihm eigene Zärtlichkeit für die Familie und für die Kinder erstreckt sich nun auf alle, wer immer es sei; und es ist richtig, was von ihm gesagt wurde, daß er nämlich nicht nur Hirte, ja nicht einmal nur Vater, sondern auch sorgende Mutter war. Er hilft, wo er kann; aber sein eigentliches Werk ist das *Gebet*, auf das ihn Vater Ioann gewiesen hatte. Die zu ihm kommen, fühlen sich trotz ihres tiefen Leids erleichtert und werden froh. Und das deshalb, weil Vater Alexej ihr Leid durch das Mysterium des Gebets auf sich nimmt und ihnen seinen Segen spendet und seine Freude schenkt. Dafür empfindet er dieses Leid in seinem zärtlichen Herzen schneidender und quälender: Nicht nach Monaten, sondern noch nach Jahren kann er sich eines traurigen Falls bei ganz fremden Menschen, die er zum ersten Mal gesehen hat, eines Falls, der längst ausgestanden ist, nicht erinnern, ohne Tränen zu vergießen, buchstäblich von Tränen überströmt zu sein und zu stöhnen wie von einem furchtbaren körperlichen Schmerz.

Die einst leere Kirche ist nun übervoll von Betenden. Vom frühen Morgen bis zum späten Abend drängt sich das Volk um das Haus, in dem Vater Alexej wohnt, drängt sich auf der Treppe, im Hof. An den Empfangstagen übernachten die Menschen vor dem Tor, um auch ja zu Vater Alexej zu gelangen. Neben einfachen Leuten, vor allem Frauen, zeigen sich mehr und mehr auch Intellektuelle: Professoren, Ärzte, Lehrer, Schriftsteller, Ingenieure, Maler, Künstler aller Art. Neben Orthodoxen auch Andersgläubige: Armenier, Lutheraner, Mohammedaner, selbst Juden. Neben Gläubigen finden sich auch Nichtgläubige ein. Die einen kommen in tiefer Betrübnis; gequält von zahllosen Vergehen, wissen sie nicht aus noch ein; die anderen kommen aus Neugier, einfach um den berühmten Mann zu »betrachten«; die dritten kommen als Feinde, um ihn bloßzustellen oder zu verletzen, ihn zu provozieren, manchmal voller Haß und ohne zu wissen, was sie unternehmen wollen; es gab auch solche, die, wie sie später bekannten, mit dem Ziel gekommen waren, Vater Alexej umzubringen. Doch zu allen stellten sich in diesem winzigen Zimmerchen besondere, ganz individuelle Beziehungen her. Vater Alexej fragte den Ankömmling nicht: »Welchen Glauben hast du?« sondern er fragte: »Was quält dich und wie lebst du?« Und er bemühte sich, seinen Gesprächspartner mit der geistigen Welt in dem Maße und in der Weise in Berührung zu bringen, die ihm angemessen war. Jeder nahm etwas mit. Die Neugierigen gingen betroffen und beschämt von dannen, die Feinde wurden zum Geständnis bewegt. Viele von denen, die zu ihm kamen, verbanden ihr geistiges Leben für immer mit ihm. Wie viele Menschen sind nur *ein einziges Mal* zu Vater Alexej oder in seine Kirche gekommen und für immer in der Sphäre seiner Anziehung geblieben.

So entstand die Marossejka-Gemeinde, die in ihrer Vielgestaltigkeit ein Rußland im kleinen genannt werden kann: Hier sind *alle* Stände, alle Vermögensklassen, alle Alter, Berufe, Entwicklungsstufen und Nationalitäten vertreten. Hier bleibt jeder völlig freiwillig, arbeitet freiwillig und bringt freiwillig Opfer zum Nutzen der Gemeinde. Hier gibt es keine juristische Bindung, keine Institution, nicht einmal Regeln, so wie es auch keine formale Zugehörigkeit zur Gemeinde gibt. Dennoch ist sie ein geschlossenes Ganzes.

IV

Bei Vater Alexej gab es nichts Theoretisches, Ausgedachtes. Er liebte es nicht, über das Gebet zu reflektieren. »Gott hat mir einen festen kindlichen Glauben gegeben«, sagte er immer wieder. Wenn er bei jemandem etwas Abstraktes wahrnahm, sei es im Denken oder in der Religion, in einer Schrift oder im Gespräch, führte er ihn mit den Worten, »ich bin ungebildet«, zum Wahreren und Wirklicheren zurück. Lachend entgegnete er auf solche Klügeleien: »Das verstehe ich nicht, dazu bin ich zu ungebildet.« In Wahrheit hatte er einen klaren, durchdringenden Verstand, und nicht ohne Grund holte man sich bei ihm nicht nur in sittlichen und Alltagsfragen Rat. Vertreter der verschiedensten kulturellen Gebiete berieten sich mit ihm, sprachen mit ihm über ihre Pläne und schieden voll Zufriedenheit.

Wer zu ihm kam, begegnete vor allem einer echten Kraft, die sich auf Erfahrung und Erkenntnis seiner selbst und anderer gründete. Das Christentum in dieser Weise zu erfahren, rief er alle auf. »Christentum ist vor allem Leben, und wir haben es in bloße Lehre verwandelt«, pflegte Vater Alexej zu sagen. »Keine Erfahrung, kein Leben.« Von diesem Prinzip der erfahrenen Gotteserkenntnis bei Vater Alexej spannten sich Fäden zu dem dritten Bestandteil des russischen Kirchenlebens, dem Kloster. Vater Alexej war fest verbunden mit der Pflanzstätte des russischen Starzentums, der Optina-Einsiedelei, von der sich ein Ausländer nach der (nicht ganz exakten) Beschreibung Dostojewskis in den »Brüdern Karamasow« annähernd eine Vorstellung machen kann.

Den Vorsteher des Optina-Skit, Igumen Feodossi (†1920), liebte Vater Alexej über alles, und er wurde seinerseits von diesem Starez hoch geachtet. Einmal kam der Starez nach Moskau, besuchte Vater Alexejs Kirche, sah das Vorschriftsmäßige des Gottesdienstes, die Schlangen der Beichtwilligen, den Empfang des Volkes, die Aufmerksamkeit Vater Alexejs für jeden einzelnen und sagte zu Vater Alexej: »Für all das, was Sie hier allein tun, brauchen wir in Optina mehrere. Für einen wäre das zuviel. Der Herr steht Ihnen bei.«

Eine noch tiefere, eine unzerstörbare Beziehung bestand zwischen Vater Alexej und dem Starzen Anatoli in Optina. Die beiden hatten sich nur einmal im Leben gesehen, trotzdem gab es zwischen ihnen eine innere Verbindung, welche die ihnen Nahestehenden »drahtlose Telegraphie« nannten. »Wir sind eines Geistes«, hat er oft von Vater Anatoli gesagt. Sie vertrauten einander vollkommen und übergaben sich gegenseitig ihre geistlichen Kinder. Ein anderer Starez in Optina, Vater Nektari, sagte einmal zu einem seiner Besucher: »Warum kommen Sie zu uns; Sie haben doch Vater Alexej.« Tatsächlich war die Marossejka-Gemeinde in geistlicher Hinsicht eine Tochter der Optina-Einsiedelei: Ihr Leben beruhte auf geistlicher Erfahrung. Vater Alexej lehrte durch sein Leben, um ihn herum war Leben, jeder trug auf seine Weise und nach Maßgabe seiner Kräfte zum Wachsen des geistlichen Lebens der ganzen Gemeinde bei. Obwohl die Gemeinde kein eigenes Krankenhaus hatte, behandelten sehr viele Professoren, Ärzte, Sanitäterinnen und Krankenschwestern, alle geistliche Kinder von Vater Alexej, die Kranken, die sich um Hilfe an Vater Alexej wandten. Obwohl es keine eigene Schule gab, kamen viele Professoren, Schriftsteller, Pädagogen und Studenten, ebenfalls geistliche Kinder von Vater Alexej, mit ihren Kenntnissen und Verbindungen denen zu Hilfe, die ihrer bedurften. Obwohl es in der Gemeinde kein regelrechtes Nachtasyl gab, wurden doch alle Bedürftigen oder Hilfesuchenden mit Kleidung, Schuhwerk und Speise versorgt. Die Glieder der Marossejka-Gemeinde, die es in allen Lebensbereichen gab, halfen Vater Alexej, den Leidenden »ihre Last abzunehmen«. Es gab keinerlei äußere Organisation, aber das hinderte nicht, eines Geistes zu sein.

V

Unter den vielen vom Schicksal Benachteiligten im russischen Leben gibt es seit gestern eine Gruppe, die besondere Aufmerksamkeit verdient. Es ist die studierende Jugend. Man hatte sich ihr zwar zugewandt und ihr Selbstbewußtsein gehoben, doch eine richtige Erziehung und geistige Führung fehlte ihr seit mindestens einem Jahrhundert; die Erziehung schwankte zwischen dem formalen Religionsunterricht der Mittelschule und der liberalen, antireligiösen Skepsis der Hochschule, beides gleichermaßen das geistliche Leben entstellend. Die gesamte Struktur der russischen Intelligenz war so beschaffen, daß eine gesunde religiöse Erziehung für die russische Jugend unerreichbar war. Vater Alexej hat auf diese Dinge sein besonderes Augenmerk gerichtet. Er liebte die Jugend und setzte für die Zukunft auf sie. Er führte sie zu Gott, nicht über Bücher, sondern über den Gottesdienst, zu dem er sie einlud, und über die Erfahrung geistlichen Lebens überhaupt. Was er sie vor allem lehrte, war nicht, wie man denken, sondern wie man leben muß. Er war bemüht, den Willen und das Pflichtgefühl in ihnen zu stärken, da er einen der Charakterzüge des russischen Volkes, die Willensschwäche, für eine große Sünde hielt. Die Studenten kamen mit ihren Kümmernissen, ihren Zweifeln, ihrem Unglück zu Vater Alexej. Die Mitglieder des christlichen Studentenbundes hatten sich fest um ihn zusammengeschlossen. Wie sehr sie die Begegnung mit ihm schätzten, kann man danach beurteilen, wie viele Stunden sie auf seiner Treppe saßen oder standen und darauf warteten, bis sie an der Reihe waren. Sie wurden in den allgemeinen Kreislauf des Gemeindelebens einbezogen, besuchten eifrig den Gottesdienst und nahmen entsprechend ihrem Vermögen aktiv an ihm teil. Sie bildeten kleine Kreise, in denen sie sich gemeinsam geistlichen Fragen widmeten und in dem Gefühl der Brüderlichkeit, sittlichen Teilnahme und gegenseitigen Hilfe fest verbunden waren. Sie halfen der Gemeinde auf allen Gebieten. Bis heute ist diese Jugend im Namen Vater Alexejs vereint, und man kann gewiß sein, daß die Erinnerung an ihn ihnen im Leben auch künftig eine Richtschnur sein wird.

1924. 14.-15.VI. alt. St.
Sergijew Posad

Vater Alexej war einer der wenigen Vertreter geistiger Freiheit im Leben der Gegenwart. Dem Pharisäertum wie dem Sadduzäertum gleichermaßen abhold, das heißt quer zur Welt stehend, konnte er nur ein Narr in Christo sein. Das Gottesnarrentum hat natürlich je nach den Bedingungen ein anderes Gesicht; das Besondere des Gottesnarrentums ist jedoch zweifellos das Unerwartete an ihm, seine Unvereinbarkeit mit den bestehenden gesellschaftlichen Formen. Gottesnarrentum ist es nur dann, wenn es der Welt mißgestalt und befremdlich vorkommt, grenzend an Blasphemie. Nun ist aber die Welt durchaus in der Lage, jede Erscheinung von Gottesnarrentum in einer bestimmten Form zu kanonisieren und es zu einer Norm zu machen. Dann beginnt die Welt, es als etwas ihr eigenes zu schätzen, es wird zu etwas Anerkanntem und Gewohntem; und wer diese Form übernimmt, lebt nicht nach ihr, weil er nicht von dieser Welt ist, sondern aufgrund seines Einverständnisses mit der Welt. Er übernimmt die Form, weil er an das Rettende eines Lebens in dieser Form glaubt; und er glaubt daran, weil die Welt, zumindest in Gestalt ihrer einflußreichsten Vertreter, diese Form anerkennt und gutheißt. Er übernimmt sie, wie man jede andere Norm übernimmt. Gab es bei Franz von Assisi Züge von Gottesnarrentum, so hatte das bei den Franziskanern, die ihm nachfolgten, nur noch etwas Äußerliches, und sie gingen in der gleichen Weise barfuß wie ein Militär seine Uniform trägt; selbst wenn sie nackt gingen, wäre das etwas Äußerliches, was sie mit der Welt verbände, und nicht ein Zeichen der Lösung von der Welt durch eine der Welt fremde Kraft. Es gibt das Gottesnarrentum, echtes Gottesnarrentum, und es gibt die Nachahmung verschiedener solcher Gottesnarren, die durch die zeitliche Entfernung für die Welt ungefährlich geworden und daher anerkannt sind. Die Welt fürchtet nämlich nicht die Formen als solche, nein, sie vermag jede beliebige Form anzunehmen und sich anzuverwandeln. Sie fürchtet jedoch ein geistliches Leben, das mit der Welt nicht rechnet: Jeden Augenblick droht es mit etwas Unerwartetem, was die Welt nicht vorhersehen kann, denn geistliches Leben ist eben Leben, gegen das sich keinerlei Vorsichtsmaßregeln treffen lassen. Kann man ein Verhalten mit Gewißheit als Gottesnarrentum bezeichnen, so ist dies der sichere Beweis dafür, daß es sich bei dieser Erscheinung nicht um Gottesnarrentum, sondern lediglich um eine Imitation handelt. Umgekehrt kann man über wirkliches Gottesnarrentum immer nur Vermutungen anstellen, da es mit keinem der existierenden Maßstäbe zu messen ist. Halb Verrücktheit, halb Weisheit, in ihrer Besonderheit noch unverstanden - so nimmt es die Umgebung wahr. Im besten Fall duldet es die Umgebung und versucht, es für ihre Zwecke auszunützen und dabei die ärgerlichen Mißtöne zu überhören, die die gut arrangierte Ausbeutung derartiger Kräfte plötzlich ins Gegenteil zu verkehren drohen.

Von eben dieser Art war Vater Alexej. Viele haben ihn geschätzt, und viele haben ihn benützt; letzteres nicht unbedingt im schlechten Sinne des Wortes, sie haben ihn als Stütze dieser oder jener abstrakten Prinzipien benützt. Die meisten haben freilich irgendwann mit dieser Stütze Ärger bekommen, die sich dagegen wehrte, Stütze zu sein und da stehen zu bleiben, wo man sie eingegraben hatte, und die sich plötzlich selbständig machte. Er hat immer gesagt, höher als die gottesdienstlichen Vorschriften stehe die Liebe; das wußte jeder, daß er, wenn die Liebe und das Mitleid es erheischten, über die Vorschriften hinausging. Handelte es sich aber etwa um den Versuch, die Vorschriften mit dem Hinweis auf das Gebot der Liebe zu ändern, dann erwies sich Vater Alexej als entschiedener, unversöhnlicher Gegner solcher Versuche und lehnte jedes Zugeständnis ab. Die Vorschriften waren für ihn etwas Heiliges, durch die Liebe Besiegeltes, und dieses Heilige konnte nicht einfach aufgehoben, es konnte höchstens in bestimmten Augenblicken von der lebendigen Inspiration der Liebe, die über alle Stauwehre hinwegströmt, überschwemmt werden. Umgekehrt waren diese Stauwehre, das heißt die Vorschriften, für seine Gegner durchaus nichts Wohltätiges, sondern ein ärgerliches Hindernis, ein veraltetes Ding, äußerer Berechnung entsprungen. Sie sprachen von der Liebe wie von einem Statut und wollten ein Statut durch ein anderes ersetzen, ein gutes durch ein schlechtes, ein Statut der Liebe durch ein Statut des Hasses, ein weises Statut durch ein unvernünftiges; doch sie gelangten dorthin nicht aus Liebe, sondern aus Haß, sie verstanden nicht, daß die Liebe das Leben ist. Pharisäer und Sadduzäer waren sie, im Unterschied zu jenen alten jedoch oberflächliche und ungebildete. Ihnen hielt Vater Alexej den unerschütterlichen Fels des Statuts entgegen. Und dies streng und entschieden. Die anderen nun, die die Vorschriften gewissenhaft einhielten und die Vater Alexej und sein Wirken hoch schätzten, hätten gern gesehen, daß ein in Moskau so verehrter, so einflußreicher Mann wie er durch sein gewichtiges Wort die gleichsam unbedingte Strenge der Vorschriften in ihrer sich selbst genügenden, unverrückbaren Festigkeit ein für allemal bekräftigt hätte. In der Versammlung, in der das ausgesprochen werden soll, entlädt sich Vater Alexej in einer zweistündigen Beichte. Er ist erregt, im Sturm seiner Gefühle verheddert er sich, er müht sich, seine geheimste Lebenserfahrung mitzuteilen, befürchtet, seinen Gedanken nicht ausdrücken und die Anwesenden nicht überzeugen zu können. Er bricht in Tränen aus, er schluchzt; es scheint ihm in diesem Augenblick nicht zu gelingen, all das zum Ausdruck zu bringen, was sich sein ganzes Leben angesammelt hat und nun auf ihn einstürmt. Worum geht es in seiner Rede? Er berichtet von unzähligen Fällen aus seiner Hirtentätigkeit, in denen er gar nicht anders konnte, als über die Vorschriften hinauszugehen. Erschütternde Bilder, die anschaulich zeigen, daß es offenkundiger Wahnsinn gewesen wäre, die Vorschriften einzuhalten; sie zu verletzen war das Gebot der Liebe.

Wenn man von geistiger Freiheit spricht, so versteht man darunter gewöhnlich den leichten Umgang mit den Lebensregeln und betrachtet diese Leichtigkeit als etwas Selbstverständliches. Und wie sollte sie nicht als etwas Selbstverständliches aufgefaßt werden, wenn man die Lebensregeln als etwas menschlich Bedingtes ansieht, im besten Fall als etwas Ehrenwertes, aber doch Veraltetes, Überholtes. Den, der so denkt, verpflichtet Freiheit zu nichts, weil sie nicht als ein Übersteigen der Welt des Gesetzes, des wahren, unerschütterlichen und heiligen Gesetzes gedacht wird, sondern einfach als das Nichteinhalten von Regeln, die längst ihre Verbindlichkeit verloren haben und die man so sehr mißachten kann, daß man sich nicht einmal mehr der Mühe zu unterziehen braucht, sie zu bekämpfen. Wahre Freiheit aber ist nur denkbar auf dem festen Boden des Gesetzes. Es gibt die unerschütterliche Welt der Gesetze des Stoffes. Das in diese Welt einbrechende Leben leugnet diese Gesetze nicht, es überwindet sie. Im Hinblick auf die stoffliche Welt ist das Leben immer ein Wunder. Aber dieses Wunder hat sein eigenes Gesetz, das unerschütterlich ist, dennoch aber überwunden werden kann, wunderbar überwältigt von dem Statut der menschlichen Gesellschaft, genauer von dem Statut der Kirche. Doch auch dieses unerschütterliche Statut, das als etwas wahrhaft Heiliges geehrt werden muß, kann von einer besonderen, in das Statut einbrechenden schöpferischen Kraft überwunden werden, vom Geist, von der christlichen Freiheit. Diese Kraft zeigt sich in einem bestimmten Moment in der Verwandlung des Statuts. Hart und steinern, wird das Statut durch ihre Glut erweicht, wird nachgiebig und elastisch; doch dies ist jedes Mal ein Wunder. Vater Alexej empörte es tief, wenn er auf Unverständnis dafür stieß, daß das Statut wahrhaft ein Gesetz sei, ein heiliges Gesetz, und wenn jemand, ohne die Kraft des Gesetzes zu kennen, sich einbildete, man könne sich seiner einfach entledigen. Mit allem Nachdruck auf der monumentalen Wirklichkeit des Gesetzes bestehend, verkündete er das Wunder, und er selbst lebte es: In der Glut seiner Liebe schmolz, was sich als jahrhundertealtes Bollwerk der Kirchenordnung vor ihm erhob. Ausdrücklich hat er von Wunder gesprochen.

Das Schöpferische war für Vater Alexej das Leben selbst, alles übrige war etwas Mittelbares, Folge. Seine Verehrer, zumindest manche, schätzten aber gerade die Folgen und hofften, mit ihrer Hilfe Außenstehende in die gottesdienstliche Ordnung einzuführen, um sie dann auf irgendeine Weise wieder von der christlichen Freiheit und von Vater Alexej abzubringen, deretwegen und mit deren Hilfe sie das Statut erst angenommen hatten. Vater Alexej war für sie die leckere Lockspeise am Angelhaken. Zu Vater Alexej kamen Menschen aller Art, auch Bolschewiki, manche verzweifelt und voll Trauer, andere als Beobachter und in böser Absicht; aber die einen wie die anderen hatten für ihre Seele etwas gewonnen, wenn sie ihn wieder verließen. Manche von seinen Verehrern erwarteten von ihm nicht geistigen Anstoß, sondern äußere Veränderung. Wenn er sich dann gelegentlich ausschließlich denen widmete, die besonders finster und verloren waren, erhob sich ein Murren. Jeder hatte sein Statut im Kopf und setzte stillschweigend voraus, daß Vater Alexej gerade diesem Statut folgen werde. Abweichungen empfanden sie als empörend. Aber Vater Alexej ging seinen Weg, auf dem er immer wieder die in ihn gesetzten Erwartungen enttäuschte, immer behielt er sich die Freiheit geistiger Selbstbestimmung vor. Es gab keinen Maßstab, den man sich zueignen und an alle seine Worte und Taten anlegen konnte in der Überzeugung, er werde sich, wenn er den Maßstab verletzte, schuldig fühlen und schuldig fühlen müssen. Im Gegenteil, seine Worte und Taten hatten immer Ecken und Kanten, die aber sogleich für Regeln ausgegeben wurden. Durch ihre bloße Existenz waren diese Ecken und Kanten eine Herausforderung für die Welt mit ihren altbewährten Formen und Forderungen. Vater Alexej stimmte nie mit der Welt überein. Er war ein Narr um Christi willen.

Der geistliche Mensch weiß um die Kraft und den Wert des Gesetzes, um seine innere Unbedingtheit. Der weltliche Mensch sieht diese Unbedingtheit nicht, er fordert die Einhaltung des Gesetzes, weil es andernfalls zu Reibungen mit der Welt käme. Das Gesetz ist für ihn das Schickliche. Schicklich leben und schicklich sterben, das ist die Forderung der Welt. Aber der geistliche Mensch braucht nicht Schicklichkeit, sondern die Einhaltung des Gesetzes seinem Wesen nach; und es dem Wesen nach einhalten, heißt nicht selten, es dem Buchstaben nach verletzen. Der Gottesnarr verletzt ständig die Regeln der Schicklichkeit, und es wäre seltsam, wenn Vater Alexej, der sich im Leben nicht nach den Regeln der Schicklichkeit gerichtet hatte, dies im Tod getan hätte. So wie er war, konnte Vater Alexej seinen Lebensweg weder mit einem mustergültigen Begräbnis erster Klasse noch mit einem großartigen Heimgang nach allen Regeln der Aszetik (die, wie es sich für Regeln gehört, zweifellos richtig sind) beenden. Die Welt hat eine klare Vorstellung davon, wie der Mensch einer bestimmten Rubrik sein irdisches Dasein zu vollenden hat. So gibt es ein detailliertes Programm für den Fall des Todes eines Starez, das auch für Vater Alexej vorgesehen war. Nach Meinung der Welt hatte er sich in allem an die Vorschriften zu halten, um dann die dafür vorgesehenen Antworten der Welt entgegenzunehmen. Er hatte im Bewußtsein äußerster Unwürdigkeit zu sprechen, über seine Sünden bestürzt zu sein und die Unerfülltheit seiner Lebenspflichten zu bezeugen. Dies hat ihm von vornherein bewußt zu sein, er hat das zumindest auszudrücken. Das wird verlangt, denn ohne das wäre die Antwort der Welt, die das Gegenteil beweist und an der Bestürzung des Heimgegangenen seine Bescheidenheit und Demut abliest, verfehlt. Die Welt glaubt nur sich selbst und beansprucht daher bei Verurteilung oder Anerkennung das letzte Wort; der zu richtende oder zu rühmende Tote muß seinem Bedürfnis nach dieser Anerkennung Ausdruck verleihen.

Konnte der, der quer zur Welt gestanden hatte, anders als umgekehrt verfahren? Mit seinem letzten Wort* hat er gezeigt, daß er der Welt das Recht des Urteils nicht zugesteht, denn »den geistlichen Menschen richtet nur der geistliche« [vgl. 1. Kor. 2, 15]. Die Welt wartete auf den Anlaß für ihr Lob, Vater Alexej aber vereitelte das und sagte über sich oder genauer über Vater Alexej das, was er in der anderen Welt, die zu Urteil und Lob berufen ist, vernommen hatte. In seiner Rede verkündete Vater Alexej zum letzten Mal und mit äußerstem Nachdruck die geistige Freiheit, die er in seinem Gottesdienst allezeit verkündet hatte. Sie verkündend prüft er die, die ihn zu schätzen glauben. Er verlangt von der Welt ein *Ja* oder ein *Nein*. Aber die Welt bleibt stumm.

1923. 13.VIII.

---

* Gemeint ist die Grabrede Vater Alexej Metschows auf sich selbst, die nach seinem Tod an seinem Bett gefunden wurde.

Himmlische Zeichen
Gedanken über die Symbolik der Farben

Treten wir hinaus ins Freie, am besten bei Sonnenaufgang oder wenigstens, wenn die Sonne eben am Horizont erscheint, und beobachten wir das Verhältnis der Farben.

Der Sonne direkt gegenüber - Violett, Fliederfarben und vor allem Blau. Auf seiten der Sonne - Rosa oder Rot, Orange. Zu unseren Häupten - durchscheinendes Smaragdgrün.

Machen wir uns klar, was wir eigentlich sehen. Wir sehen Licht und nur Licht, das eine Licht der einen Sonne. Seine unterschiedliche Farbe ist nicht seine Eigenschaft, sondern das Verhältnis zwischen dem Licht und jenem irdischen und vielleicht teilweise himmlischen Bereich, den dieses eine Licht erfüllt.

Das Licht ist unteilbar, das Licht ist homogen, es ist wahrhaft ein Kontinuum. Es ist unmöglich, in einem lichterfüllten Raum einen Bereich abzuteilen, der nicht mit jedem anderen Bereich in Verbindung stünde; es ist unmöglich, einen Teil des Lichtraums zu isolieren, einen *Teil* des Lichts abzuschneiden. (Dies ist ein schönes Beispiel dafür, daß Ausdehnung keine ausreichende Bedingung für Teilbarkeit ist und daß Teilbarkeit analytisch nicht aus Ausdehnung folgt.) Fangen undurchsichtige Körper das Licht im Raum auf, so ist das immer ein *einseitiger* Isolierungsvorgang, der von *einer* Seite ausgeht und daher nicht in der Lage ist, das abgetrennte Lichtvolumen *einzuschließen*.

Licht ist also ein Kontinuum. Nicht jedoch jene optischen Milieus, die von Licht erfüllt sind und uns das Licht übermitteln - diese sind keine Kontinuen, sie sind körnig, sie sind allerfeinster Staub, der selbst wieder Staub enthält, Staub, der in seiner Feinheit für kein Mikroskop erreichbar ist, nichtsdestoweniger aber aus einzelnen Körnchen, aus einzelnen Stoffteilchen besteht. Diese prächtigen Farben, mit denen sich das Himmelsgewölbe schmückt, sind nichts anderes als das jeweilige Verhältnis von unteilbarem Licht und zersplittertem Stoff: Wir können sagen, die Farbigkeit des Sonnenlichts ist jenes Aroma, jene Tönung, die der Staub der Erde, der feinste Staub der Erde und der vielleicht noch feinere Staub des Himmels dem Sonnenlicht verleiht.

Violett und *Blau* - das ist das Dunkel der Leere, ein Dunkel, aber gemildert durch den Widerschein eines gewissermaßen darübergeworfenen Schleiers feinsten atmosphärischen Staubs; wenn wir sagen, wir sehen das *Violett* oder den *Azur* des Himmels, dann sehen wir das Dunkel, das absolute Dunkel der Leere, das kein Licht erleuchtet und kein Licht durchdringt, aber wir sehen es nicht an sich, sondern durch feinsten, von der Sonne angestrahlten Staub. *Rot* und *Rosa* - das ist der gleiche Staub, nur nicht gegen das Licht
gesehen, sondern mit dem Licht; der Staub mildert jedoch, angeleuchtet, das Dunkel der interplanetaren Räume nicht, er lichtet es nicht, im Gegenteil, er nimmt dem Licht einen Teil des Lichts; dem Auge das Licht verstellend, zwischen Licht und Auge stehend, fügt er in seiner Unerleuchtetheit dem Licht Dunkel hinzu. Endlich das *Grün* in der Vertikale, das Grün des Zenits - das sind Licht und Dunkel im Gleichgewicht, die Staubteilchen von der Seite beleuchtet, als sei gewissermaßen nur die eine Staubhalbkugel beleuchtet, so daß jedes Stäubchen so gut ein Dunkles vor hellem Hintergrund wie ein Helles vor dunklem Hintergrund genannt werden könnte. Das Grün zu unseren Häupten ist weder Licht noch Dunkel.

Es ist da also nur die Energie des beleuchtenden Lichts und die Passivität des beleuchteten, das Licht nicht verschluckenden, d.h. nicht hindurchlassenden Stoffes; endlich ist da das, von dem man nur grammatisch sagen kann, es *ist*, denn es ist *nichts*, ein leerer Raum, d.h. Licht, dessen Intensität gleich Null zu denken ist - die reine *Möglichkeit* für das Licht zu leuchten, eines Lichts, das jedoch nicht da ist. Diese zwei Prinzipien und ein Drittes, das *Nichts*, sind bestimmend für die gesamte Vielfalt der Himmelsfarben. Von diesen sinnlichen Bildern strebt das Denken ganz von selbst zum symbolischen Sinn. Hier muß man aber ein für allemal und mit dem größten Nachdruck sagen, daß der metaphysische Sinn dieser Symbolik wie jeder anderen authentischen Symbolik nicht *über* den sinnlichen Bildern errichtet wird, sondern daß er *in ihnen* enthalten ist und sie durch ihn bestimmt werden; die Bilder sind durchaus nicht einfach als physische vernünftig, sondern ausgesprochen als metaphysische; die physischen Bilder tragen die metaphysischen in sich und werden von ihnen erleuchtet. In unserem Falle vollzieht sich der kontinuierliche Übergang vom Sinnlichen zum Übersinnlichen so allmählich, daß man, spricht man die Worte *Licht, Dunkel, Farbe, Stoff* aus, selber nicht weiß, in welchem Maße man es in diesem Augenblick mit Physischem und in welchem mit Metaphysischem zu tun hat: Alle diese Worte sind *Ursprungsworte*, aus denen sich wie aus gemeinsamer Wurzel parallel und in stets lebendiger Wechselwirkung Metaphysik wie Physik oder richtiger Physik wie Metaphysik entwickeln und erheben. Tatsächlich finden die beschriebenen Beziehungen der Prinzipien der physischen Welt ihre volle Entsprechung in der Beziehung der Prinzipien des metaphysischen Seins; die beiden analogen Beziehungen wiederholen sich so genau wie Form und Abguß oder wie zwei Abdrücke eines Stempels. Hier auch ist in der übersinnlichen Welt die symbolische Bedeutung dessen zu gewinnen, was ein Ergebnis der Beziehungen der Prinzipien des sinnlichen Seins ist, das heißt die *Symbolik der Farben*.

»Gott ist Licht.« Gott ist Licht, und dies nicht moralisch verstanden, sondern als ein Urteil der Wahrnehmung, einer geistigen, jedoch konkreten unmittelbaren Wahrnehmung der Ehre Gottes: Ihn schauend schauen wir das eine ununterbrochene unteilbare Licht. Das Licht hat keine andere Bestimmung als die, reines Licht zu sein, ohne Beimischung, Licht, »und in ihm ist keine Finsterniß« (1. Joh. 1, 5). Die Bestimmung des Lichts ist einzig - Licht ist Licht, es enthält kein Dunkel, denn in dem Licht ist alles Licht; und alle Finsternis ist von Ewigkeit besiegt, überwunden und erleuchtet.

Im Verhältnis zu den Farben nennen wir das Licht *weiß*: *Weiß* ist aber keine positive Bestimmung, es weist nur darauf hin, daß es ohne Beimischung ist, daß es weder »die eine noch die andere noch eine dritte Farbe« ist, sondern nur - Licht, reines Licht ohne Beimischung. *Weißes Licht* ist nur die Bezeichnung des Lichts als solches, die rein analytische Hervorhebung seiner Ganzheit. Es ist - Licht oder Gott - die Fülle, in ihm gibt es keine Einseitigkeit, denn jede

Einseitigkeit entsteht durch Hindernisse: Es ist makellos und unbegrenzt. Erst die Begrenzung, die Beeinträchtigung, Behinderung, Verdünnung der reinen Energie des Lichts durch eine ihm fremde Passivität kann das Licht dazu bringen, nicht es selbst zu sein, sondern etwas Einseitiges, der einen oder anderen Seite, der einen oder anderen Färbung Zugeneigtes. Dieses passive Medium in seiner feinsten und zartesten Erscheinung ist das *Geschöpf*, nicht das grobe irdische Geschöpf, das mit seiner Grobheit die Geistigkeit des Lichts verletzt, sondern ein höheres, feinstes Geschöpf, Geschöpf sozusagen in seiner Uranfänglichkeit; und dieses Medium ist es, das dem Licht die Farbe verleiht. Dieser metaphysische Staub trägt den Namen Sophia. Sophia ist nicht das Licht der Gottheit selbst, nicht die Gottheit selbst, aber sie ist auch nicht das, was wir gewöhnlich Geschöpf nennen, nicht die grobe Trägheit des Stoffes, nicht seine grobe Lichtundurchlässigkeit. Die Sophia befindet sich genau auf der idealen Grenze zwischen der göttlichen Energie und der geschöpflichen Passivität; sie ist ebensosehr Gott wie nicht Gott und ebensosehr Geschöpf wie nicht Geschöpf. Von ihr kann man weder »ja« noch »nein« sagen im Sinne einer antinomischen Hervorhebung des einen oder des anderen, sondern man muß von etwas extrem Übergangshaftem an der Grenze zwischen der einen und der anderen Welt sprechen. Licht ist göttliche Tätigkeit, die Sophia die erste Verdichtung, das erste und feinste Werk dieser Tätigkeit, in dem diese Tätigkeit noch atmet und das dieser Tätigkeit so nahe ist, daß, wenn man es nicht als Wechselverhältnis sieht, es unmöglich ist, auch nur die feinste Grenze zu ziehen. Wir könnten gar nichts unterscheiden, gäbe es da nicht dieses Wechselverhältnis: des Lichts, der Tätigkeit der Gottheit, und der Sophia, des Urgeschöpfs oder der Urmaterie. Erst aus dem *Verhältnis* der beiden Prinzipien wird klar, daß die Sophia nicht das Licht ist, sondern seine passive Ergänzung, und daß das Licht nicht die Sophia ist, sondern sie erleuchtet. Dieses Verhältnis ist bestimmend für die Farbe. Als Werk des göttlichen Schöpfertums angeschaut, als erste Verdichtung des Seins, als die dem Licht entgegentretende Finsternis des Nichts, relativ unabhängig von Gott, d.h. von Gott her in Richtung auf das Nichts angeschaut, ist die Sophia *blau* oder *violett* anzusehen.

Umgekehrt, als Ergebnis göttlichen Schöpfertums angeschaut, als vom göttlichen Licht untrennbar, als vorderste Welle der göttlichen Energie, als Gotteskraft, die die Finsternis überwindet, d.h. angeschaut von der Welt her in Richtung auf Gott, ist die Sophia *rosenfarben* oder *rot* anzusehen. Rosenfarben oder rot sieht das Geschöpf sie als Gottes Bild, als Erscheinung Gottes auf Erden, als jenen »rosenfarbenen Schatten«, zu dem Wladimir Solowjow betete. Blau oder violett dagegen wird sie als Weltseele gesehen, als das geistige Wesen der Welt, als blauer Schleier, der die Natur verhüllt. In der Vision Wjatscheslaw Iwanows erscheint sie als Urgrund unseres Wesens, wenn wir in mystischer Versenkung in uns hineinblicken: Unsere Seele gleicht einem blauen Diamanten. Schließlich gibt es eine dritte metaphysische Richtung - weder zum Licht hin noch vom Licht her -, die Sophia außerhalb ihrer Bestimmung oder Selbstbestimmung in bezug auf Gott. Dies ist jener geistige Aspekt des Seins, man könnte sagen *Paradiesaspekt*, da es noch keine Erkenntnis von Gut und Böse gibt. Es gibt hier weder ein direktes Streben zu Gott hin noch von Gott her, weil es diese Richtungen noch gar nicht gibt, die eine nicht und nicht die andere, es gibt lediglich die Bewegung in Gottes Nähe, das freie Spielen vor Gottes Angesicht, wie die grüngoldenen Schlänglein bei E.T.A. Hoffmann spielen und der Leviathan, den »der Herr geschaffen hat zu spielen« wie das Meer, das in der Sonne spielt. Dies ist *auch* die Sophia, dieser Aspekt der Sophia ist goldengrün, durchscheinend-smaragden. Das ist der Aspekt, der Lermontow ursprünglich vorschwebte, aber bei ihm keinen Ausdruck fand.

Die drei Grundaspekte des Urgeschöpfs sind bestimmend für die drei Grundfarben der Farbensymbolik, die übrigen Farben sind ihrer Bedeutung nach Zwischenfarben. Wie groß immer die Vielfalt der Farben sei, sie alle sprechen von dem freilich unterschiedlichen Verhältnis der einen Sophia zu dem einen Himmelslicht. Die Sonne, der feinste Staub und das Dunkel der Leere in der sinnlichen Welt - Gott, die Sophia und das Urdunkel, das Dunkel des metaphysischen Nichtseins, in der geistigen Welt, das sind die Prinzipien, auf die sich die Vielfalt der Farben gründet, hier wie dort, immerdar, in vollkommener Entsprechung.

Sergijew Posad, 1919. 11.X.

Quellen

Sergij Bulgakov, *Svjaščennik o. Pavel Florenskij*. In: P.A. Florenskij, Stat'i po iskusstvu. Pod obščej red. N.A. Struve, Paris 1985, S. 7-18.

Pavel Florenskij, *Avtoreferat*. In: Voprosy filosofii 1988, Nr. 12, S. 113-116.

Pavel Florenskij an seinen Vater, 13. Juni 1897; Repsimija Saparova an Pavel Florenskijs Mutter, 13. Juni 1897; Repsimija Saparova an Pavel Florenskijs Mutter, 19. Juni 1897; Pavel Florenskij an seine Mutter, 15. Juli 1897; Pavel Florenskij an seine Schwester Julia, 16. Juli 1897. Aus dem Archiv der Familie Florenskij, Moskau.

Pavel Florenskij an Lev Tolstoj, 22. Oktober 1899. In: Svjaščennik Pavel Florenskij, *Detjam moim*, Moskau 1992, S. 264.

Pavel Florenskij an seine Mutter, 7. April 1902; 28.-29. September 1902. In: Moskovskaja gazeta 1992, Nr. 3 vom Dezember, S. 2-3.

Pavel Florenskij an seine Mutter, 3. März 1904. In: Ierodiakon Andronik, Episkop Antonij (Florensov) - duchovnik svjaščennika Pavla Florenskogo. In: Žurnal Moskovskoj Patriarchii, 1981, Nr. 10, S. 65.

Andrej Belyj an Pavel Florenskij, 27. Mai 1904; Pavel Florenskij an Andrej Belyj, 14. Juni 1904; Pavel Florenskij an Andrej Belyj, 15. Juli 1905. In: Kontekst, 1991, Moskau 1991, S. 26-29, 37-40.

Bischof Antonij (Florensov) an Pavel Florenskij, 17. April 1907. In: Ierodiakon Andronik, Episkop Antonij (Florensov) - duchovnik svjaščennika Pavla Florenskogo. In: Žurnal Moskovskoj Patriarchii 1981, Nr. 10, S. 67.

Serapion Maškin an Pavel Florenskij, 3. Februar 1905. In: Voprosy religii, Vypusk I, Moskau 1906, S. 174-183.

Pavel Florenskij, *K počesti vyšnego zvanija*. In: Voprosy religii, Vypusk I, Moskau 1906, S. 145-146, 148-149 (Auszüge).

Pavel Florenskij, *Besporjadočnye zametki ob otce moem Aleksandre Ivanoviče Florenskom*. In: Svjaščennik Pavel Florenskij, *Detjam moim*, Moskau 1992, S. 300-302, 323-324.

Pavel Florenskij an Vasilij Rosanov, 11. Mai 1911; Pavel Florenskij an Bischof Feodor (Pozdeevskij), 7. November 1913. In: Igumen Andronik (Trubačev), Svjaščennik Pavel Florenskij - professor Moskovskoj Duchovnoj Akademii i redaktor »Bogoslovskogo vestnika«. In: Bogoslovskie trudy, 28, 1987, S. 293, 296-297.

Pavel Florenskij, *Pis'mo odinnadcatoe: Družba*. In: Svaščennik Pavel Florenskij, *Stolp i utverždenie istiny*, XII, Moskau 1914 (Reprint Moskau 1990), S. 393-394, und in: Östliches Christentum, Bd. II Philosophie, Hg. v. Nicolai v. Bubnoff und Hans Ehrenberg, München 1925, S. 155-159, S. 172-176 (Auszüge).

Pavel Florenskij, *Nekotorye ponjatija iz učenija o bezkonečnosti*. In: Svjaščennik Pavel Florenskij, *Stolp i utverždenie istiny*, Moskau 1914 (Reprint Moskau 1990), S. 493-499.

Pavel Florenskij, *O simvolach bezkonečnosti, VII*. In: Novyj put', September 1904, S. 224-235.

Pavel Florenskij an Nikolaj Luzin, 3. April 1906; Nikolai Luzin an Pavel Florenskij, 1. Mai 1906; Pavel Florenskij an Nikolai Luzin, 26. November 1915. In: Istoriko-matematičeskie issledovanija, Vypusk XXXI, Moskau 1989, S. 132-139, 180-182.

Pavel Florenskij, *Obščečelovečeskie korni idealizma*, Sergiev Posad 1909.

Pavel Florenskij an Aleksej Vetuchov, 9./11. April 1910; 24. April/ 15. Juli 1910. In: Simvol 1991, Nr. 26, S. 287-291.

Bischof Antonij (Florensov) an Pavel Florenskij, 7. Mai 1912. In: Ierodiakon Andronik, Episkop Antoni (Florensov) - duchovnik svjaščennika Pavla Florenskogo. In: Žurnal Moskovskoj Patriarchii 1981, Nr. 10, S. 68.

Pavel Florenskij, *Soobščenie svjaščennika P.A. Florenskogo na Zasedanii Bratstva Svjatitelej Moskovskich 1-go dekabrja 1916 goda*. In: Bogoslovskij vestnik 1916, Nr. 10/12, S. 553-562.

Pavel Florenskij an Feodor Samarin, 1. August 1912; Feodor Samarin an Pavel Florenskij, 24. August 1912. In: Literaturnyj Irkutsk, Dezember 1988, S. 8.

Pavel Florenskij an Vladimir Koževnikov, 15./19. März 1912. In: Voprosy filosofii 1991, Nr. 6, S. 98-101.

Pavel Florenskij an Vasilij Rozanov, 7. Juni 1913. In: Igumen Andronik (Trubačev), Svjaščennik Pavel Florenskij - Professor Moskovskoj Duchovnoj Akademii i redaktor »Bogoslovskogo vestnika«. In: Bogoslovskie trudy, 28, Moskau 1987, S. 304-305.

Pavel Florenskij, *V sanitarnom poezde Černigovskogo dvorjanstva*. In: Literaturnaja Rossija vom 24. Januar 1992, S. 22-23.

Pavel Florenskij an Aleksandra Mamontova, 30. Juli 1917. In: Literaturnyj Irkutsk, Dezember 1988, S. 10.

Pavel Florenskij, *Zaveščanie*. In: Svjaščennik Pavel Florenskij, *Detjam moim*, Moskau 1992, S. 440-444.

Pavel Florenskij, *Pamjati Vladimira Franceviča Erna*. In: Christianskaja Mysl, November-Dezember 1917, S. 69-74.

Pavel Florenskij, *Otec Aleksej Mečev*. In: Moskva 1990, Nr. 12, S. 162-165.

Pavel Florenskij, *Rassuždenie na slučaj končiny otca Alekseja Mečeva,* Kapitel XIII. In: Moskva 1990, Nr. 12, S. 174-175.

Pavel Florenskij, *Nebesnye znamenija (Razmyšlenie o simvolike cvetov)*. In: Svjaščennik Pavel Florenskij, Sobranie Sočinenij. I. Stat'i po iskusstvu. Pod obščej red. N.A. Struve, Paris 1985, S. 57-62.

Zitate

Bildnis und Selbstbildnis

1 Igumen Andronik (Trubačev), *Ot legend -k faktam*. In: Literaturnaja gazeta vom 31. Januar 1990, S. 7.
2 Svjaščennik Pavel Florenskij, *Pervye šagi filosofii. Vypusk pervyj*, Sergiev Posad 1917.

Die Entscheidung

3 Ierodiakon Andronik (Trubačev), *K 100-letiju so dnja roždenija svjaščennika Pavla Florenskogo*. In: Bogoslovskie trudy, 23, 1982, S. 265-266.
4 Wie 3, S. 266.
5 Wie 3, S. 266.
6 Andrej Belyj, *Načalo veka,* Moskau 1990, S. 299, 302.
7 Wie 3, S. 267.
8 Svjaščennik Pavel Florenskij, *Sočinenija v četyrech tomach,* Tom 1, Moskau 1994, S. 751.
9 *Perepiska N.N. Luzina s. P.A. Florenskim*. In: Istoriko-matematičeskie issledovanija. Vypusk XXXI, Moskau 1989, S. 146, 147.
10 Wie 9, S. 150-151.
11 Igumen Andronik (Trubačev), *Svjaščennik Pavel Florenskij - professor Moskovskoj Duchovnoj Adademii i redaktor »Bogoslovskogo Vestnika«*. In: Bogoslvoskie trudy, 28, 1987, S. 295.
12 S.I. Fudel', *Ob o. Pavle Florenskom. Vtoroe izdanie,* Paris 1988, S. 9.
13 Wie 11, S. 302.
14 *Iz rasskazov A.F. Loseva*. In: Voprosy filosofii 1992, Nr. 10, S. 140.
15 Lidija Ivanova, *Vospominanija. Kniga ob Otce*, Paris 1992, S. 60-61.

Mathematik und Weltanschauung

16 Wie 9, S. 143.

17 Wie 9, S. 151-152.

18 Svjaščennik Pavel Florenskij, *Sočinenija v četyrech tomach*, Tom 1, Moskau 1994, S. 755.

Die Freundschaft

19 *Moskovskij kružok*. In: Literaturnyj Irkutsk, Dezember 1988, S. 8.

20 Michail Spasovskij, *V.V. Rozanov v poslednie gody svoej žizni*, Berlin 1939, S. 18.

21 Pawel Florenski, *An den Wasserscheiden des Denkens. Ein Lesebuch*, 2. Aufl, Berlin 1994, S. 285.

22 Wie 19, S. 9.

23 Wie 21, S. 285.

24 Wie 12, S. 125-127.

Schutzumschlag
Pawel Florenski als Dozent an der Geistlichen Akademie, 1909
Aus: Pavel Florenskij, *Katalog vystavki*, Moskau 1989.
Sostaviteli kataloga A.S. Trubačev, M.S. Trubačeva, S.Z. Trubačev, P.V. Florenskij, Abb. 12

Frontispiz
Pawel Florenski mit seiner Frau Anna Michailowna und seinem Sohn Wassili, 1914/15
Aus: *Katalog*, Abb. 20

S. 18
Michail Nesterow, Philosophen (Pawel Florenski und Sergej Bulgakow), 1917
Aus: A. Russakova, *Michail Nesterov*, Leningrad 1990, Abb. 7

S. 42
Batum-Achalzichsche Heerstraße
Aus: Gr. Džanšiev, *Perl' Kavkaza*, Moskau 1900, S. 172

S. 45
Pawel Florenski als Gymnasiast, um 1898
Aus: Archiv der Familie Florenski, Moskau

S. 46
Tiflis, um 1900
Aus: B.A. Butenko, *Von Batum nach Tiflis*, Tiflis 1911, S. 381

S. 50
Pawel Florenski (rechts) als Student der Geistlichen Akademie
Aus: Archiv der Familie Florenski, Moskau

S. 60
Pawel Florenski im Kreis der elterlichen Familie, um 1899
Aus: Archiv der Familie Florenski, Moskau

S. 62
Pawel Florenski mit der Schwester der Mutter, Tante Lisa ...
Aus: Archiv der Familie Florenski, Moskau

S. 66
Aus dem Brief vom 15. Juli 1897
Aus: Archiv der Familie Florenski, Moskau

S. 71
Pawel Florenski, Tiflis um 1899
Aus: Archiv der Familie Florenski, Moskau

S. 72
Malaja Dmitrowka-Straße, Moskau 1900
Aus: Moskva Zlatoglavaja, Moskau 1989

S. 76
Maria Himmelfahrts-Kathedrale im Moskauer Kreml, 1883
Aus: Moskva Zlatoglavaja, Moskau 1989

S. 78
Nikolskaja-Straße in der Moskauer Innenstadt, um 1888
Aus: Moskva Zlatoglavaja, Moskau 1989

S. 88
Vater Pawel Florenski, 1912
Aus: *Katalog*, Abb. 14

S. 89
Andrej Bely, Brüssel 1912
Aus: Andrej Belyj, Petersburg-Moskau 1981

S. 96
Bischof Antoni (Florensow) im Donskoi-Kloster in Moskau, um 1911
Aus: Bogoslovskie trudy, Bd. 23, Moskau 1982, S. 265

S. 112
Familie Florenskis, Tiflis Januar 1908
Aus: Archiv der Familie Florenski, Moskau

S. 118
Dreifaltigkeits-Sergi-Kloster bei Moskau
Aus: Archiv der Familie Florenski, Moskau

S. 124
Pawel Florenski und Sergej Troizki, um 1907
Aus: *Katalog*, Abb. 7

S. 137
Pawel Florenski als Student an der Moskauer Universität
Aus: *Katalog*, Abb. 5

S. 138
Professor Nikolai Bugajew
Aus: A.P. Juškevič, *Istorija matematiki v Rossii*, Moskau 1968, S. 483

S. 148
Georg Cantor
Aus: Georg Cantor, *Gesammelte Abhandlungen mathematischen und philosophischen Inhalts*, hrsg. v. Ernst Zermelo, Berlin 1932

S. 162
Nikolai Lusin (sitzend) mit D.F. Jegorow (rechts) und W. Speranski
Aus: A.P. Juškevič, S. 518

S. 171
Pawel Florenski als Dozent an der Geistlichen Akademie, 1909
Aus: *Katalog*, Abb. 12

S. 204
Pawel Florenski mit seinen Schülern an der Moskauer Geistlichen Akademie, 1912
Aus: *Katalog*, Abb. 15

S. 207
Pawel Florenski mit Sergej Bulgakow (vorn Mitte), dessen Kindern ..., 1913
Aus: *Katalog*, Abb. 19

S. 208
Optina-Einsiedelei
Aus: Nach zeitgenössischen Ansichtskarten

S. 210
Optina-Einsiedelei, Blick auf den Skit Johannes der Täufer
Aus: Nach zeitgenössischen Ansichtskarten

S. 232
Umriß einer der ältesten russischen Sophien-Ikonen ...
Aus: P.A. Florenskij, Bd. 1, *Stolp i utverždenie istiny* (I), Moskau 1990, S. 373

S. 246
Pawel Florenski vor dem Lazarettzug, 1915
Aus: *Katalog*, Abb. 22

S. 259
Pawel Florenski mit seiner Familie in Sergijew Posad, um 1917
Aus: Archiv der Familie Florenski, Moskau

S. 264
Wladimir Ern
Aus: V. Ern, *Sočinenija*, Moskau 1991

S. 274
Vater Alexej Metschow beim Gottesdienst ..., 1905
Aus: Moskau 1990, Nr. 12, S. 163

Pawel Florenski

Leben und Denken, Bd. II

Aus dem Russischen übersetzt von Fritz Mierau.

Der Schutzumschlag zeigt Pawel Florenski als Dozent der Moskauer Geistlichen Akademie, 1909

Gefördert vom Literarischen Colloquium Berlin mit Mitteln des Auswärtigen Amtes und der Senatsverwaltung für Kulturelle Angelegenheiten Berlin.

CIP-Einheitsaufnahme der Deutschen Bibliothek
Florenskij, Pavel A.:
Pawel Florenski : Leben und Denken / hrsg. von Fritz und Sieglinde Mierau. - Ostfildern : Ed. Tertium.
NE: Mierau, Fritz [Hrsg.]: Florenskij, Pavel A.: [Sammlung ‹dt.›];
HST
Bd. 1 (1995)
ISBN 3- 930717-18-2

ISBN 3-930717-18-2

Gestaltung:
Burkhard Finken, Matthias Bumiller, Finken & Bumiller
Herstellung:
Druckerei Wagner, Nördlingen
Bindung:
Großbuchbinderei Monheim